劳动和社会保障文丛

走向技能型社会：我国职业技能培训的现实困境与政策选择

李晓曼　陈玉杰◎著

中国劳动社会保障出版社

图书在版编目（CIP）数据

走向技能型社会：我国职业技能培训的现实困境与政策选择/李晓曼，陈玉杰著. -- 北京：中国劳动社会保障出版社，2023

（劳动和社会保障文丛）

ISBN 978-7-5167-6184-7

Ⅰ.①走… Ⅱ.①李…②陈… Ⅲ.①职业培训-研究-中国 Ⅳ.①C975

中国国家版本馆 CIP 数据核字（2023）第 236692 号

本书出版获得北京市属高等学校优秀青年人才培育计划项目（The Project of Cultivation for young top-motch Talents of Beijing Municipal Institutions）资助。

中国劳动社会保障出版社出版发行

（北京市惠新东街 1 号　邮政编码：100029）

*

北京虎彩文化传播有限公司印刷装订　　新华书店经销

787 毫米×1092 毫米　16 开本　17.75 印张　240 千字

2023 年 12 月第 1 版　　2023 年 12 月第 1 次印刷

定价：78.00 元

营销中心电话：400-606-6496

出版社网址：http://www.class.com.cn

前言

习近平总书记强调，技术工人队伍是支撑中国制造、中国创造的重要基础，对推动经济高质量发展具有重要作用。作为世界人口大国，我国依托劳动力优势大力发展劳动密集型产业，创造了经济持续高速增长30余年的奇迹。然而，随着经济水平的整体提升以及人口红利的逐渐消失，我国也进入了经济转型升级的关键时期，技术工人的短缺日益加剧，技能开发面临巨大转型压力。

党中央、国务院历来高度重视职业技能开发工作。2013年，党的第十八届三中全会明确提出构建劳动者终身职业培训体系的要求；十八届五中全会提出推行终身职业技能培训制度的要求，为面向城乡全体劳动者的终身职业培训体系的构建指明了方向、提供了宏观政策环境。2018年，国务院印发《关于推行终身职业技能培训制度的意见》，提出建立并推行覆盖城乡全体劳动者、贯穿劳动者学习工作终身、适应就业创业和人才成长需要以及经济社会发展需求的终身职业技能培训制度，实现培训对象普惠化、培训资源市场化、培训载体多元化、培训方式多样化、培训管理规范化。2019 年，国家提出了包含具体行动细则的《职业技能提升行动方案（2019—2021 年）》，强调把职业技能培训作为保持就业稳定、缓解结构性就业矛盾的关键举措，作为经济转型升级和高质量发展的重要支撑。至此，面向城乡全体劳动者的终身职业培训体系初步建立，大规模、高质量的职业技能培训作为国家重要战略部署在全国如火如荼地开展起来。

现今我国已进入新发展阶段，加速突破“卡脖子”技术，建设制造强国，推动经济发展质量变革、效率变革、动力变革，这些都需要发挥技能人才队伍的聪明才智。2021 年，人力资源社会保障部印发《“技能中国行动”实施方案》，随后全国职业教育大会将 2035 年基本建成技能型社会作为远景目标，提出加快建设“国家重视技能、社会崇尚技能、人人学习技能、人人拥有技能”的技能型社会，让技术技能“长入”经济、“汇入”生活、“融入”文化、“渗入”人心、“进入”议程。2022 年，人力资源社会保障部、教育部、国家发展改革委和财政部又印发了我国第一部职业培训规划——《“十四五”职业技能培训规划》，这在我国职业技能培训工作史上具有划时代的意义，标志着职业技能培训作为就业之基、推动和实现人口高质量发展的关键环节的重要地位得以确认。

党的二十大报告提出要建设全民终身学习的学习型社会、学习型大国，并把大国工匠和高技能人才作为人才强国战略的重要组成部分。职业技能培训工作也要聚焦经济主战场、聚焦国家重大需求、聚焦人民生命健康，持续发力、久久为功。但在此过程中，我们还面临着很多困难和问题，如技能人才供需矛盾的问题，人才培养主体积极性不高、激励不足的问题，政策的精准有效性问题等。本书从现实问题出发，关注了走向技能型社会进程中我国面临的三大现实困境。其中，供需协调之困，拆解了供给能力不足所导致的技能人才缺口难题；主体激励之困，研究了培训体系建设滞后引发的职业培训供需双方内生动力不足的问题；精准施策之困，探讨发现了培训补贴策略无法精准聚焦导致在推动高质量就业目标的实现上，效果与效率难以两全。在此基础上，本书从政策效果评估和比较研究的视角，分别探讨了国内外职业技能提升政策的实施效果，最终提出了“十四五”时期我国职业技能培训的发展战略及政策选择，以期为技能型社会转型中的理论探索与政策难点提供实证依据与实践思路。

李晓曼

2023 年 10 月

目录

第一章 我国职业技能培训发展的总体情况

一、发展历程

职业技能培训，是按照不同职业岗位的要求，对接受培训的人员开展思想政治教育和职业道德教育、传授职业知识、培养职业技能、进行职业指导的职业教育活动，是提高劳动者技能水平和就业创业能力的主要途径，其目标在于把受训者培养训练成具有一定文化知识和技术技能素质的劳动者。① 新中国成立 70 多年，特别是改革开放以来，我国对职业技能培训重要性的认识不断深入，逐步认识到职业培训②对提高劳动者职业能力、促进和改善就业、化解就业结构性矛盾的重要作用。党的十

① 王晓初，信长星. 就业促进与职业能力建设［M］. 北京：中国劳动社会保障出版社，2012.

② 本书中，职业技能培训和职业培训都强调的是对劳动者职业能力和素质的开发活动，在含义上并无本质区别，本书后文中根据语境混用了两种表达。

六大、十七大提出要建立终身教育体系。党的十八届三中全会更明确提出了构建劳动者终身职业培训体系的要求。党的十九大报告中指出，在新时代的发展中，将大规模开展职业技能培训，注重解决结构性就业矛盾。国家陆续出台和实施了一系列法律法规和政策措施，支持和鼓励劳动者参与职业培训。总体来看，全社会职业培训的规模不断扩大，覆盖范围不断扩展，对提高劳动者职业能力和素质、促进就业发挥了积极作用。我国职业技能培训大致经历了以下四个发展阶段。1949—1978 年：新中国成立初期至“文化大革命”时期；1978—1999 年：党的十一届三中全会至 20 世纪末；2000—2011 年：21 世纪初至党的十八大召开前；2012 年至今：党的十八大召开以来。

（一）1949—1978 年：新中国成立初期至“文化大革命”时期

新中国成立后，我国职业培训工作的重点是解决新中国成立前遗留下来的 400 多万失业工人和失学青年的就业问题。国家在实施大规模文化扫盲的同时，采取以工代赈、生产自救、回乡生产和发放救济金等措施扶持失业劳动者。1950 年，政务院出台《救济失业工人暂行办法》；1952 年，政务院发布《关于劳动就业问题的决定》，规定对各类失业人员登记之后，有计划地分批予以训练。① 同时还大量地开办了各种类型的职业技能训练班（技术训练班、学徒训练班等），按照生产建设的实际需要设置专业，对失业工人进行转业训练。一些条件较好的转业培训班办成了技工院校，采取技工院校的学制教育形式，主要培养中级技术工人。同时，企业开展学徒培训，主要培养初级技术工人。“文化大革命”期间，职业培训工作基本上处于停滞状态。

（二）1978—1999 年：党的十一届三中全会至 20 世纪末

党的十一届三中全会做出了全党工作重点转移到社会主义现代化建设上来的战略决策，我国进入了现代化建设的新的历史时期。1983 年，

① 为制造大国注入技能动力——我国职业能力建设工作 70 年回眸［N］. 中国劳动保障报，2019-9-30.

全国培训工作会议确立全面实行先培训后就业制度的总目标；1994 年劳动部发布了《就业训练规定》；1996 年，劳动部制定《企业职工培训规定》，推动企业提取职工培训经费；1996 年起，劳动部在 36 个城市开展了劳动预备制试点，面向“两后生”① 开展 1～3 年的职业培训；1999 年，国务院正式印发《关于积极推进劳动预备制度加快提高劳动者素质的意见》，全面推行劳动预备制培训；为落实党中央、国务院《关于切实做好国有企业下岗职工基本生活保障和再就业工作的通知》要求，劳动和社会保障部在总结北京、上海、苏州三地试点基础上，推动创业培训工作；1998—2000 年和 2001—2003 年，相继实施两期三年千万再就业培训计划；2004—2005 年，继续实施再就业培训计划，开展下岗工人再就业培训。

（三）2000—2011 年：21 世纪初至党的十八大召开前

进入 21 世纪，我国经济社会发展到了新的阶段，职业培训工作的重点从被动地解决就业问题转向积极主动的技能开发，从重点针对某一特殊群体转向面向全体劳动者。2002 年，劳动和社会保障部发布加强职业培训提高就业能力计划，对失业人员、新生劳动力、企业在职职工和农村富余劳动力，强化再就业培训和创业培训。2005 年起，劳动和社会保障部相继实施职业培训“5+1”计划行动，包括新技师培养带动计划、下岗失业人员技能再就业计划、能力促创业计划、农村劳动力技能就业计划、国家技能资格导航计划以及技能岗位对接行动。2006 年和 2007 年，党的十六届六中全会和党的十七大明确提出要健全面向全体劳动者的职业培训制度。2009 年和 2010 年，为应对国际金融危机，人力资源社会保障部实施特别职业培训计划，重点面向困难企业职工、失业人员、返乡农民工、新成长劳动力。2010 年，国务院印发《关于加强职业培训促进就业的意见》（国发〔2010〕36 号），提出加快构建面向全体劳动者的职业培训制度。

① “两后生”是指城乡未继续升学的初高中毕业生。

（四）2012年至今：党的十八大召开以来

党的十八大召开以来，我国经济社会发展步入了新的历史时期，加快转变经济发展方式、调整产业结构、实施创新驱动发展战略、建设创新型国家，都需要一大批高素质技能人才作支撑。这一时期职业技能培训工作的出发点也从短期的技能训练为主转向推行终身技能养成。2012年，国务院办公厅转发《人力资源社会保障部　财政部　国资委关于加强企业技能人才队伍建设意见的通知》（国办发〔2012〕34号），对推动企业高技能人才培训等政策作了进一步细化。2013年，人力资源社会保障部印发《关于在全国百家城市中开展技能振兴专项活动的通知》（人社部发〔2013〕16号），启动百城技能振兴专项活动。2015年，人力资源社会保障部办公厅会同财政部办公厅印发《关于开展企业新型学徒制试点工作的通知》（人社厅发〔2015〕127号），启动企业新型学徒制试点工作。2016年，人力资源社会保障部印发《关于实施化解过剩产能企业职工特别职业培训计划》（人社部发〔2016〕52号），促进失业人员再就业和转岗职工适应新岗位。2017年，人力资源社会保障部、财政部《关于失业保险支持参保职工提升职业技能有关问题的通知》（人社部发〔2017〕40号），对参保三年以上的企业职工给予技能提升补贴。2018年，经国务院第五次常务会议审议通过，国务院印发《关于推行终身职业技能培训制度的意见》（国发〔2018〕11号），明确了当前职业技能培训工作的目标任务和政策措施。人力资源社会保障部《关于贯彻落实〈国务院关于推行终身职业技能培训制度的意见〉精神的通知》（人社部发〔2018〕45号）、人力资源社会保障部和国务院扶贫办《关于开展深度贫困地区技能扶贫行动的通知》（人社部发〔2018〕63号）等相继出台。

特别是2019年1月，人力资源社会保障部印发《新生代农民工职业技能提升计划（2019—2022年）》（人社部发〔2019〕5号），大力推进新生代农民工的职业技能培训。同年5月，国务院办公厅印发了《职业技能提升行动方案（2019—2021年）》（国办发〔2019〕24号），提出

2019—2021 年，持续开展职业技能提升行动，三年共开展各类补贴性职业技能培训 5 000 万人次以上，提高培训针对性与实效性，全面提升劳动者职业技能水平和就业创业能力。2022 年中共中央办公厅、国务院办公厅《关于加强新时代高技能人才队伍建设的意见》与《中华人民共和国职业教育法》（以下简称《职业教育法》）相继发布，为职业教育与普通教育的相互融通、不同层次职业教育的有效贯通以及终身学习的现代职业教育体系的建设提供了法律保障。

二、总体情况

（一）发展现状

1. 政策法规体系逐步完善

《中华人民共和国劳动法》（以下简称《劳动法》）、《职业教育法》、《中华人民共和国民办教育促进法》（以下简称《民办教育促进法》）、《中华人民共和国就业促进法》（以下简称《就业促进法》）等法律均对职业培训作了规定。1994 年颁布的《劳动法》第六十六条明确规定，国家通过各种途径，采取各种措施，发展职业培训事业，开发劳动者的职业技能，提高劳动者素质，增强劳动者的就业能力和工作能力。第六十七条规定，各级人民政府应当把发展职业培训纳入社会经济发展的规划，鼓励和支持有条件的企业、事业组织、社会团体和个人进行各种形式的职业培训。1996 年颁布的《职业教育法》对政府机构、教育机构、企业和其他社会团体举办职业培训的义务和责任作出了明确规定，并对组织实施提出了明确要求。其中，第十四条规定，职业培训包括从业前培训、转业培训、学徒培训、在岗培训、转岗培训及其他职业性培训，可以根据实际情况分为初级、中级、高级职业培训。2007 年颁布的《就业促进法》对各级人民政府在开展职业培训、促进就业和劳动者职业能力提升的责任作了明确规定；同时，对职业技能培训机构和企业合作开展职业培训、企业计提职工教育经费等方面也作了明确规定。其中，第四十五条规定，县级以上人民政府根据经济社会发展和市场需求，制定并实施职业能力开发计划。第四十六条规定，县级以上人民政府加强统筹协调，鼓励和支持各类职业院校、职业技能培训机构和用人单位依法开展就业前培训、在职培训、再就业培训和创业培训。

在政策措施方面，党中央、国务院出台了多个重要文件，从培训载体、培训对象和培训模式、培训激励机制、培训基础能力（教材和标准）、培训师资、培训监督评价等多个方面推动职业培训工作。如国务院印发的《关于加强职业培训促进就业的意见》（国发〔2010〕36号）、人力资源社会保障部制定的《高技能人才队伍建设中长期规划（2010—2020年）》、国务院印发的《关于推行终身职业技能培训制度的意见》（国发〔2018〕11号）、国务院办公厅印发的《职业技能提升行动方案（2019—2021年）》（国办发〔2019〕24号）等。这些文件的相继出台，初步构建了涵盖职业培训各方面的政策法规体系，推动职业培训事业进入新的发展阶段。总体来看，与职业培训相关的法规政策体系已初步形成。

2. 职业培训机构迅猛发展

目前我国开展职业技能培训的主要载体有技工院校、就业训练中心、民办培训机构、中外合作办培训机构以及企业培训中心等。另外，近年来逐步建设发展的公共实训基地、高技能人才培训基地、职业技能实训基地、产教融合实训基地等也成为开展职业培训的重要载体。2011年《国家高技能人才振兴计划实施方案》（人社部发〔2011〕109号）提出，2020年底前，依托大型骨干企业（集团）、重点职业院校和培训机构，建设1 200个示范性高技能人才培训基地，建成3 000个左右国家级技能大师工作室。截至2022年末，全国共有技工院校2 551所，在校学生445万人，全国共有7 400余家社会培训评价组织完成备案，当年发放职业技能等级证书超过1 100万人次。①

企业是劳动者参加职业培训的主要载体，同时也是劳动者技能提升的主要受益者之一。《国务院关于大力推进职业教育改革与发展的决定》（国发〔2002〕16号）明确提出企业要根据需要举办职业学校和职业培

① 邱超奕．我国高技能人才培养供给体系日益完善，补贴性职业技能培训超1亿人次［N］．人民日报，2023-5-9（12）．

训机构，加强对职工特别是一线职工、转岗职工的教育和培训。《职业技能提升行动方案（2019—2021 年）》提出，支持各类企业特别是规模以上企业或者吸纳就业人数较多的企业设立职工培训中心，鼓励企业与职业院校（含技工院校，下同）共建实训中心、教学工厂等，积极建设培育一批产教融合型企业。落实将企业职工教育经费税前扣除限额提高至工资薪金总额 8%的税收政策。

同时，全国各地积极探索推进公共实训基地建设。目前，共建成五个国家级公共实训基地，分别是“中国（上海）高技能人才公共实训中心”“中国（天津）职业技能公共实训中心”“中国（无锡）高技能人才公共实训中心”“中国（深圳）高技能人才公共实训中心”“中国（青岛）焊接与汽车技术高技能人才公共实训中心”。2016 年以来，国家发展改革委、人力资源社会保障部等共同实施了公共实训基地建设项目，分两年投入 23.5 亿元补助资金，共支持了 133 个公共实训基地的建设。

近年来我国职业技能培训机构的数量如图 1-1 所示。首先，从机构数量上来看，20 年来，我国技工院校和就业训练中心数量整体呈下降趋

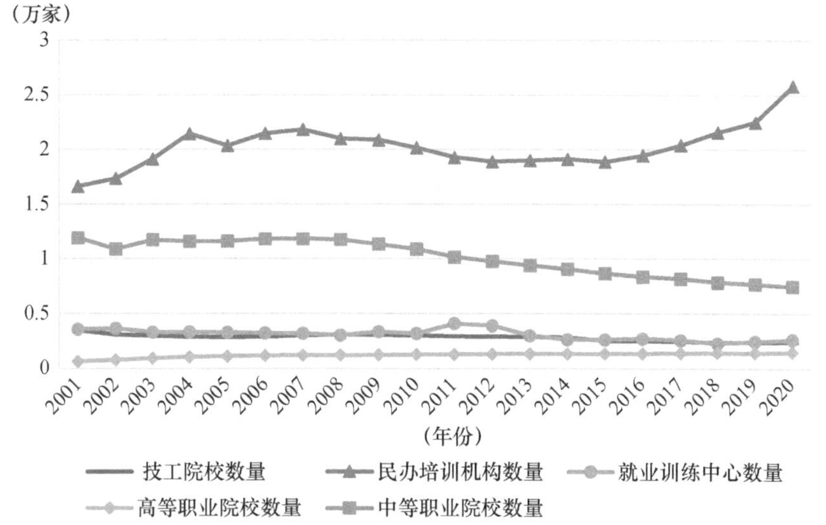

图 1-1　2001—2020 年中国职业技能培训机构数量变化示意图

资料来源：2002—2021 年国家统计局人口和就业统计司、人力资源社会保障部规划财务司编的《中国劳动统计年鉴》。

势；而民办培训机构的数量在经历21世纪初的上升后，在2007—2015年略有下降，2016年后又再次呈现上升趋势；高等职业院校的数量基本保持稳定；中等职业院校数量自2007年后略有下降。

3. 职业培训规模和质量不断提升

如图1-2所示，从培训规模来看，技工院校毕业人数从2006年的86万人增加到2012年的120万人，近年来略有减少；社会培训是技工院校的一项重要的社会职责，培训规模发展历程与正规教育趋同；就业训练中心作为我国市场经济改革的产物，近年来随着市场经济改革的不断深化，就业训练中心在职业技能培训上发挥的空间不断缩小；与此同时，民办培训机构蓬勃发展，虽然在2018年培训获证人数出现明显下滑，但近年迅速回升；除此之外，中高等职业院校也是技能人才培养的重要基地，十几年来经历了蓬勃发展到规模逐渐稳定的历程。

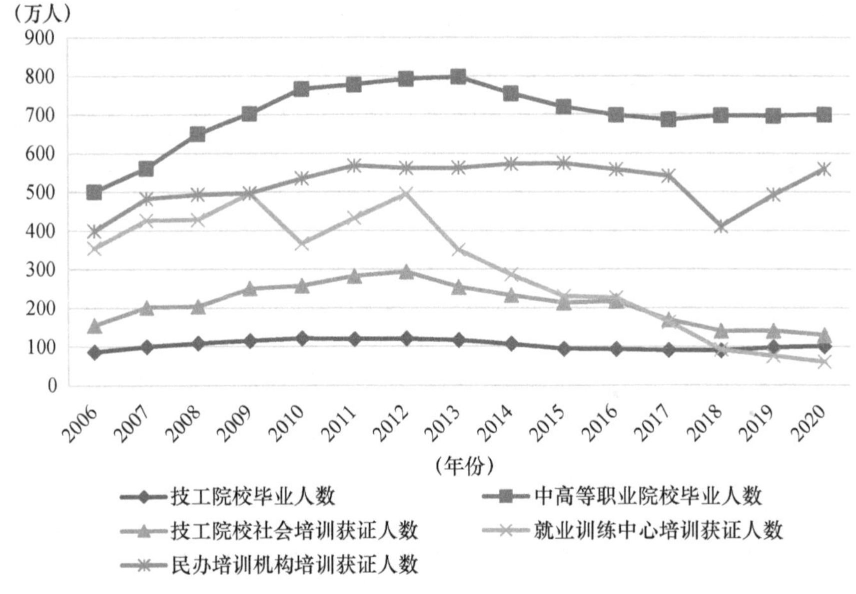

图1-2　2006—2020年中国不同主体职业技能培训规模趋势

资料来源：技工院校毕业人数以及技工院校社会培训、民办培训机构培训和就业训练中心培训的获证人数数据来自2007—2021年国家统计局人口和就业统计司、人力资源社会保障部规划财务司编的《中国劳动统计年鉴》；中高等职业院校毕业人数来自教育部公布的统计数据。

如表 1-1 所示，从培养群体上看，2012 年以来，我国共开展补贴性职业培训 20 853 万人次。其中 2021 年，全年共组织补贴性职业技能培训 3 218. 4 万人次，其中，培训农民工 1 174. 2 万人次。

表 1-1　2012—2021 年补贴性职业技能培训情况（万人次）

年度	总培训人次	农民工培训	城镇登记失业人员培训	城乡未继续升学的应届初高中毕业生培训	企业职工	贫困劳动力	高校应届毕业生
2012 年	2 049	883	409	165			
2013 年	2 049	938. 4	398	102			
2014 年	1 935	1 069	337	84			
2015 年	1 908	967	257	80			
2016 年	1 775	913	287	75			
2017 年	1 690	898	243	64			
2018 年	1 651	831	210	42			104
2019 年	1 877. 1	741. 1	135. 5		646. 9	259. 7	99
2020 年	2 700. 5	1 046. 6	80. 5			270. 4	109. 8
2021 年	3 218. 4	1 174. 2					

资料来源：人力资源社会保障部. 2012—2021 年度人力资源和社会保障事业发展统计公报. http://www.mohrss.gov.cn/SYrlzyhshbzb/zwgk/szrs/tjgb/.

如图 1-3 所示，从职业培训的效果来看，1996—2020 年，参加职业技能鉴定的人数从 268. 57 万人增加到 1 070. 47 万人，获取职业资格证书的人数从 214. 69 万人增加到 865. 97 万人。尽管由于受职业资格改革的影响，2015 年后参加职业技能鉴定和取得职业资格证书的人数有所下降，但总体上呈增长趋势。

如图 1-4 所示，除数量显著提升外，劳动者素质也逐渐提升。每年新增高技能人才人数，即高级职业资格证书、技师及高级技师职业资格证书的获证人数从 1996 年的 32. 49 万人增加到 2019 年的 201. 44 万人。高级及以上职业资格证书获证人数占全部职业资格证书获证人数的比例

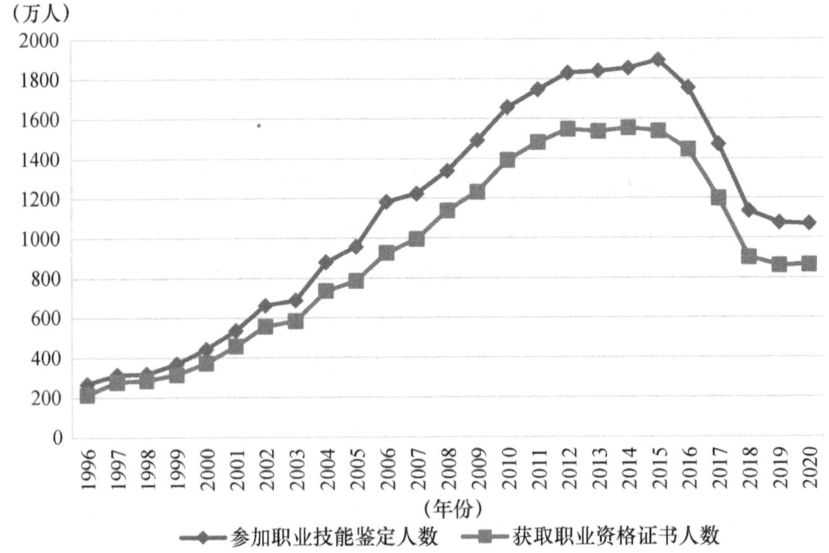

图 1-3 1996—2020 年参加鉴定考核人数及获取职业资格证书人数

资料来源：国家统计局人口和就业统计司，人力资源社会保障部规划财务司．中国劳动统计年鉴 2021［M］．北京：中国统计出版社，2021.

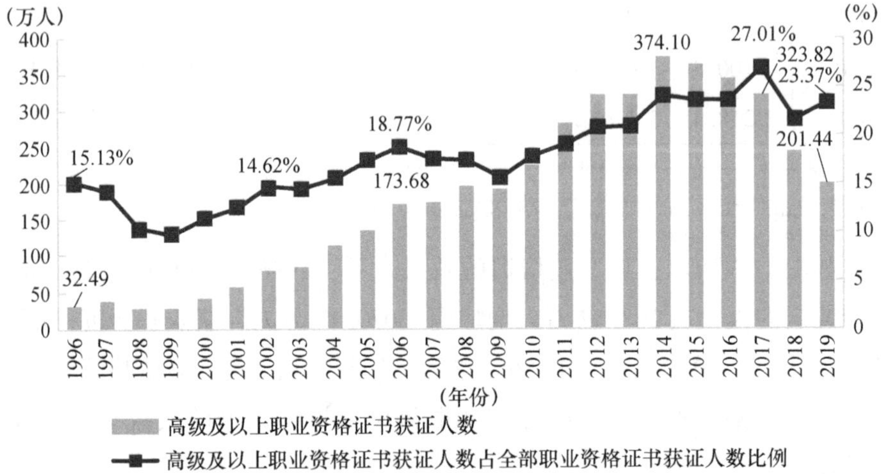

图 1-4 1996—2019 年高级及以上职业资格证书获取人数

资料来源：国家统计局人口和就业统计司，人力资源社会保障部规划财务司．中国劳动统计年鉴 2020［M］．北京：中国统计出版社，2020.

从 15. 13%增加到 23. 37%。

4. 重点培训项目不断推进

为促进高技能人才培养及部分重点群体就业创业技能的提升，我国实施了一系列重点项目。包括高技能人才振兴计划、公共实训基地建设、农民工职业技能提升计划——“春潮行动”、化解过剩产能企业职工特别职业培训计划、返乡农民工创业培训行动计划、百城技能振兴专项活动、企业新型学徒制、职业技能提升行动等。例如，《国家高技能人才振兴计划实施方案》，确定了技师培训、高技能人才培训基地建设和技能大师工作室建设 3 个项目。“春潮行动”旨在提升农村转移就业劳动者职业素质和就业创业能力，2012 年以来，我国开展农民工培训 6 499 万人次，年均 928 万人次。化解过剩产能企业职工特别职业培训计划明确从 2016—2020 年，利用 5 年左右的时间，力争使有培训愿望和需求的企业失业人员和转岗职工都能接受一次相应的政府补贴性职业培训。2015 年，企业新型学徒制试点工作启动，已在 22 个省开展了两批试点工作，《人力资源社会保障部　财政部关于全面推行企业新型学徒制的意见》（人社部发〔2018〕66 号）提出，到 2020 年底，努力形成政府激励推动、企业加大投入、培训机构积极参与、劳动者踊跃参加的职业技能培训新格局，力争培训 50 万以上企业新型学徒；2021 年起，继续加大工作力度，力争年培训学徒 50 万人左右。《职业技能提升行动方案（2019—2021 年）》提出，2019—2021 年，三年共开展各类补贴性职业技能培训 5 000 万人次以上。

5. 多元培训资金投入机制基本建立

目前，我国职业培训资金来源主要有七个方面：就业补助资金、失业保险基金、国家中等职业教育基础能力建设项目经费、地方人才工作项目经费、企业职业教育培训经费、个人投入及社会捐赠。其中，《就业补助资金管理办法》（财社〔2017〕164 号）规定，就业补助资金可用于职业培训补贴和职业技能鉴定补贴。失业保险基金也可用于职业培训，《关于失业保险支持参保职工提升职业技能有关问题的通知》（人社部发〔2017〕40 号）新增技能提升补贴，缴纳失业保险三年以上、当年取得职业资格证书或职业技能等级证书的企业职工可享受补贴，初级、中级、高级分别为 1 000 元、1 500 元、2 000 元①；《职业技能提升行动方案（2019—2021 年）》明确从失业保险基金结余中拿出 1 000 亿元，统筹用于职业技能提升行动。国家中等职业教育基础能力建设项目经费也可用于中等职业学校（含技工院校）的基础设施建设和设备设施购置。地方人才工作项目经费也可用于职业培训和技能人才队伍建设。企业教育培训经费也是职业培训资金的重要来源，1995 年施行的《劳动法》第六十八条规定，用人单位应当按照国家规定提取和使用职业培训经费；1996 年颁发的《职业教育法》第二十八条规定，企业应当承担对本单位的职工和准备录用的人员进行职业教育的费用；2002 年《国务院关于大力推进职业教育改革与发展的决定》（国发〔2002〕16 号）规定，一般企业按照职工工资总额的 1.5%足额提取教育培训经费，从业人员技术素质要求高、培训任务重、经济效益较好的企业可按 2.5%提取，列入成本开支；《财政部等 11 个部门印发〈关于企业职工教育培训经费提取与使用管理的意见〉的通知》（财建〔2006〕317 号）对企业职工教育培训经费的提取和使用作出了详细的规定。

（二）经验总结

职业技能培训在劳动者人力资本形成过程中发挥着重要作用，是提高劳动者就业创业能力的重要途径和手段。我国职业技能培训工作始终围绕经济社会发展需求，坚持服务就业的导向，开拓创新，锐意进取，取得了很大的成绩。但与未来经济社会发展的需求相比，还存在不少问题和制约因素。

第一，始终围绕经济社会发展需要。适应经济社会转型发展需要，不断调整职业技能培训的方向和重点领域，是我国职业技能培训事业的突出特点。② 其中，针对农村富余劳动力的农村劳动力转移培训，针对经济结构调整中出现的下岗失业人员的再就业培训，针对初高中毕业生的

① 陈玉杰，徐艳．我国职业培训补贴制度研究［J］．中国劳动，2017（6）：4-12.
② 张立新．我国职业能力建设工作回顾与前瞻［J］．中国培训，2016.

劳动预备制培训、高校毕业生的职业技能培训，针对过剩产能企业职工的特别职业培训计划，为适应“大众创业、万众创新”的新形势开展的创业培训，以及为建设知识型、技能型、创新型劳动者大军而实施的职业技能提升行动，等等，都有效地适应了经济社会发展对技能劳动者[①]的需求。

第二，始终坚持服务就业的导向。职业技能培训政策的调整和发展必须与就业政策相衔接，职业技能培训的课程和内容必须与用人单位的需求和劳动者的个人职业发展相结合，职业技能培训效果的评价必须以就业效果作为主要指标。如应对人口老龄化和市场对家政服务从业人员的需求，开展养老护理员、育婴师等方面的培训；随着信息化、自动化、智能化的发展，针对人工智能工程技术人员、物联网工程技术人员、大数据工程技术人员、数字化管理师等新职业，开展高端专业技术领域的人才培训。在激励机制方面，职业培训补贴金额以培训情况、获证情况和就业情况作为主要评价指标。

第三，坚持普惠性和兼顾特殊群体。《劳动法》第三条规定，劳动者享有接受职业技能培训的权利。《职业技能提升行动方案（2019—2021年）》明确提出，要面向职工、就业重点群体、建档立卡贫困劳动力等城乡各类劳动者大规模开展职业技能培训。将全体劳动者纳入职业技能培训的对象范畴，既是对《劳动法》精神的贯彻，也是建设高素质劳动者队伍和人力资源强国的要求。特殊性体现在对就业困难群体（农村转移就业劳动者、城乡未继续升学初高中毕业生、下岗失业人员、退役军人、就业困难人员）开展免费职业技能培训，对高校毕业生和企业职工给予职业培训补贴。对贫困劳动力、零就业家庭成员等，在培训期间给予培训补贴的同时还给予生活费补贴。符合条件的企业职工参加岗前培训、安全技能培训、转岗转业培训或技能提升培训，按规定给予职业培训补贴或参保职工技能提升补贴。

① 技能劳动者和技能人才含义基本相同，将结合国家相关政策规定、惯常用法和上下文语境来选择使用。

三、政策框架

（一）职业技能提升行动政策梳理

1. 我国职业技能培训工作重点的发展变化

职业技能培训工作从新中国成立以来一直在不断发展，本节以近期重要的职业技能提升行动为重点进行分析。通过对我国职业技能培训工作重点发展变化的梳理，对我国近期的职业技能培训特点概括如下：我国职业技能培训正在经历着由被动应对市场人才需求、着重解决民生就业问题为导向的职业技能基础培训向主动应对市场人才需求、着重解决各类劳动者技能提升的职业技能开发培训转变；由对高精尖领域人才的培训向对一般技术工人的培训转变；由针对性技能培训向通用性技能培训转变。

2. 国家层面职业技能提升行动政策概况

（1）职业技能提升行动政策总体情况概述和阶段性成果

国家层面的职业技能提升行动政策前期的制度基础良好，目前走的是循序渐进、环环相扣的发展道路。2017 年 9 月，为了转变政府职能，深化行政审批制度和人才发展体制机制改革，人力资源社会保障部公布了《国家职业资格目录》，这为职业技能提升行动打下了配套基础。紧接着，2018 年 5 月，国务院印发《关于推行终身职业技能培训制度的意见》，为职业技能培训的广泛性、普惠性、持久性提供了政策依据和目标。同年 9 月，人力资源社会保障部、国务院国资委联合印发《关于深入推进技工院校与国有企业开展校企合作的若干意见》，深入推进校企合作、工学一体的学习模式。同年 11 月，人力资源社会保障部、财政部共同印发《关于全面推行企业新型学徒制的意见》，要求在企业全面推行以“招工即招生、入企即入校、企校双师联合培养”为主要内容的企业新型学徒制，以培养企业岗位需要的中高级技术工人为主。2019 年 1 月，人力资源社会保障部印发《新生代农民工职业技能提升计划（2019—2022 年）》，进一步扩大了职业技能提升行动的培训对象范围。同年 4 月，人力资源社会保障部印发《关于实行职业技能考核鉴定机构备案管理的通知》《关于扩大企业职业技能等级认定试点工作的通知》，为劳动者职业技能水平评价和鉴定提供了便利的信息渠道。

在前期配套制度政策落地后，2019 年 5 月，国务院办公厅发布《职业技能提升行动方案（2019—2021 年）》，该方案指出要把职业技能培训作为保持就业稳定、缓解结构性就业矛盾的关键举措，作为经济转型升级和高质量发展的重要支撑。目标在三年内共开展各类补贴性职业技能培训 5 000 万人次以上，到 2021 年底技能劳动者占就业人员总量的比例达到25%以上，高技能人才占技能劳动者的比例达到30%以上。[①] 至此国家层面职业技能提升行动政策开始在培训资金使用、培训对象宣传、培训主体激励、培训方式创新、培训内容拓展等方面不断走向细化。人力资源社会保障部联合有关部门相继印发了《关于做好技工院校招生工作的指导意见》《关于改革完善技能人才评价制度的意见》《国家职业技能提升行动推荐教材目录》《关于高危行业领域安全技能提升行动计划的实施意见》《关于加强职业技能提升行动精准化宣传工作的通知》《关于做好职业技能提升行动专账资金使用管理工作的通知》《百日免费线上技能培训行动方案》《关于大力开展以工代训工作的通知》《关于印发农民工稳就业职业技能培训计划的通知》《关于做好疫情防控常态化条件下技能扶贫工作的通知》作为制度配套补充。

据统计，2019 年全国共组织补贴性职业技能培训 1 877. 1 万人次（超出了行动方案的目标培训数量 1 500 万人次）；全年全国累计共有 3 234. 4 万人次取得各类专业技术人员资格证书；培训高层次专业技术人才约 2 万人次；开展急需紧缺人才培养培训和岗位培训 112. 1 万人次；新建国家级专业技术人员继续教育基地 20 家，总数达 180 家；年末全国共有职业技能鉴定机构 9 152 个，职业技能鉴定考评人员 21. 7 万人；861. 9 万人次取得职业资格证书，其中 28. 4 万人次取得技师、高级技师职业资格。2019 年 8 月，我国代表团参加了在俄罗斯喀山举办的第 45 届世界技

① 国务院办公厅. 职业技能提升行动方案（2019—2021 年），http://www.gov.cn/zhengce/content/2019-05/24/content_5394415. htm.

能大赛，获得金牌榜、奖牌榜和团体总分第一名。[①]

（2）国家职业技能提升行动政策变化特点

相较于前期制定的职业技能提升行动方案的重点和目标，现阶段随着职业技能培训工作的推进以及新冠肺炎疫情的影响，为了稳定市场和就业，保障人民的基本生活水平，2020 年以来行动政策的重点有了较大的变化。

首先，培训的重点由中、高级技能提升培训转向一般技能就业培训。2019 年的职业技能提升行动政策面向全体劳动者，以培养中、高级产业工人为主要导向，同时兼顾重点就业群体和贫困劳动力实现技能就业目标，以解决我国就业结构性矛盾和产业经济向高质量发展转型对高技能劳动力的需求问题，是以提高产业发展质量和人才发展质量为目标的。2020 年以来由于受到新冠肺炎疫情的影响，2020 年 1—5 月，全国城镇新增就业 460 万人，与上年同期相比减少 137 万人，全国城镇调查失业率高出上一年同期 1 个百分点。[②] 为此，国家出台了大量稳企稳岗促就业政策，试图通过职业技能培训来降低劳动力供给，通过大力开展以工代训来稳定促进就业，相关政策有《人力资源社会保障部办公厅关于大力开展以工代训工作的通知》《人力资源社会保障部关于印发农民工稳就业职业技能培训计划的通知》《人力资源社会保障部办公厅关于做好疫情防控常态化条件下技能扶贫工作的通知》。因此，可以看出 2020 年以来的职业技能提升行动政策导向了当下最急需的稳定就业，同时努力提升中高级产业工人的培训覆盖率，这是以稳定产业经济发展和保持并促进人才发展质量为目标的。

其次，政策概念由宏观概述介绍转向微观实践指导。前期的行动政策如《新生代农民工职业技能提升计划（2019—2022 年）》《职业技能

① 中华人民共和国人力资源和社会保障部. 2019 年度人力资源和社会保障事业发展统计公报. http://www.mohrss.gov.cn/xxgk2020/fdzdgknr/ghtj/tj/ndtj/202009/t20200911_385449.html.

② 杨伟国. 二季度就业形势分析［EB/OL］. https://mp.weixin.qq.com/s?__biz=MzIzMzcwMzgzOA==&mid=2247487647&idx=4&sn=72fb131a52c4d0b0ecbc2d37d6b27096&chksm=e880c06edff7497802df472727afa7505e9552704f16b4fb045c64bc472c8774bc5c0df00ae9&scene=27. 2020-07-13.

提升行动方案（2019—2021 年）》《人力资源社会保障部办公厅　财政部办公厅关于做好职业技能提升行动专账资金使用管理工作的通知》都是宏观政策上的介绍、制度规则的解释和说明。2019 年，人力资源社会保障部等相关部委随后出台的《关于做好职业培训补贴资金使用情况统计工作的通知》《关于印发〈部分急需紧缺职业（工种）参考目录〉的通知》《关于在新冠肺炎疫情防控期间推荐职业技能培训线上平台机构的通知》《关于发布就业补贴类政策清单及首批地方线上申领平台的通知》《关于开展职业技能电子培训券试点工作的通知》等都是针对具体实施职业技能培训工作的过程指导，如培训资金使用情况统计、发布紧缺培训工种、职业院校年度评估、汇总分类已发布的培训政策、公布首批地方线上申领平台、组织开展电子培训券试点，这表明政策走向了微观实践化。总的来说，现阶段，我国的职业技能提升行动政策正在由具体的实践反馈，向上层改进、下层落实的方向发展，走的是“实践—理论—实践”的方法路径。相较于前期的“理论—实践”模式，我国的职业技能提升行动政策正在逐渐动态贴合我国经济发展状况、就业结构形势、各地职业技能培训实效。

3. 地方层面职业技能提升行动相关政策

（1）地方职业技能提升行动政策概述

国家层面方案出台以来，各地纷纷根据自身实际情况，对标国家标准抓紧制定了地方职业技能提升的行动方案。目前，31 个省（区、市）完成了职业技能提升行动方案的制定，并进行了相应的政策解读。在此基础上，各地纷纷制定出台了配套的行动政策，具体有职业技能等级评价和认定政策、稳岗扩岗专项支持计划、以工代训、职业技能行动专项资金使用、职业技能培训管理服务内容。此外，部分地区结合自身实际出台了差异化的配套政策。如重庆市人力资源社会保障局、重庆市财政局发布《重庆市职业技能提升行动实施方案（2019—2021 年）培训成本及市场需求程度目录的通知》，该通知不仅将重庆市所需培训的工种划定了急需等级，还列出了每个工种的培训成本，有利于劳动者理性选择培训项目。吉林省人力资源社会保障厅、吉林省卫生健康委、吉林省财政厅联合印发《吉林省提高应对突发重大公共卫生事件能力　开展公共卫生辅助服务员职业技能培训的方案》的紧急通知，通知规定力争 2020 年 3 月中旬采取针对性免费的方式对各类企业职工、农村转移就业劳动者中的乡村医生、机关事业单位疫情防控相关工作人员完成线上公共卫生辅助服务员职业技能培训。

由此可知各地的职业技能培训政策具有总体相近、局部差异的特点。总体行动政策和配套的培训资金使用、线上培训方式、培训目录制定、培训绩效考核、培训监督管理等形成主次搭配，具有系统性的政策框架体系。同时，在具体的配套培训政策制定上，各地又积极探索出了符合自身实际的差异化培训政策。以共性兼个性，让职业技能提升行动各项政策既有宏观预见指导、明确正确方向，又有微观实践结合，提升政策实效性的双层优势。

（2）地方职业技能提升行动政策的主要特征

第一，广覆盖+多层次。相比于以往的职业技能提升行动政策，这次职业技能提升行动政策国家层面的最大特点在于广覆盖，面向群体劳动者。相应的各地方的培训政策积极响应国家倡导，结合地方自身实际，努力扩大此次职业技能提升培训的覆盖群体，在重点就业群体上下功夫。部分地区把劳务派遣人员，隔离戒毒人员和刑满释放人员，社区矫正人员，确有培训需求、不具有按月领取养老金资格的人员，受经贸摩擦影响的职工（浙江省）纷纷纳入培训对象范围。此外在广覆盖的同时，各地的培训政策具有一定的层次性，主要从两点体现，一是针对培训对象的多层次，大部分是按照在职员工、重点就业群体、贫困劳动力进行了分层次的培训设计；二是针对行业的多层次。同时，各地也纷纷在高危行业领域开展职业技能培训。

第二，政府主导+多方参与。政府主导是此次各地职业技能提升行动政策的鲜明特点。各地在行动政策中均纷纷规定了政府的主体责任、监督责任、保障责任，同时设有职业技能提升行动小组和相应约束机制。在政府主导的培训机制下，整合社会培训主体和培训资源，通过激励性政策激发社会多方参与，使培训供给和需求内部系统形成可持续的生态圈。如在各地的政策中，政府通过任务分解，将各个具体的培训任务下放到各级政府部门，其中包括人力资源社会保障局、财政局、教育局、工业和信息化局、国有资产监督管理委员会等，通过部门合力共商职业技能培训工作机制。在多方参与方面，政策通过补贴性培训政策激发企业、职业院校、社会培训机构和评价机构的参与活力，同时鼓励工会、团委、妇联等群团组织以及行业协会参与职业技能培训工作。各地政策通过对用工单位和劳动者的双向激励，提升了职业技能培训的内在动力。

（3）地方职业技能提升行动政策差异化特点

共性特征揭示了各地职业技能提升行动的总体政策理念和政策导向，从而更有利于在具体实施层面比较和解释职业技能提升各项行动的共性部分，便于得出普遍适用的各地政策规律，这为下一步在国家层面制定职业技能提升行动政策提供了共同的政策参考基础。通过政策的比较分析，发现在实际制定并出台的各地职业技能提升行动政策共性的基础上，部分地区积极结合自身经济发展状况、民生就业、产业结构水平等各项实际，探索制定了符合地区技能提升需求的差异化行动政策。具体的差异化政策可以从以下六个方面概括其特点。

第一，产业导向培训方向。此次国家层面的职业技能提升行动的政策目标之一是解决就业结构性矛盾和中高端产业发展人才不足的问题。在此目标下，部分地区结合自身产业发展实际，以先导产业、重点转型产业、新兴产业为引领，明确了职业技能行动的人才培训方向。在加快构建先进制造业方面，山西省在《职业技能提升培训实施方案》中明确提出大力发展“金蓝领”培训品牌①；在传统产业转型方面，吉林省提出要服务吉林全面振兴，围绕汽车、石化、农产品加工传统支柱产业，大规模开展职业技能培训②；在新科技新技术产业上，广东省提出要结合新一代信息技术、人工智能、生物医药、新材料、海洋经济等战略性新

① 山西省人民政府办公厅．山西省推进职业技能提升培训实施方案．http://www.shanxi.gov.cn/zfxxgk/zfxxgkzl/fdzdgknr/lzyj/szfbgtwj/202205/t20220513_5978414.shtml.

② 吉林省人民政府办公厅．吉林省职业技能提升行动实施方案（2019—2021 年）．http://xxgk.jl.gov.cn/szf/gkml/201908/t20190827_6046196.html.

兴产业，大力培养高素质技能人才①；上海市提出要打响“四大品牌”，分别是先进制造业、战略性新兴产业、现代服务业、文创和非物质文化遗产保护专项技能提升计划。在此次的职业技能提升行动中，以产业引领市场化培训内容的地区还有很多。总的来看，这种全方位产业精准匹配的技能培训模式有利于顺利衔接技能培训的市场转化，为各地人才技能结构和产业发展需求不平衡的问题提供了直接对接的解决方案。

第二，特色品牌创建培训模式。在创造地方特色培训品牌上，部分地区探索了符合本地实际的培训项目。特色培训品牌不仅仅是基于本地实际民生状况，发挥本地资源的重要培训模式，更是带有本土特点的一种纵向技能开发和技能传承，对“大国工匠”的培养和“匠心”精神的传承起着重要的作用。在已出台的政策文件中，广东省大力推行“粤菜师傅”工程、“南粤家政”工程，完全立足本地实际努力将传统就业打造成现代化产业体系。河南省在政策文件中明确提出实施“中原丝路”和“文化河南”技能提升计划；深度融入“一带一路”人才培养领域，广泛推行“镇平玉雕”“信阳毛尖茶采制技艺”等非物质文化遗产领域技能培训，努力形成不同层次的技能人才结构。西藏自治区在《职业技能提升行动实施方案（2019—2021年）》中规定要支持西藏技术能手、西藏工匠、西藏工艺美术大师、非物质文化遗产传承人申报建设技能大师工作室，以此来不断培养具有大国工匠水平的高技能人才，为西藏自治区的文化传承提供保障。

第三，企业园区精准对接。在精准服务市场培训需求方面，内蒙古自治区的《职业技能提升行动实施方案（2019—2021年）》将职业技能培训的内容直接导向了企业用工单位实际所需，即从微观企业用工倒推职业所需技能类型和技能水平；该方案提到各地要定期征集、发布企业用工需求信息和培训信息，企业精准对接培训需求，开展订单式、对接

① 广东省人民政府办公厅．广东省职业技能提升行动实施方案（2019—2021年）．http://www.gd.gov.cn/zwgk/wjk/qbwj/yfb/content/post_2584786.html.

式、储备式培训。① 西藏自治区在《职业技能提升行动实施方案（2019—2021年）》中也提到了培训—评价—就业一体化服务，这种微观的企业岗位对接培训模式有利于提高培训的就业转化率和劳动者可使用的培训知识和培训技能，改善地区就业质量和就业水平；此外，除了精准对接企业培训需求，西藏自治区还大力推动人才创新创业培训，在方案中提到探索“1+X”创业培训模式，每年培训2 000人以上，到2021年底建成自治区创业孵化基地10家。② 这种技能创业的培训模式也在不同地区政策中有所体现。

第四，配套政策动态改进。在配套政策的探索中，体现了不同的驱动型导向。例如，在人才评价机制方面，西藏自治区政策规定对未列入国家职业资格目录的工种，建立自治区专项职业能力考核目录，实行动态调整；制定高技能人才和工程技术人才职业发展贯通办法。③ 上海市在人才评价机制方面规定要进一步深化职业技能证书与学历证书双证融通改革。这是全面提升劳动者各项职业技能水平的综合性评价政策，有利于打破不同技能类型劳动者发展壁垒，拓宽技能劳动者的多元发展通道。

第五，目标导向结构化。各地的职业技能培训政策目标共分为了三个梯度，不同的梯度体现了各地当下以及未来人才发展的需求和方向。经过分类整理，国家层面的职业技能提升行动目标为：截至2021年底，技能劳动者占就业人员总量的比例达到25%以上，高技能人才占技能劳动者的比例达到30%以上。④ 通过对比，各地在三年行动方案中的技能劳动者和高技能人才的占比目标分为国家基准目标水平以上、与国家基准目标持平、国家基准目标水平以下、自设技能培训目标四种。其中，在国家基准目标水平以上的有：江西省、广东省、江苏省、浙江省、湖北

① 内蒙古自治区就业服务专项工作协调办公室. 关于印发职业技能提升行动实施方案（2019—2021年）的通知. http://www.mohrss.gov.cn/SYrlzyhshbzb/rdzt/zyjntsxd/zyjntsxd_zxbd/201909/t20190929_335620.html.

②③ 西藏自治区人民政府办公厅. 关于印发职业技能提升行动实施方案（2019—2021年）的通知. http://www.mohrss.gov.cn/SYrlzyhshbzb/rdzt/zyjntsxd/zyjntsxd_xdzn/201909/t20190925_335219.html.

④ 国务院办公厅. 职业技能提升行动方案（2019—2021年）. http://www.gov.cn/zhengce/content/2019-05/24/content_5394415.html.

省、天津市、上海市、北京市，这些地区的发展面临技能劳动者供给不足和高技能人才短缺的压力较大，因此其职业技能培训的目标倾向于服务中高端产业，培训质量和水平都要求较高；与国家基准目标水平持平的有：山东省、河北省、辽宁省、吉林省、黑龙江省、河南省、湖南省、四川省、新疆维吾尔自治区、内蒙古自治区、重庆市、山西省、青海省、甘肃省、陕西省、云南省，这些地区面临产业结构转型升级带来的劳动者技能水平不匹配以及结构性就业不平衡的问题，迫切需要普遍提升劳动者技能水平，是此次职业技能提升行动着重要解决的地区问题，以期促使技能培训水平导向技能劳动者数量的提升；低于国家标准的有：西藏自治区①、广西壮族自治区、宁夏回族自治区，这三个地区的贫困发生率客观存在，需要以技能扶贫为主体导向，旨在培养中等技术技能劳动者；自设技能培训目标数量的有：福建省②、海南省③、安徽省④、贵州省⑤，这类地区根据自身实际发展状况，制定出的培训目标紧贴地区发展需求。

第六，竞赛模式通行化。在各地的职业技能提升行动政策中，技能竞赛模式成为职业技能提升的重要培训方式。浙江省在《关于进一步加强职业技能提升行动管理的通知》中明确规定将劳动者参加职业技能大赛纳入职业技能提升行动。由此可以看出，职业技能竞赛模式成为各地职业技能培训的重要组成部分，竞赛不仅可以加大同行交流、促进标准制定，还可以利用短期高强度的技能强化方法迅速提升参赛者的技术技能水平。

---

① 三年共开展各类补贴性职业技能培训21万人以上，其中2019年培训6万人以上、2020年培训7万人以上、2021年培训8万人以上。

② 高技能劳动者占技能劳动者比例有较大提高。

③ 三年共开展各类补贴性职业技能培训30万人次以上，其中2019年培训10万人次以上；力争到2021年底，全省新增技能劳动者7.5万人以上，其中新增高技能人才2.25万人以上。

④ 到2021年底，全省技能劳动者总量达到550万人次以上，其中高技能人才总量达到180万人次以上，高技能劳动者占技能劳动者比例达到30%以上，努力在职业技能培训的体制、模式上闯出新路，在技工培训的数量、质量上走在全国前列，全面提升劳动者素质和全要素生产率。

⑤ 到2021年底，基本建立覆盖城乡劳动者的终身职业技能培训制度，实现农民培训全覆盖，劳动者整体技能素质、技能人才待遇、技能人才政策环境明显改善，加快建设知识型、技能型、创新型劳动者队伍，为强力推进大扶贫、大数据、大生态战略行动提供坚实的技能人才支撑。

4. 小结

本部分基于当前我国结构性就业矛盾凸出、高技能人才短缺，亟须进行技能型人才补充、完善终身职业技能培训体系的宏观背景，分别从国家层面及地区层面两个维度对当前我国职业技能提升行动所颁布的政策脉络进行了全面的梳理。

在国家政策层面，本部分分别从平台搭建、培训对象、培训内容、培训补贴机制四个维度梳理当前政策的重点。首先，通过政府多部门联动协作，为职业技能提升行动的有效实行搭建了制度框架。其次，该政策通过明晰劳动者的就业需求以及雇主方的用工需求，明确了职业技能提升行动的培训对象以及培训内容，有效提高了培训的效率和针对性。最后，国家层面的政策通过培训补贴机制，全面调动培训供给方与需求方的积极性，保障了技能提升行动在全国范围内快速开展。

而从地方政策层面来看，各地积极探索符合自身实际的差异化培训政策，总体呈现出共性与个性并存，培训既有宏观政策预见指导，又有微观实践与之结合的特点。同时，多地结合自身特点，提出产业导向培训模式、特色品牌创建培训模式、目标导向结构化模式、竞赛模式等多种模式。通过多种培训模式的开展，使各省因地制宜地展开职业技能培训，形成有针对、有效率、有保障的地方政策。在全面梳理国家政策与地方政策的基础上，理清当前各地宏观政策，为进一步探究当前我国职业技能提升行动的实施模式、分析职业技能提升行动实施效果提供了政策上的支持。

（二）实施模式分析

1. 以提升行动针对对象进行划分

从各地方经验来看，在确定职业技能提升行动的实施对象时通常有两种划分方式，一种是以技能需求不同的劳动者群体为实施对象，精准设计针对此类劳动者特征与技能需求的提升项目和策略，典型地区包括浙江省、云南省等地；另一种则以行业为切入口，针对职业技能缺口较大，劳动者技能不足的行业进行提升行动的统一设计，直接覆盖全行业各类型企业，这一实施模式通常还包括一般技能不足行业、产业结构转型中落后行业、新兴技能不足行业和特殊技能要求行业的划分，典型地区如四川省、黑龙江省、安徽省等。

（1）按照技能需求不同的劳动者群体划分

以目前职业技能培训的实践经验来看，在我国形成“大众创业、万众创新”的新形势后，各地方的职业技能培训以经济社会发展的需要为中心，不断探索职业技能提升的方向和重要领域。基于这样的基本形势判断，按照劳动者群体进行技能提升对象的划分是地方实践中常见的分类实施模式之一，由于同类劳动者在整体技能水平、技能短板、技能发展需求及职业特征上的同质性，使得按照劳动者群体特征为依据划分提升对象的实施模式，在实践中更具针对性和可行性，通常情况下也具有施政主体的明确性、政策归口和实施的统一性。

我们在实践观察中发现，以不同劳动者群体进行的划分主要包括以下两类。

第一类是农民工。在我国城镇化的过程中，农民工为推动我国经济社会发展做出了巨大贡献，他们越来越多地期望能够通过参加职业技能培训实现自我发展，并且已从生存需求转为发展需求。同时，根据“2019 年农民工监测调查报告”显示，我国农民工总量已达到 29 077 万人，比上年增加 241 万人，农民工群体已成为产业工人队伍中的核心力量，因此针对农民工群体的培训必然成为国家和地方技能提升的工作重点。2019 年，人力资源社会保障部印发《新生代农民工职业技能提升计划（2019—2022 年）》，2020 年又再次印发《农民工稳就业职业技能培训计划》，成为各地方开展农民工培训的统领性文件。配合上述计划，各地方也积极出台政策、创新做法，结合新一代农民工特点和地方发展要求开展培训。

第二类是社会范围内的其他重点就业群体，如城乡未继续升学初高中毕业生（即“两后生”）、登记失业人员、退役军人和就业困难人员（含残疾人）等。安徽省在《关于加强服刑人员和强制隔离戒毒人员就业技能培训工作的通知》中提出，要组织余刑不满 1 年的服刑人员和强制隔离余期不满 1 年的戒毒人员集中参加免费就业技能培训，同时为服刑人员和戒毒人员提供培训补助资金。

将各类不同培训需求的劳动者纳入职业技能培训的对象范畴，既保证劳动者群体受益的全面性，又实现分类提升的针对性；一方面是对劳动法律维护劳动者权益精神的贯彻，另一方面也是建设高素质劳动者队伍和人力资源强国的要求。

（2）按照行业划分

从职业技能提升目的来看，职业技能提升应始终坚持以服务就业为导向，也应始终坚持与国家经济社会产业发展目标相契合。职业技能培训的课程与内容要与用人单位的需求及劳动者个人发展的需求相结合，如为应对人口老龄化和市场对家政服务行业从业人员的需求，应大力开展养老护理员、育婴师等方面的培训。而当前，随着我国产业结构的不断变化和升级，行业从业内容差距越来越大，职业技能需求也日益分化，对依据不同行业进行技能提升方案划分提出了新的要求。整体来看，按照行业进行技能提升对象的划分包括以下四类。

第一类是一般技能不足行业，例如，对从业人员技能要求较高的建筑业，缺少既往技能积累的新兴行业（如家政服务业），这类行业技能需求的特点是从业人员职业技能水平参差不齐，同时缺少相对统一的职业技能考核标准，因此技能提升的基本思路和方向是通过企业统一培训和考核提升从业者职业技能水平，同时鼓励从业者积极参加职业技能考核鉴定、职业技能等级认定或专项职业能力考核来获取相关证书。

第二类是产业结构转型中落后行业转岗职工技能转换提升培训，如重点去产能的钢铁、煤炭、电解铝等行业。此类行业面临整体性压缩与转型的客观要求，劳动者既有技能无法在劳动力市场上找到对应岗位，而同时又必须进行转岗就业，因此就需要进行覆盖全行业的员工新技能培训。

第三类是新兴技能不足行业，这是随着信息化、自动化、智能化不断革新发展，产业更新带来的新职业，如人工智能工程技术人员、物联网工程技术人员、大数据工程技术人员、数字化管理师等，需要推动新兴行业和高端技术领域人才培训的开展。① 这类新兴行业由于产生和发展的时间很短，因此职业技能及从业资格标准十分缺乏，几乎没有可借鉴的同类基础，同时由于新职业的监管相对滞后，也产生了一些社会问题，如近两年，一些知名网络主播爆出丑闻甚至被中央电视台等权威媒体批评，也在一定程度上反映出现阶段网络新型行业从业者综合素质及技能水平参差不齐、亟待提升的问题。随着新兴行业日益兴起，行业技能需求不断提升，各地也在积极响应出台政策进行规范，如浙江省金华市出台了《网络直播营销专项能力考核规范》，就力图对新兴行业从业者的职业技能进行提升和规范。

第四类是特殊技能要求行业，主要包括工业高危行业、公共卫生行业等对工作环境和上岗条件有特殊需求的行业。如危险化学品、煤矿、金属非金属地下矿山、金属冶炼、石油天然气开采、建筑施工、特种设备操作等。安徽省在《关于加强全省高危行业领域安全技能培训工作的通知》中提到支持高危企业面向拟从事特种作业的人员、特种设备作业的人员开展从业资格培训，培训结束后经行业主管部门组织考核取得相应从业人员资格证书，并对符合一定要求的企业或培训机构给予培训补贴。

2. 以提升行动的方式与载体进行划分

目前各地在进行职业技能提升行动时通常采取两种实施方式，一种是传统的线下培训，另一种是依托互联网进行的线上培训。线下培训的优势在于学习时间连贯、教学互动丰富，主要针对希望系统性学习提升职业技能的劳动者，主要做法为线下培训班、讲座、技术院校系统学习等。但传统的线下培训主要依托实体课堂或在工作场所直接展开，受限于物理空间，普遍存在工学矛盾突出、培训内容针对性不强、培训效果不佳、效率不高等问题，而随着“互联网+”的广泛应用，现代信息技术手段被应用到职业培训，实现了人人皆学、处处能学、时时可学的大规

① 陈玉杰. 职业技能培训这些年［J］. 中国人力资源社会保障，2020（4）：26-28.

模、高质量劳动者教育培训。[①] 线上培训具有资源多、学习时间地点灵活的特点，主要针对业余时间比较细碎同时有职业技能提升意愿的劳动者，主要做法有构建网络学习平台与开放教育培训网站等。人力资源社会保障部发布《疫情防控期间免费开放中国职业培训在线等培训平台提供线上培训与教育服务》的通知，就在特殊时期利用互联网手段展开了丰富的培训。

（1）线下培训

在我国，传统的职业培训方式主要通过集中面授、理论传输进行教学。线下培训的模式以教师传递知识、学生接受知识为特征，即教师是教学活动的主体，主导整个教学活动的开展，学生是教学活动的客体。这一模式有助于学生在短时间内形成知识体系，更好地梳理知识。职业技能的线下培训模式主要依托企业、职业院校及社会培训机构三类主体，以开办线下课堂式、讲座式的培训班方式进行。线下培训由于有多年积累，师资力量雄厚；面对面教学方式使得学生和教师之间“互动性”与“体验感”强，教师可以很好地看到学员的学习状态并对课程进度进行把控。随着时代发展和各地对技能提升工作重视程度的提高，线下培训方式也在不断优化创新，以破解传统线下培训课堂与实践割裂分离的现实问题。例如，江苏省常州市作为近代工业发祥地之一，工业企业众多，同时，常州市还是国家高等职业教育发展综合改革试验区和江苏省职业教育创新发展实验区，江苏省常州技师学院进行校企合作、产教融合的条件得天独厚，用工合作伙伴有千余家，设立 120 多个校外实训基地。学院在 2016 年 10 月获批建设第 44 届世界技能大赛工业机械装调项目（中国）集训基地，至今基地建设已投入 830 余万元，为技师院校学生提供“练兵场”。学院作为人力资源社会保障部推广一体化课程教学改革的示范学校，近年来开发 140 余门模块式新课程，与企业需求接轨，建造 13 个性能完备的专业实训中心及 180 余个模具加工、自动化等实训室，

① 丁艳，吴海燕．“互联网+职业培训”模式探索与实践［J］．中国培训，2019（11）：23-24.

让各专业学生都能“实战练真功”。同时还积极将集训与日常教学活动有机融合，学院将竞赛机制在全校推广，通过连续举办4届校园技能节，激发学生兴趣，组建“后备军”，选拔“好苗子”。

（2）线上培训

随着近年来网络技术的发展，“互联网+”模式逐渐影响各行业，利用先进互联网技术手段进行职业技能培训改革已成为大势所趋，职业技能培训也迎来了一次大的变革，与“互联网+”重视用户和用户需求的特点相一致，全方位满足每个个体的学习需求是此次职业技能培训改革的核心内容。① 同时，由于2020年初暴发与扩散的新冠肺炎疫情短期内对国家经济、社会生产和居民生活等都产生了影响，为了控制疫情，一段时期内不再开展线下培训，这使得传统的线下培训的发展受到限制②，线上培训的新型模式应运而生，线上的职业技能培训主要通过教育培训网站（如技工教育网）、网络学习平台（如学习强国）及数字化培训资源来对目标群体进行培训，例如，人力资源社会保障部在疫情防控期间免费开放技工教育网；各个地方也大力补贴，探索和推进更高效、更有吸引力的线上培训方式，吸引企业和劳动者积极参加。

基于网络环境的移动学习、碎片化学习、翻转教学等学习理念搭建出的线上培训具有学习时间地点灵活、学习方式可自主选择、学习资源可共享等优点，因此更加适合工作之余没有大量完整学习时间但有职业技能提升需求的群体以及希望节约人力培训成本的企业等。但与传统的线下培训模式相比，线上培训也有教师与学员之间缺少面对面交流的缺点，同时网络条件和网络环境也会制约培训效果，这是下一步要突破和解决的主要难点。

3. 以提升行动资金来源进行划分

各地方政府在推行职业技能提升行动的过程中，均设置了职业技能提升行动专项资金保障职业技能提升行动的平稳推行。在职业技能提升

① 刘云生. 论“互联网+”下的教育大变革［J］. 教育发展研究，2015，35（20）：10-16.

② 陈实，梁瑶. “线上+线下”培训模式探究——基于新冠疫情带来的思考［J］. 财富时代，2020（4）：129-131.

行动中按政府出资比例可以划分为两种，一种是政府全资即免费模式，另一种为政府补贴即收费模式。

（1）政府全资模式

在该模式下，职业技能提升行动所需资金由各省市（自治区）政府全资提供，主要用于服务本地特殊劳动者群体的一系列职业技能提升行动，劳动者在获得这类培训机会时无须支付任何费用。

从目前各地政府全资模式的实施情况来看，一方面是各地对线上技能提升资源的免费开放，如山西省、江西省、河南省、河北省、江苏省、广东省、福建省、吉林省等均开展了“百日免费线上技能培训行动”，并在百日基础上进行了延展，截至2020年5月底，全国线上技能培训实名注册总人数已达1 196万人，其中排在前三位的省份是广东省（174万人次）、江苏省（128万人次）、河南省（116万人次）；另一方面是各地方配合技能扶贫的政策，针对特殊困难群体开展免费培训。

（2）政府补贴模式

除了针对特殊群体的免费培训外，更为普遍和面对更广大受众群体的是政府补贴模式，这一模式是指各省市（自治区）政府通过设置职业技能提升专项资金等方式，依托企业、职业院校及社会培训机构，用于支持企业兴办职业技能培训、推动职业院校扩大培训规模、鼓励评价机构开展职业技能培训和评价工作、对参加培训的劳动者给予资金补贴等具体形式。如四川省在《职业技能电子培训券试点工作推进方案的通知》中将电子培训券作为现有培训模式的补充，使用电子培训券参加职业技能培训的人员享受职业技能培训补贴，补贴在培训结束后由培训机构向当地人社部门提交申请后领取。更多地方采取直接补贴的办法，如2019年河北省在职业技能提升行动实施方案中明确了培训补贴使用范围，成为河北行动实施方案的亮点。

4. 以培训供给主体进行划分

国家作为总体推动的主体，通过《职业技能提升行动方案（2019—2021年）》对企业职工、就业重点群体、贫困劳动力等广大劳动群体的行动细则提出相应的指导意见，但在实践中培训供给主体却有多种类型，这也可以被称为技能形成的机制，分为外部技能形成机制和内部技能形成机制。所谓外部技能形成机制是指从外部获得技能，职业院校或者社会化培训机构是技能培训供给主体；内部技能形成机制是指企业内部建立的自我组织的培训机制，技能培训供给主体是企业。① 从具体实践来看，各地培训供给主体主要包括企业培训、技工院校培训、社会培训机构培训等，总的来看，各地方职业技能提升行动中均采取了多主体共同提供培训服务的模式。

（1）企业培训

企业培训是已就业劳动者获得技能最常见的渠道，企业培训具有针对性强、与实践结合紧密，劳动者参加培训动力更充分等优势，因此各地也积极出台政策支持鼓励企业开展内部培训，提升劳动者技能。如浙江省金华市，受新冠肺炎疫情影响，该市外贸企业订单急剧减少，甚至部分企业无单可做，导致企业劳动力需求显著下降，大量劳动力闲置，稳就业压力增大。针对这一情况，金华市积极开展外贸企业职业技能培训专项行动，鼓励企业利用订单空窗期举办技能培训班。首先，放宽政策门槛，对外贸企业组织技能培训实行“备案免批”，企业只需报送培训申报表和培训实施方案，在人社部门进行备案后可马上开班，大大提升了开班效率。其次，地区首次对企业自主培训给予政策补助，给予企业培训 30 元/人/课时、最高不超过 800 元的培训补助；改变员工培训补助的领取次数，将每人每年培训补助享受次数从 1 次提高到 3 次，在很大程度上减轻了企业和员工的负担；同时，创新思路，突破过去只能由政府部门发放培训证书、企业不能发放的限制，明确企业可以对培训人员进行自主结业评估，并发放培训合格证书。最后，在疫情之下，金华市变被动为主动，抓住学校尚未复学、教学资源闲置的时机，组织外贸企业对接学校，以“校企联办”的模式，解决企业自主开班经验不足、师资缺乏等问题。如金华电机实业公司与金华市技师学院对接合作，开设了金华市区首个企业员工技能培训班，由学校从专业角度出发制定方案、

① 王星，徐佳虹．中国产业工人技能形成的现实境遇与路径选择［J］．学术研究，2020，429（8）：59-64，177．

准备师资、结业考核等，企业则负责场地提供、课程设置、人员管理等，发挥各自长处，取得了比较理想的培训效果。

此外，针对实践中一些企业常见的培训顾虑，即企业内部培训存在“挖人”的风险，一般大型企业比中小型企业更能承受“挖人”导致的培训沉没成本，这在一定程度上会制约企业尤其是中小型企业内部技能培训的供给，为此，不少地方积极动员、发挥重点企业带动作用。如四川省自贡市，聚焦规模以上重点企业，通过重点突破，发挥示范带动作用，引导更多企业参与到职业技能培训中来。目前，已精准对接华西能源、川润股份、东方锅炉、晨光化工院、大西洋集团公司、硬质合金公司、中兴耐磨、运机集团、公交公司等当地骨干企业，指导企业摸清家底，分类制定职工培训方案。

（2）技工院校培训

技工院校以培养劳动者职业技能为核心目标，因此在劳动者技能提升体系中扮演重要角色，各地对技工院校的发展给予了高度重视。各技师学院和高级技工学校不断扩大高级工以上学制教育规模。为了提升技工院校人才培养水平，有的是将技工院校之间互相整合，如襄阳整合市内三所技工院校兴建襄阳技师学院；有的是将技工院校与中职院校整合，如2007年荆州市高级技工学校在全省率先整合5所学校，2013年又整合荆州工贸职业学院，组建荆州技师学院；有的是将技工院校与就业训练中心整合，如黄石市第一技工学校与阳新县人力资源社会保障局就业训练中心积极整合、统筹建设；有的是将技工院校与企业培训中心整合，如湖北东风汽车技师学院与企业培训中心整合，不断扩大规模和提升水平。在整合现有机构、实现硬件完善的基础上，湖北省还在全省技工院校开展一体化课程教学改革，保证课程教学标准的一体化，充分达成以强带弱，逐步实现专业设置与产业需求、课程内容与职业标准、教学过程与生产过程、毕业证书与职业资格证书等的充分对接，使得教学工作更加有的放矢。

（3）社会培训机构培训

社会培训机构是按照市场化标准培养人才的重要社会力量，其具有独立的法人实体，办学主体是政府以外具有法人资格的一切社会力量，包括国家企事业单位组织、民主党派、人民团体、集体经济组织、学术团体以及公民个人，社会培训机构由于具有更为完善的现代企业制度，从而更好地与市场接轨，具有较高的培训效率和较好的培训效果。社会培训机构一般在教学模式上极为灵活，对受众主体的反馈反应迅速，可以对教材选编、课程设置、教师选聘等方面依培训效果随时做出调整。目前全国民办培训机构近两万家，是提升劳动者技能水平的重要主体和补充力量。

5. 小结

本部分基于对宏观政策的梳理，全面探析当前我国职业技能提升行动的实施模式，分别从培训针对对象、培训方式与载体、培训资金来源、培训供给主体四个维度进行分析。从培训针对对象上来看，部分培训以劳动者群体进行划分，对不同劳动者群体实行不同的培训内容；另一部分则以行业为切入口，聚焦技能不足行业、落后行业、新兴行业以及特殊技能要求行业，因地制宜开展培训；在培训方式与载体方面，培训方式是影响培训的主要因素，我国培训方式主要可分为线上培训与线下培训，不同培训模式各有利弊，且针对人群也有所不同；而从培训资金来源来看，当前资金来源可分为免费的政府全资模式与收费的政府补贴模式。针对不同的培训对象实施不同的资金模式；从培训供给主体来看，分为企业培训、技工院校培训以及社会培训机构培训三种。总体呈现出多主体共同提供培训服务的有效模式。综上，通过本部分对实施模式的分析，为下一章进一步构建职业技能提升行动培训效果指标提供了坚实的政策基础。

（三）职业技能培训补贴的政策措施

1. 职业技能培训补贴资金的来源

职业技能培训补贴是政府运用财政资金为个人、企业或培训机构参与职业技能培训提供的“成本补偿”。补贴资金在调动社会各方的积极性、开发全社会人力资源方面起到了重要的引导作用。《职业技能提升行动方案（2019—2021年）》将职业技能提升行动的资金来源总体分为四部分，即职业技能提升行动专账资金（简称专账资金）、就业补助资金、地方人才经费和行业产业发展经费。其中，专账资金与就业补助资金为补贴资金的主体部分，但两者来源有所不同，专账资金来源于省级层面且专门用以职业技能培训资金支持，各省以2018年底失业保险基金滚存结余为基数，按照20%的比例计提职业技能提升行动专账资金，并在社会保障基金财政专户中单独建立“职业技能提升行动专账”，用于职业技能培训，实行分账核算、专款专用。对于支付能力较弱的统筹地区，省级将通过失业保险调剂金等予以支持。就业补助资金则主要来源于中央财政拨款，但用途较多，不局限于职业技能培训，还可用于职业培训补贴、职业技能鉴定补贴、社会保险补贴、公益性岗位补贴、创业补贴、就业见习补贴、求职创业补贴、就业创业服务补助和高技能人才培养补助等各项补贴性支出，且每年会根据年末常住人口、登记失业人数、就业困难人数、城镇新增就业人数、地方投入情况、资金结余消化力度、地方财政困难程度和今年重点工作等因素分配，对贫困地区、疫情严重地区、促进就业先进地区、高失业率地区倾斜支持。在对2019年《中国劳动统计年鉴》及财政部相关文件搜集整理后，将各地专账资金及2019—2021年就业补助资金在表1-2列出并在图1-5中进行对比分析。在进一步将各省三年的就业补助资金预算及专账资金对比后可发现：就业补助资金作为中央财政转移支付型资金，具有一定的扶弱偏好；而专账资金由各省失业保险金结余所得，属于资源禀赋型资金，其更依赖于各省自身的发展水平。

表1-2　　各地专账资金及2019—2021年就业补助资金统计表　　（亿元）

地区	专账资金	就业补助资金预算		
		2019年	2020年	2021年（提前下达部分）
北京	54.06	3.74	4.36	3.05
天津	16.44	14.20	10.14	7.10

续表

地区	专账资金	就业补助资金预算		
		2019 年	2020 年	2021 年（提前下达部分）
河北	34. 16	26. 84	24. 24	16. 97
山西	38. 66	17. 38	16. 49	11. 54
内蒙古	27. 94	15. 49	14. 90	10. 43
辽宁	56. 98	25. 39	21. 50	15. 05
吉林	26. 76	22. 21	16. 83	11. 78
黑龙江	34. 34	26. 09	25. 69	17. 98
上海	28. 64	5. 00	4. 40	3. 08
江苏	87. 7	9. 80	9. 51	6. 66
浙江	86. 9	7. 66	8. 58	6. 01
安徽	24. 48	26. 45	19. 29	13. 50
福建	35. 58	5. 46	5. 55	3. 88
江西	17. 32	20. 11	17. 71	12. 40
山东	61. 96	10. 73	8. 88	6. 22
河南	40. 8	35. 38	34. 61	24. 22
湖北	37. 7	26. 01	34. 69	24. 29
湖南	28. 58	25. 08	29. 14	20. 40
广东	146. 4	11. 49	12. 59	8. 82
广西	28. 2	16. 97	21. 61	15. 13
海南	7. 32	6. 95	6. 52	4. 57
重庆	23. 68	16. 40	19. 83	13. 88
四川	87. 76	31. 53	32. 57	22. 80
贵州	17	18. 25	24. 91	17. 44
云南	28	22. 65	25. 28	17. 69
西藏	4. 1	11. 20	11. 60	8. 12

续表

地区	专账资金	就业补助资金预算		
		2019 年	2020 年	2021 年（提前下达部分）
陕西	33. 64	26. 12	19. 42	13. 59
甘肃	17. 64	15. 49	19. 60	13. 72
青海	6	8. 24	8. 01	5. 61
宁夏	7. 76	8. 04	7. 31	5. 12
新疆	16. 88	22. 42	23. 01	16. 10

注：表中数据根据 2019 年《中国劳动统计年鉴》及财政部文件整理所得。

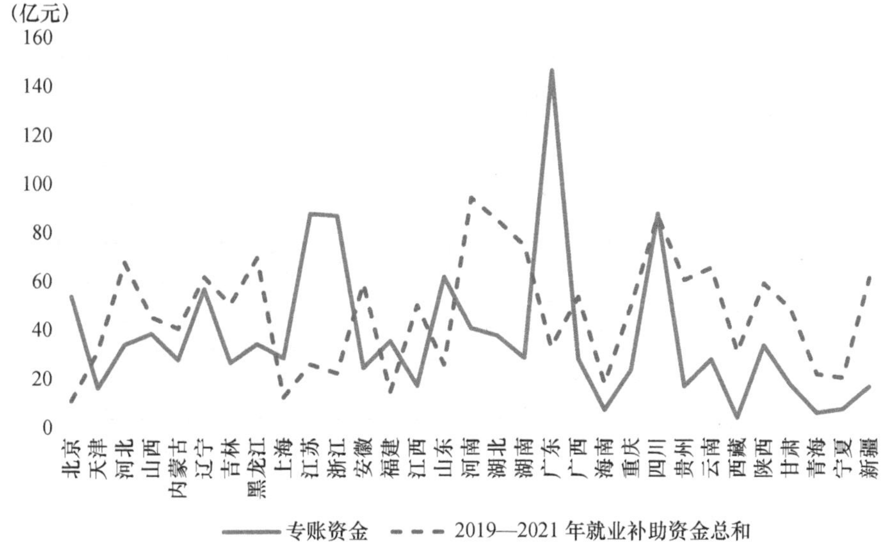

图 1-5　各地专账资金及 2019—2021 年就业补助资金总和折线趋势图

2. 职业技能培训的补贴方式分析

基于不同的补贴资金额度，各省纷纷制定了符合本省情况的补贴标准，而本部分则根据《职业技能提升行动方案（2019—2021 年）》总体政策要求，梳理归纳出了基本的补贴方式及其相应条件及措施（见表 1-3）。总体而言，可分为直接补贴与间接补贴两大类。

表 1-3　　不同补贴方式及其相应条件及措施

补贴方式	补贴对象	补贴条件	补贴措施
直接补贴	就业重点群体	贫困劳动力	免费培训+生活费补贴
		城乡未继续升学初高中毕业生（“两后生”）	免费培训+生活费补贴（仅针对“两后生”中的农村学员和城市低保家庭学员）
		农村转移就业劳动者/下岗失业人员和转岗职工/退役军人/残疾人	免费培训
	企业职工	参与岗前培训、安全技能培训、转岗转业培训或初级工、中级工、高级工、技师、高级技师培训	给予职业培训补贴或参保职工技能提升补贴
	普通劳动者	在户籍地、常住地、求职就业地参加培训后取得证书	按规定给予职业培训补贴，每年可享受不超过 3 次，同一职业同一等级不可重复享受
间接补贴	企业	开展项目制培训	先行拨付一定比例的培训补贴资金
		设立高技能人才培训基地和技能大师工作室	通过就业补助资金给予补助
		职工参加企业新型学徒制培训	给予企业每人每年 4 000 元以上的职业培训补贴
		吸纳贫困劳动力就业、就业困难人员、零就业家庭成员开展以工代训	给予一定期限的职业培训补贴
	社会培训机构	开展项目制培训	先行拨付一定比例的培训补贴资金

直接补贴方式是指劳动者通过参与免费的职业技能培训，享受到政府全资承担培训费用的隐性补贴，或者符合补贴条件的劳动者通过自主申请领取到资金的显性补贴。例如，对于特殊劳动者群体，国家通过结合技能扶贫政策对贫困家庭子女、未升学初高中毕业生等特殊困难群体开展的免费培训和给予的生活费补贴。同时，在疫情防控期间免费开放各类线上技能提升资源。而对于企业职工及普通劳动者则坚持先培训后补贴的原则，在劳动者参加培训并取得相关的职业资格证书后，给予其相对应的补贴。

间接补贴方式是指通过将补贴发给劳动者所在培训机构或企业，通过给予培训供给方补贴，促进供给方的培训内容、培训师资、培训设施的改善，提高培训质量。针对企业来说，通过项目制培训、新型学徒制或以工代训等国家重点培训方式，提高企业职工或就业重点群体技能的，国家给予相应的职业培训补贴，且补贴范围相比于社会培训机构较为广泛。而对社会培训机构来说，因其本身以营利为目的，可通过收取培训者的学费弥补其培训成本。因而，补贴更侧重于开展项目制培训的社会培训机构，并依据各地相应的补贴明细，给予其一定比例的培训补贴资金。

第二章
供需协调之困："十四五"时期我国职业技能培训供需规模及缺口预测

一、研究背景

（一）引言

我国正处在经济转型与产业结构升级的关键时期，技能人才的规模和质量能否满足产业更新升级和经济持续增长的要求是这一时期的重点问题。在此背景下，国家相继出台相关政策持续大力推进职业教育与职业培训，将技能人才的培养上升到服务国家重大战略高度，旨在为产业转型输出高质保量的合格技能工人。2018 年，人力资源社会保障部印发《技能人才队伍建设实施方案（2018—2020 年）》，明确了 2018—2020 年技能人才队伍建设工作的目标任务；2019 年 1 月，国务院印发《国家职业教育改革实施方案》（即"职教 20 条"），明确了职业教育和国家的普通高等教育是两种不同类型的教育，职业教育与普通高等教育同等重要；2019年5月，国务院印发《职业技能提升行动方案（2019—2021年）》，要求三年共开展各类补贴性职业技能培训5 000万人次以上，到2021年底技能劳动者占就业人员总量的比例达到25%以上，高技能人才占技能劳动者的比例达到30%以上，并且提出了实施职业技能提升行动的具体政策措施，把职业技能提升行动作为重要的民生工程；2019年10月，国家发展改革委和教育部等六部委联合印发了《国家产教融合建设试点实施方案》，公布了首批国家产教融合型城市的省、自治区、直辖市和计划单列市范围。与之相对应的是，我国技能人才的培训规模与质量仍未能满足产业发展的需求。截至2019年底，全国技能劳动者有1.65亿人，占总就业人数的21%，其中高技能人才为4 791万人，仅占技能劳动者人数的29.03%，与西方发达国家特别是一些制造业强国（40%以上）相比明显不足，我国处于新旧经济动能转换期，打造中国经济升级版，要靠数亿掌握知识和技能的高技能人才大军。

目前来看，我国职业技能培训供需矛盾主要存在以下三个方面。第一，劳动人口不断减少，技能人才新增数量少而退出规模大。和美国、德国、日本等发达国家相同，我国面临着严重的人口老龄化问题。2016年开始，我国劳动力人口持续减少，2019年劳动力总数为78 107.46万人，同比减少了234.96万人；男性劳动力参与率为75.27%，同比减少了41.60%；女性劳动力参与率为60.45%，同比减少了60.40%，这导致我国技能人才断档现象十分严重。第二，职业院校和技工院校供给能力严重不足，2012年开始，职业院校和技工院校毕业生人数和招生人数整体呈下降趋势，技工院校社会培训人次、民办培训机构和就业训练中心培训人次也在减少。这一方面是由于新增人口数量减少，但社会传统价值观念和教育资源的不均衡是抑制技能人才供给的主要原因，我国自古以来就有“劳心者治人，劳力者治于人”的唯仕唯学、重仕轻工、重学历轻技能的官本位思想。技能人才供给短缺现象在与传统制造密切相关的专业中更为严重①，工资收入、发展机会和工作环境条件等成为制约职

① 根据重庆大学李志老师团队进行的一项针对职业院校在校学生的一项问卷调查显示，有意愿从事制造业的学生仅有18.1%。

业院校学生进入制造业的主要壁垒。第三，产业发展对技能人才素质要求逐渐提高，而在供给侧，我国高技能人才培养与企业实际需求脱节，高技能人才培养主体较单一，从而导致高技能人才的供给规模和供给质量严重不足。

由此可见，我国虽然已经建立世界上规模最大的职业教育体系，人才培养层次日益升级，但办学基础能力仍较薄弱，培养规模仍不能满足经济社会发展的需要，技能人才发展环境亟待改善。劳动人口数量持续减少给我国技能人才的培养带来了很大的挑战，而在需求侧，科技进步以及新经济增长模式对技能人才的规模和质量都提出了新的要求。综上所述，本书在厘清职业技能培训的供需关系，预测职业技能培训的发展态势和供需缺口的基础上，探寻供需两侧的协调发展机制，旨在为“十四五”时期我国职业技能发展战略规划提供更可靠的现实依据与政策支撑。

（二）文献综述

1. 影响技能人才需求侧的因素

技能人才需求可能受到政治因素、经济因素、科技因素、文化因素和国际因素的影响，其中政治因素是首要因素。

封莉①、周会川②的研究发现，影响人才需求的政治因素主要包括政局稳定性和政策偏向。前者会影响产业发展的环境和人才供给的稳定性，稳定的政局会为企业发展提供赖以生存的外部环境保障和稳定的人才供给；而后者则会影响产业发展的机遇。

经济因素也是影响技能人才需求的重要因素，主要表现在经济发展的总水平、劳动生产率和固定资产投资方面。首先是经济发展的总水平，可以用国内生产总值衡量，一般经济发展水平越高，产业的发展水平也较高，对人才质量的需求也就越高；其次是劳动生产率，影响劳动生产率的因素很多，如技术创新、管理模式创新、人员素质的提高等，它是

① 封莉．区域经济发展中的人才需求影响因素分析［D］．长春：吉林大学，2012．

② 周会川．沿海发达地区制造业人才需求与农村劳动力转移中的职业教育研究［D］．荆州：长江大学，2012．

一个综合性变量，行业的劳动生产率越高，所需人才的整体数量将会减少；最后是固定资产投资，固定资产在制造型企业资产结构中占有较大比重，固定资产投资越多，产业的发展规模将会扩大，对人才的需求将会增加。①

科技是第一生产力，科技水平越高，需要的人才质量就越高，劳动生产率也就越高。李涛等人②发现，科研投入对制造业的成长能力具有显著影响，高研发密度和高效率的人工费用投入对制造业的未来资产收入影响显著。因此，研发人员的投入和研究经费的投入，是影响制造业发展和人才质量的重要科技因素。随着全球化程度和工业化进程的不断加快，促使许多低附加值、低技术含量低的劳动密集型制造业逐步向高附加值、高技术含量高的技术密集型先进制造业转变，高素质和高技能产业工人严重短缺，大量具备简单职业能力的产业工人失业。鉴于此，重视研发人员和增加研究经费投入，提高制造业科技竞争优势，既有利于提高制造业的综合竞争力，也有利于提高技能工人素质和吸纳更多优秀人才。

陈淑丽③认为，观念形态的文化环境会直接影响人才的精神境界和思维方式。文化因素中对人才的重视程度和产业的重视程度会对制造业人才需求产生影响。在我国，不同职业对应着不同的社会地位和薪酬，会影响劳动者乃至人才的从业意愿。如果一种职业处于不受重视、不被尊重的地位，薪酬又比较低，人们从事该职业的意愿就不会高。赵磊④和陈静静⑤对制造业从业人员社会地位的研究发现，目前社会上对制造业从业人员的观念比较落后，认为只有学历水平不高、家庭条件较差、无进取心的人才会从事这类工作。这可能会对人才从事制造业的选择产生不利影响。

---

① 李志，金莹．基于中国"制造业强国"建设的技能人才队伍建设研究［M］．北京：中国社会科学出版社，2016.

② 李涛，黄晓蓓，王超．企业科研投入与经营绩效的实证研究——信息业与制造业上市公司的比较［J］．科学学与科学技术管理，2008（7）：170-174.

③ 陈淑丽．社会文化环境对人才成长的影响探析［J］．理论研究，2010（6）：24-25.

④ 赵磊．农民工社会角色问题研究［D］．南京：南京理工大学，2013.

⑤ 陈静静．从社会分层的视角探微我国中等职业学校招生难题［J］．职业教育研究，2007（7）：44-45.

国际因素主要包括国际产业竞争水平、国际环境稳定性和国际贸易额。在全球化竞争中，产业的竞争不仅是国内的竞争，更是国际实力的较量，行业国际化越明显，对国际化人才的需求也就越多。而国际环境的稳定性，对国际贸易相关行业的发展具有重要的影响，进而影响其人才需求。国际贸易额代表着产业在国际市场中的收支，也将会影响到产业对人才的需求水平。

2. 技能人才供给的影响因素

宏观层面的劳动年龄人口因素与教育水平因素，中观层面的企业、职业培训机构的培养能力，微观层面的高技能人才的收入水平、接受培训经历、职业资格等级、年龄和学历结构等都会在不同层面、不同程度上影响技能人才的供给规模和结构。

对人才供给规模和质量影响最为突出的是劳动年龄人口因素和教育水平因素。劳动年龄人口多，人才的总供给量就比较丰富；而教育水平越高，人才质量就会越高。刘菊香、胡瑞文①在对制造业人力资源现状的分析中发现，当前我国劳动年龄人口已出现刘易斯拐点，劳动人口增长乏力，我国制造业多年依赖于劳动力数量增长的外延发展模式将无法持续，亟待转型为以依靠科技进步和高素质劳动力为主的内涵发展模式，而此种模式的基础是提高从业人员的平均受教育程度和文化程度，加强在岗人员培训和终身教育。

职业技能人才的培养体系不完善与投入不足是造成我国技能人才供给不足的直接原因。黄丽娟②提出我国在普通教育上的投入远远多于职业教育，同时缺乏完善的教育和培训体系，人才培养机制、人才使用机制、人才评价机制、人才激励机制方面均不配套，从而制约了高技能人才开发。胡跃茜、李小娟③指出目前我国高等职业院校过多重视理论教

① 刘菊香，胡瑞文．我国制造业人力资源现状及未来十年需求预测［J］．高等工程教育研究，2013（4）：13-21，93.

② 黄丽娟．我国知识密集型服务业对制造业贡献程度与贡献格局分析——基于子系统投入产出分析法［J］．内蒙古大学学报（哲学社会科学版），2016，48（6）：101-108.

③ 胡跃茜，李小娟．高技能人才素养能力培养的影响因素与优化路径［J］．教育评论，2013（5）：21-23.

育，课程设置多是理论知识灌输，对其技能的培养较少，课程设置落后、能力素质教育不够等问题是制约我国技能人才供给发展的重要影响因素。

在微观层面上，技能人才的价值创造能力与就业质量不高，是导致技能人才供给不足的根本原因。谌新民和潘彬①认为高技能人才的收入水平较低与职业资格证认可度不高是导致人才供给不足的重要原因。刘丽彬等人②的研究支持了这一观点，同时通过实证研究发现性别、年龄、户籍以及职业资格证书都显著影响高技能人才供给水平。

目前研究能从宏观角度综合测算技能人才的未来发展趋势与供需缺口情况。李志和金莹③基于 2003—2012 年的数据，利用指数平滑时间序列方法、灰色系统理论方法、BP 神经网络法和回归分析法对 2013—2022 年制造业技能人才需求规模进行了预测，得出 2021 年制造业技能人才规模将达到 11 555 万人。但此次预测仅聚焦于制造业技能人才需求规模，对供给侧相关主体的技能人才培养产出能力的关注不足，难以反映未来一个时期，我国技能人才的整体供求态势。在此背景下，本书从经济增长、技术进步与职业技能培训供需规模之间的关系入手，对"十四五"期间职业技能培训供需规模及发展趋势进行较为全面的预测，重点对技能人才和高技能人才的供需缺口进行估算，旨在为我国"十四五"时期职业技能培训政策的调整与完善提供现实依据，以期更有效地扩大职业技能培训政策的覆盖面，提升政策实施效果。

（三）创新之处

随着对我国职业教育市场化结构的进一步整体优化和改革，职业技能的培训已经逐渐成为我国市场经济发展和国民经济生活不可缺少的重

① 谌新民，潘彬．产业升级与高技能人才供给结构性失衡的影响因素研究——以广东省珠江三角洲地区为例［J］．华南师范大学学报（社会科学版），2009（6）：84-91，159.

② 刘丽彬，陈怡安，刘璐宁．产业转型背景下高技能人才供给失衡的影响因素研究——以北京市为例［J］．中国人力资源开发，2013（1）：10-16.

③ 李志，金莹．基于中国"制造业强国"建设的技能人才队伍建设研究［M］．北京：中国社会科学出版社，2016.

要内容，再加之《职业技能提升行动方案（2019—2021 年）》等相关文件的出台，充分体现了我国对职业技能培训的重视程度和改革的迫切需求。目前已有的研究多为理论研究，缺乏实证研究的支撑，且研究对象大都只聚焦到某一类特殊人群，缺乏全方位的思考。本书将从经济增长与职业技能培训供需之间的关系入手，通过建立时间序列的多变量分析法，即向量自回归模型（VAR），指数平滑法和单变量分析法即自回归滑动平均模型（ARMA）分别预测“十四五”期间职业技能培训的供给规模和需求规模，并基于三种方法对技能人才供需缺口进行分析，以期丰富已有研究，并力求为我国“十四五”期间调整与完善职业技能培训政策提供相关依据。本书的主要创新之处有以下三点。

1. 将政策导向纳入考量范围，进行总规模的测算

本书在进行职业技能培训供给预测时，首先，将四大职业技能培训的主要供给主体（技工院校、中高等职业院校、就业训练中心、民办培训机构）都纳入测算范围，在指标选取上，并未使用常用的“职业技能培训人次”指标，而是采用“培训获证人数”进行测算，保障了估计的精准性。其次，在进行供需缺口估算时，聚焦技能人才的增量供给主体（技工院校和中高等职业院校），进一步剔除了重复计算供给的可能。最后，在对需求侧进行估计时，除了产业需求，亦将政策规划目标纳入考量，通过“技能人才占总就业人数比例”与“高技能人才占技能人才比例”进一步完善了需求侧指标的适用性。

2. 多方法预测，提出合理区间，保证稳健性

为了保证结果的稳健性和准确性，本书基于时间序列的多变量分析法、指数平滑法和单变量分析法进行了预测，总结归纳了合理预测区间，为职业技能培训“十四五”规划提供参考依据。

3. 对技能人才与高技能人才多口径预测

除了关注职业技能培训缺口，本书还选取每年获得高级职业资格证书以上的人数，对“十四五”期间高技能人才缺口进行了测算，旨在反映供需缺口中的焦点问题。

二、数据与方法

（一）数据

本书主要关注经济增长、技术进步与职业技能培训供需规模和质量之间的关系。经济增长采用实际国内生产总值（GDP）① 进行衡量，GDP是以一个国家或地区所有常住经济单位的生产成果为对象进行核算，覆盖国民经济所有行业，是衡量国家之间、地区之间经济活动总量的国际通用指标。技术进步通过国家统计局公布的专利申请受理数来衡量。② 职业技能培训的供给侧衡量的是各供给主体每年为国家培养的技能人才的总规模，主要衡量指标包括技工院校毕业人数、技工院校社会培训获证人数、民办培训机构培训获证人数、就业训练中心培训获证人数以及中高等职业院校毕业人数；职业技能培训的需求侧衡量的是我国第一产业、第二产业和第三产业发展所需要的技能人才的总体规模，主要通过各产业每年的就业规模乘以技能人才所占比例进行衡量。值得指出的是，为避免数据的剧烈波动并消除可能存在的异方差，本书对时间序列数据进行了对数化处理，并且较好地保留了时间序列数据的特征。

1. 我国职业技能培训需求侧变化趋势

如图 2-1 所示，进入 21 世纪后，我国第一产业就业人数不断下降，第二产业就业人数在经历十几年的增长后自 2014 年开始下降，第三产业就业规模逐年扩大，且增长速度不断提高。

2. 我国高技能人才供给情况的变化趋势

如图 2-2 所示，进入 21 世纪以来，我国技能人才和高技能人才的供给规模逐年增加，2012—2015 年保持稳定，峰值出现在 2014 年，增长率达到 385.2%。此后又呈现快速下降的趋势。这与近年来技工院校、中高

① 本书采用实际 GDP 进行计算，实际 GDP 是以 2000 年价格计算得出的，且采用的是 GDP 指数（1978 年=100），即 Y 年实际 GDP=X 年名义 GDP×（Y 年 GDP 指数/X 年 GDP 指数）。

② 周国富，柴宏蕊，方云龙. 金融发展、技术进步与产业结构升级［J］. 云南财经大学学报，2020，36（10）：76-87.

等职业院校以及一些社会培训机构等供给主体的发展趋势大致相同。

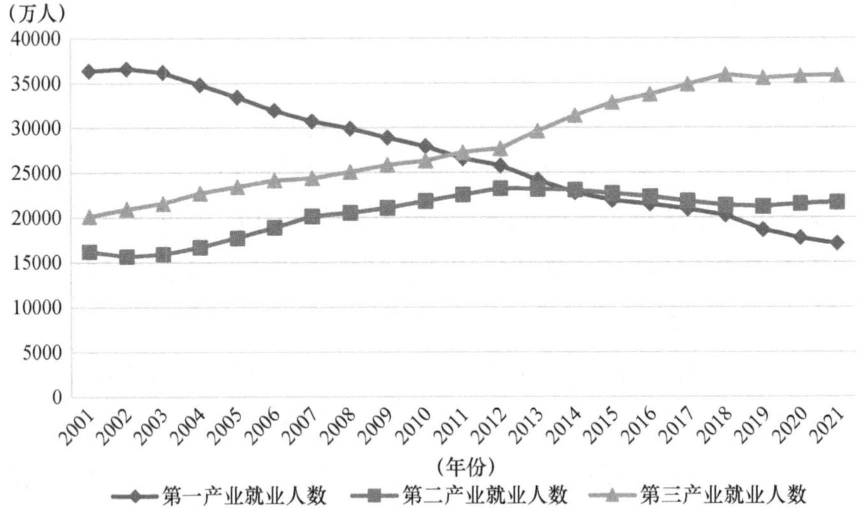

图 2-1　2001—2021 年中国就业规模变化图

资料来源：国家统计局官网。

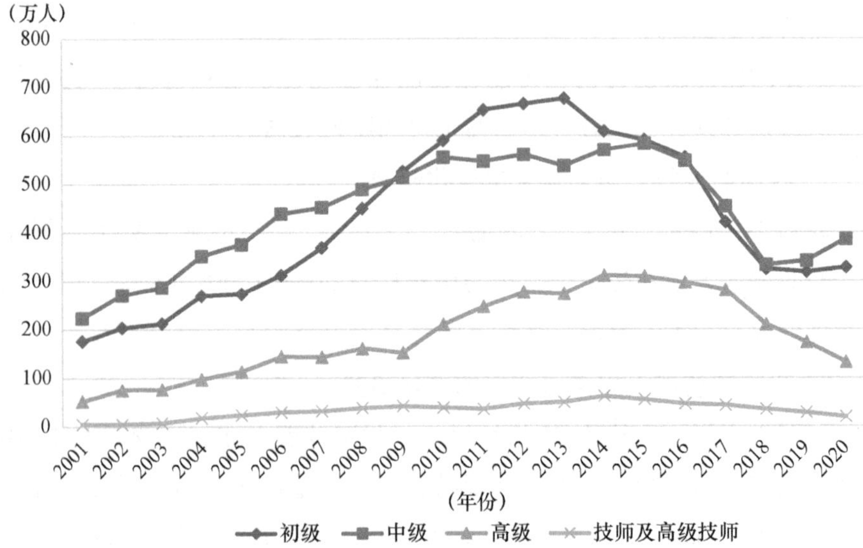

图 2-2　2001—2020 年中国职业资格证书获取规模变化图

资料来源：2002—2021 年《中国劳动统计年鉴》。

（二）研究方法

1. 向量自回归模型

传统的经济计量方法建立在经济理论对变量关系的假设之上。但是由于经济社会中各种变量之间普遍关联甚至互为因果，传统的经济理论无法对变量之间的相互联系进行动态描述。在此基础上建立的经济模型也无法对变量之间的动态联系进行严密的说明。因此本章采用了一种非结构性的方法来识别变量之间的关系，即向量自回归模型（VAR）。VAR模型是时间序列的多变量分析法中最常用的方法，它将多个变量放在一起，作为一个系统来预测，使得预测相互自洽，主要应用于宏观经济学。在VAR模型建立之初，很多研究者就认为它在预测方面要强于结构性模型。20世纪60年代大量的结构方程并不能让研究人员得到理想的结果，而VAR模型的预测却比结构方程更胜一筹。结构方程受到最具挑战性的批判来自卢卡斯（Lucas），他指出，结构方程中的"决策规则"参数，在经济政策改变时无法保持稳定，即使这些规则本身是正确的。因此宏观经济建模的方程组在范式上显然存在根本缺陷。VAR模型的研究是用微观化基础重新表述宏观经济模型的基本方程，与此同时，对经济变量之间相互关系的要求也并不是很高。VAR模型是由西姆（Sim）于1980年提出来的，采用的是多方程联立的形式，它并不以经济理论为基础，在模型的每一个方程中，内生变量对模型全部内生变量的若干滞后项进行回归，从而估计全部内生变量的动态关系。

其表达式如下：

$$X_t = c + \sum_{i=1}^{k} A_i X_{t-1} + \varepsilon_t$$

式中，X_t 为时间序列构成的向量，c 为常数项；k 为自回归滞后阶数；A_i 为时间序列系数矩阵；ε_t 为白噪声序列向量，该模型需满足以下三个条件：

（1）误差项的均值为0，即 $E(\varepsilon_t) = 0$；

（2）误差项的协方差矩阵为 Ω，即 $E(\varepsilon_t \varepsilon'_t) = \Omega$；

（3）误差项不存在自相关，即 $E(\varepsilon_t \varepsilon'_{t-s})=0$，其中 t 不等于 s。

在实际应用过程之中，由于滞后期 k 足够大，因此它能够完整地反映所构造模型的全部动态关系信息。但这有一个严重的缺陷，如果选择的变量较多，滞后期较长，那么所要估计的参数就会变得越多，自由度就会减少。因此需要在变量个数、滞后期和自由度之间找出一种均衡状态。一般而言 VAR 模型包含的变量数不超过六个。

本书将职业技能培训供需两侧与 GDP 和专利申请数量建立了 VAR 模型。在进行协整分析和脉冲响应分析后对国内生产总值和专利申请数量的就业效应进行实证分析。

协整理论是 2003 年诺贝尔经济学奖得主恩格尔（Engle）和格兰杰（Granger）在 1987 年首先提出的。随后经过菲利普斯（Phillips）、斯托克（Stock）、沃森（Watson）、和约翰森（Johansen）等经济学家的不断完善，成为计量经济学的一个重要分支。所谓协整是指两个及以上非平稳的变量序列通过某种线性组合后的序列呈平稳状态。经济意义在于两个变量虽然具有各自的长期波动规律，但如果是协整的，那么它们之间存在着一个长期稳定的比例关系；反之，两个变量具有各自的长期波动规律，但如果不是协整的，它们之间就不存在一个长期稳定的关系。

由于 VAR 模型的普通最小二乘（OLS）估计量只具有一致性，进行单个参数估计值的经济学解释很困难，所以在研究中也引入了脉冲响应函数分析来刻画国内生产总值和专利申请数量与就业水平的长期动态关系。本书利用脉冲响应函数（IRF）来描绘一个内生变量对误差的反应，即在扰动项上加一个标准差大小的信息（innovation）冲击，观察其对内生变量的当前值和未来值的影响，其定义为：

$$I(n,\ \partial_k,\ t-1)=E(x_{t+n}\mid \varepsilon_{kt}=\partial_k,\ t-1)-E(x_{t+n}\mid t-1)$$

其中，∂_k 代表来自第 k 个变量的冲击，n 是冲击响应时期数，$t-1$ 代表冲击发生时可获得的信息，所以脉冲响应值就等于该冲击的发生给 x_{t+n} 带来的数值变化。

脉冲响应函数能够捕捉到一个变量的冲击因素对另一个变量的动态影响路径，而方差分解可以将 VAR 模型中一个变量的预测均方误差

（MSE）分解到各个扰动项上。因此方差分解提供了每个扰动因素影响VAR模型内各个变量的相对程度，从而给出随机信息的相对重要程度。因此本书也将利用该方法考察经济发展和技术进步与职业技能供需两侧的关系。

2. 指数平滑法与自回归滑动平均模型

时间序列的相关分析法是人口预测研究中经常采用的方法，该方法适用于平稳的时间序列，通过用时间描述影响技能人才数量的因素来找出时间与技能人才数量之间的关系，进而预测出未来技能人才供需数量的变化趋势。常用的时间序列单变量分析法为指数平滑法和ARMA模型。指数平滑法适用于中短期经济发展趋势预测，是所有预测方法中运用最广的一种。它是在移动平均法基础上发展起来的，主要通过计算指数平滑值，并配合一定的时间序列预测模型对现象的未来进行预测的方法。其原理是任何一期指数平滑值都是本期实际观察值与前一期指数平滑值的加权平均。ARMA模型则适用于长期追踪资料的研究，它将预测指标随时间推移而形成的数据序列看作一个随机序列，这组随机变量所具有的依存关系呈现了原始数据在时间上的延续性，它既受影响因素的影响，又有自身变动规律。

（1）指数平滑法

当时间序列无明显的趋势变化，可用一次指数平滑预测。

设定时间序列为 Y_1，Y_2，Y_3，…，Y_n，则一次指数平滑公式为：

$$S_t^{(1)} = \alpha Y_t + (1-\alpha) S_{t-1}^{(1)}$$

预测公式为：

$$\widehat{Y}_{t+1} = \alpha Y_t + (1-\alpha)\widehat{Y}_t = \widehat{S}_t^{(1)}$$

式中，$S_t^{(1)}$、$S_{t-1}^{(1)}$ 表示第 t 期、第 $t-1$ 期的一次指数平滑值；α 为平滑系数（$0<\alpha<1$）；Y_t 表示第 t 期的实际观测值；$\widehat{Y}_t$、$\widehat{Y}_{t+1}$ 表示第 t 期、第 $t+1$ 期的预测值。

（2）自回归滑动平均模型

自回归滑动平均模型（ARMA）是研究时间序列的重要方法，以自回归模型（AR）与移动平均模型（MA）为基础"混合"构成。

ARMA 模型分为以下三种。

1）自回归模型（AR）

如果时间序列 Y_t 满足 $Y_t=\beta_1 Y_{t-1}+\beta_2 Y_{t-2}+\cdots+\beta_p Y_{t-p}+\varepsilon_t$，其中 ε_t 是独立同分布的随机变量序列，且满足 $Var(\varepsilon_t)=\sigma_{\varepsilon_t}^2>0$ 以及 $E(\varepsilon_t)=0$，则称时间序列 Y_t 为服从 p 阶的自回归模型。

自回归模型的平稳条件为滞后算子多项式 $\varphi(B)=1-\beta_1 B-\beta_2 B^2-\cdots-\beta_p B^p$ 的根均在单位圆外，即 $\varphi(B)=0$ 的根大于 1。

2）移动平均模型（MA）

如果时间序列 Y_t 满足 $Y_t=\varepsilon_t+\alpha_1\varepsilon_{t-1}+\alpha_2\varepsilon_{t-2}+\cdots+\alpha_q\varepsilon_{t-q}$，则称时间序列 Y_t 为服从 q 阶移动平均模型；移动平均模型平稳条件为在任何条件下都平稳。

3）自回归滑动平均模型（ARMA）

如果时间序列 Y_t 满足：

$$Y_t=\beta_1 Y_{t-1}+\beta_2 Y_{t-2}+\cdots+\beta_p Y_{t-p}+\varepsilon_t+\alpha_1\varepsilon_{t-1}+\alpha_2\varepsilon_{t-2}+\cdots+\alpha_q\varepsilon_{t-q}$$

则称时间序列 Y_t 为服从 (p, q) 阶自回归滑动平均混合模型，或者记为 $\varphi(B)$，$Y_t=\theta(B)\varepsilon_t$。

三、基于 VAR 模型的职业技能培训供需预测分析

（一）职业技能培训供给预测分析

1. 变量的描述性统计

基于可获取的数据结构，在进行职业技能培训供给规模分析时，本书选取了 2006—2018 年共 13 期的数据。在 2006—2018 年，我国年均职业技能培训供给人数为 1 361 万人，峰值出现在 2012 年，为 1 701 万人，之后逐渐减少。具体的描述性统计见表 2-1。

2. 单位根检验

为了避免变量出现伪回归，在进行协整分析及脉冲响应函数分析之前，选用 ADF（Augmented Dickey-Fuller）检验对职业技能培训供给规模的变量时间序列进行平稳性检验。常用的单位根检验方法 DF（Dickey-

表 2-1　　　　变量的描述性统计

变量	观察期数	平均值	标准差	最小值	最大值
ln（国内生产总值）	13	12.653	0.317	12.103	13.099
ln（专利申请数）	13	14.360	0.670	13.260	15.280
ln（技工院校毕业人数）	13	13.856	0.125	13.670	14.009
ln（技工院校社会培训获证人数）	13	14.931	0.491	13.733	15.417
ln（民办培训机构培训获证人数）	13	15.457	0.123	15.201	15.564
ln（就业训练中心培训获证人数）	13	14.931	0.491	13.733	15.417
ln（中高等职业院校毕业人数）	13	15.754	0.137	15.427	15.893

Fuller）检验由于不能保证方程中的残差项是白噪声，所以迪基（Dickey）和富勒（Fuller）对 DF 检验法进行了扩充，形成 ADF 检验，这是目前普遍应用的单位根检验方法。

由表 2-2 中单位根检验结果可知，样本区间在 10%的显著性水平下，拒绝所有变量序列水平值有单位根的假设，检验结果表明，2006—2018 年 ln（国内生产总值）和 ln（中高等职业院校毕业人数）原序列是平稳的，ln（技工院校毕业人数）、ln（技工院校社会培训获证人数）和 ln（就业训练中心培训获证人数）的一阶序列都是平稳的，ln（专利申请数）的二阶序列是平稳的。表明国内生产总值与专利申请数、技工院校毕业人数、技工院校社会培训获证人数、就业训练中心培训获证人数和中高等职业院校毕业人数之间可能存在协整关系，可以进一步检验其协整性。而民办培训机构培训获证人数原序列、一阶序列和二阶序列都是不平稳的，故不能将其纳入 VAR 模型中。

3. VAR 模型的建立

本书为了描绘国内生产总值、专利申请数与职业技能培训供给规模的动态关系，首先建立了国内生产总值、专利申请数与技工院校毕业人数、技工院校社会培训获证人数、就业训练中心培训获证人数、中高等职业院校毕业人数五个双变量 VAR 模型，利用 stata 15 对动态方程的参

表 2-2　　　　单位根检验结果

变量	ADF检验值	1%显著水平	5%显著水平	10%显著水平	滞后期	结论
ln（国内生产总值）	-6.288	-3.750	-3.000	-2.630	0	平稳
ln（专利申请数）	-1.445	-3.750	-3.750	-3.750	0	不平稳
D. ln（专利申请数）	-2.387	-3.750	-3.000	-2.630	1	不平稳
D2. ln（专利申请数）	-3.432	-3.750	-3.000	-2.630	1	平稳
ln（技工院校毕业人数）	-1.430	-3.750	-3.000	-2.630	1	不平稳
D. ln（技工院校毕业人数）	-2.331	-2.660	-1.950	-1.600	0	平稳
ln（技工院校社会培训获证人数）	-1.534	-2.660	-1.950	-1.600	1	不平稳
D. ln（技工院校社会培训获证人数）	-5.322	-4.380	-3.600	-3.240	1	平稳
ln（民办培训机构培训获证人数）	-2.127	-3.750	-3.000	-2.630	0	不平稳
D. ln（民办培训机构培训获证人数）	-0.958	-3.750	-3.000	-2.630	0	不平稳
D2. ln（民办培训机构培训获证人数）	-2.418	-3.750	-3.000	-2.630	0	不平稳
ln（就业训练中心培训获证人数）	-1.529	-1.529	-1.529	-1.529	0	不平稳
D. ln（就业训练中心培训获证人数）	-3.616	-4.380	-3.600	-3.240	0	平稳
ln（中高等职业院校毕业人数）	-4.160	-3.750	-3.750	-3.750	0	平稳

数进行估计。模型中各变量均经过取对数处理，综合考虑方程的拟合度和系数的显著性以及滞后阶数判断的 AIC 准则，取各变量的最大滞后阶数为 1，回归结果见表 2-3。

表 2-3　国内生产总值和专利申请数与技工院校毕业人数、技工院校社会培训获证人数、就业训练中心培训获证人数及中高等职业院校毕业人数向量自回归估计结果

变量	ln（国内生产总值）	ln（专利申请数）	ln（技工院校毕业人数）	ln（技工院校社会培训获证人数）	ln（就业训练中心培训获证人数）	ln（中高等职业院校毕业人数）
ln（国内生产总值）(-1)	0.807 4*** (0.135 8)	0.842 0 (0.951 6)	-0.007 2 (0.670 6)	-1.395 7** (0.576 8)	-4.159 5* (2.237 2)	0.666 2* (0.390 7)
ln（专利申请数）(-1)	0.028 9 (0.053 3)	0.284 2 (0.373 1)	-0.054 2 (0.262 9)	-0.195 4 (0.226 1)	0.307 3 (0.877 1)	-0.206 3 (0.153 2)
ln（技工院校毕业人数）(-1)	-0.167 7 (0.160 1)	-1.086 9 (1.121 8)	0.686 3 (0.790 5)	-2.875 3*** (0.680 0)	-3.854 5 (2.637 3)	0.603 4 (0.460 6)
ln（技工院校社会培训获证人数）(-1)	0.196 8 (0.177 0)	1.006 6 (1.239 8)	-0.062 7 (0.873 7)	4.131 3*** (0.751 5)	4.644 5 (2.914 6)	-0.022 5 (0.509 0)

续表

变量	ln（国内生产总值）	ln（专利申请数）	ln（技工院校毕业人数）	ln（技工院校社会培训获证人数）	ln（就业训练中心培训获证人数）	ln（中高等职业院校毕业人数）
ln（就业训练中心培训获证人数）（-1）	-0.017 3 （0.069 4）	0.464 2 （0.486 3）	-0.008 6 （0.342 7）	0.565 5* （0.294 8）	1.682 7 （1.143 3）	-0.004 9 （0.199 7）
ln（中高等职业院校毕业人数）（-1）	-0.009 3 （0.044 9）	-0.209 6 （0.314 5）	0.067 9 （0.221 6）	-0.079 3 （0.190 6）	-0.403 3 （0.739 4）	0.088 5 （0.129 1）
_cons	1.719 0* （0.946 5）	-4.655 7 （6.631 4）	5.311 6 （4.673 1）	2.723 0 （4.019 4）	24.747 2 （15.589 6）	1.051 8 （2.722 4）
R^2	0.999 5	0.994 3	0.921 8	0.982 5	0.954 8	0.963 5

注：括号内数值为标准误；*、**、***分别代表在10%、5%、1%的水平上显著。

4. VAR 滞后模型检验

对VAR模型而言，若VAR所有根模的倒数小于1，即位于单位圆内，则VAR模型是稳定的。如果模型不稳定，脉冲响应函数的标准差就是无效的，因此本书在建立脉冲响应模型前要对VAR模型的滞后结构进行检验。由表2-4和图2-3的结果可知，VAR模型所有根模的倒数都位于单位圆内，VAR模型是稳定的，接下来可以运用脉冲响应函数来分析国内生产总值和专利申请数对技工院校毕业人数、技工院校社会培训获证人数、就业训练中心培训获证人数和中高等职业院校毕业人数的影响。

表 2-4　　VAR 模型滞后结构检验

特征根（Root）	根模值（Modulus）
0. 996 089 4	0. 996 089
0. 795 628 4	0. 795 628
0. 167 717 5+0. 455 826 3i	0. 485 702
0. 167 717 5-0. 455 826 3i	0. 485 702
-0. 417 246 3	0. 417 246
0. 207 640 6	0. 207 641

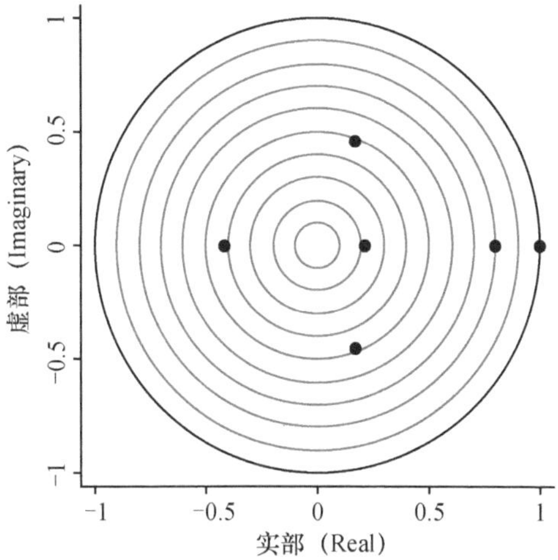

图 2-3　VAR 特征多项式根模倒数

5. 协整检验

本书采用 EG（Engle-Granger）两步法来检验经济增长、技术进步与职业技能培训供给规模的协整关系。具体步骤如下。

第一，用 OLS 把 ln（国内生产总值）与 ln（专利申请数）作为自变量对与 ln（技工院校毕业人数）、ln（技工院校社会培训获证人数）、ln（就业训练中心培训获证人数）和 ln（中高等职业院校毕业人数）进行静态回归，回归方程如下：

ln（技工院校毕业人数）= 29. 678-1. 165ln（国内生产总值）+μ_{1t}

ln（技工院校社会培训获证人数）= 14.886−0.081ln（国内生产总值）$+\mu_{2t}$

ln（就业训练中心培训获证人数）= 29.678−1.165ln（国内生产总值）$+\mu_{3t}$

ln（中高等职业院校毕业人数）= 12.484+0.258ln（国内生产总值）$+\mu_{5t}$

ln（技工院校毕业人数）= 14.383−0.037ln（专利申请数）$+\mu_{6t}$

ln（技工院校社会培训获证人数）= 14.960−0.026ln（专利申请数）$+\mu_{7t}$

ln（就业训练中心培训获证人数）= 22.628−0.536ln（专利申请数）$+\mu_{9t}$

ln（中高等职业院校毕业人数）= 13.987+0.123ln（专利申请数）$+\mu_{10t}$

第二，利用 ADF 方法分别检验 8 个残差序列的单整阶数是否平稳，见表 2-5。

表 2-5　　协整方程序列 ADF 检验结果

变量	ADF 值	1%显著性水平	5%显著性水平	10%显著性水平	结论
$\hat{\mu}_{1t}$	−2.415	−2.660	−1.950	−1.600	平稳
$\hat{\mu}_{2t}$	−3.192	−2.660	−1.950	−1.600	平稳
$\hat{\mu}_{3t}$	−3.192	−2.660	−1.950	−1.600	平稳
$\hat{\mu}_{5t}$	−3.192	−2.660	−1.950	−1.600	平稳
$\hat{\mu}_{6t}$	−3.543	−3.750	−3.000	−2.630	平稳
$\hat{\mu}_{7t}$	−17.756	−2.660	−1.950	−1.600	平稳
$\hat{\mu}_{9t}$	−11.076	−2.660	−1.950	−1.600	平稳
$\hat{\mu}_{10t}$	−2.788	−2.660	−1.950	−1.600	平稳

由检验结果可知，回归方程残差序列的 ADF 检验值都小于显著水平为 5%时的临界值，即残差序列是平稳序列，说明国内生产总值和专利申

请数与技工院校毕业人数、技工院校社会培训获证人数、就业训练中心培训获证人数、中高等职业院校毕业人数之间存在协整关系，可见国内生产总值和专利申请数与职业技能供给规模之间具有长期的均衡关系，本书可以利用脉冲响应函数来分析两者之间的动态关系。

6. 广义脉冲响应分析

由于 VAR 模型各个估计方程扰动项的方差、协方差矩阵不是对角矩阵，因此必须首先进行正交化处理得到对角化矩阵，正交化处理常用的是乔利斯基（Cholesky）分解。乔利斯基分解为 VAR 模型的变量增加一个次序，并将所有影响变量的公共因素归结到 VAR 模型中第一次出现的变量上，并且如果改变变量的次序，将会明显改变变量的响应结果。由于乔利斯基分解依赖次序的缺陷，1998 年佩萨兰（Pesaran）和茜恩（Shin）提出了广义脉冲响应分析，这种分析方法不依赖 VAR 模型中变量次序的正交残差矩阵，可提高估计结果的稳定性与可靠性。本书为分析经济增长与职业技能培训供给规模的动态关系，运用广义脉冲响应函数分析二者之间的冲击响应，这里将冲击响应期设定为 10 期。

（1）技工院校毕业人数与经济增长的关系

技工院校毕业人数和国内生产总值的脉冲响应分析如图 2-4 和表 2-6 所示，就技工院校毕业人数对国内生产总值一个单位的冲击响应来看，ln（技工院校毕业人数）当前反应为负值（-0.004 366），此后继续下降，最小值出现在第 8 期（-0.007 836），在整个分析期内的 ln（技工院校毕业人数）对 ln（国内生产总值）的响应均为负值，累积响应值为 -0.072 419，表明技工院校毕业人数对国内生产总值的增长具有负向效应。就国内生产总值对技工院校毕业人数一个单位的冲击响应来看，ln（国内生产总值）当前反应为负值（-0.002 947），然后出现回升，第 3 期开始一直减少，累计响应值为负值（-0.032 310），说明经济发展对技工院校毕业人数具有约束作用。

（2）技工院校社会培训获证人数与经济增长的关系

如图 2-5 和表 2-6 所示，就技工院校社会培训获证人数对国内生产总值一个单位的冲击响应来看，ln（技工院校社会培训获证人数）当期

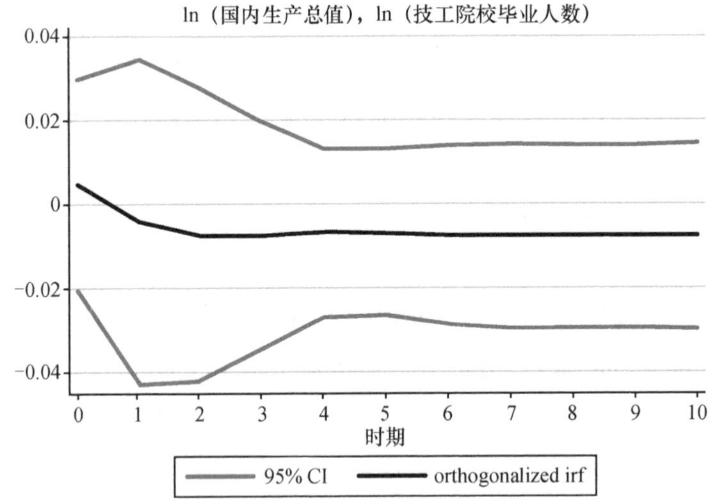

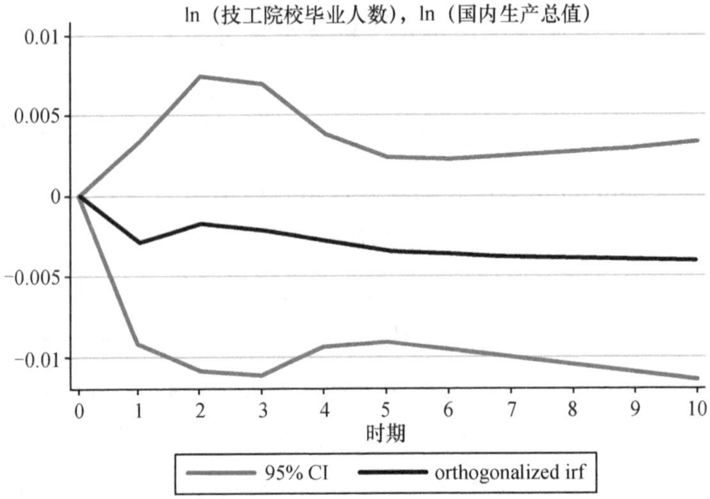

图 2-4　国内生产总值与技工院校毕业人数的脉冲响应曲线

注：按基于脉冲响应名称脉冲变量和响应变量绘制的图形（下同）。

反应为负值（-0.027 335），第二期上升到-0.002 937，累计反应为负值（-0.150 875），表明技工院校社会培训规模的扩大对国内生产总值的增长具有负向效应。就国内生产总值对技工院校社会培训获证人数一个单位的冲击响应来看，当期反应为正值（0.000 755），之后出现下降，第三期下降至负值（-0.000 192），在整个反应期内也一直为负值，累计反应为-0.001 545。

表 2-6 国内生产总值与职业技能培训供给规模的广义脉冲响应分析结果

时期	技工院校毕业人数对国内生产总值的响应	国内生产总值对技工院校毕业人数的响应	技工院校社会培训获证人数对国内生产总值的响应	国内生产总值对技工院校社会培训获证人数的响应	就业训练中心培训获证人数对国内生产总值的响应	国内生产总值对就业训练中心培训获证人数的响应	中高等职业院校毕业人数对国内生产总值的响应	国内生产总值对中高等职业院校毕业人数的响应
1	−0. 004 366	−0. 002 947	−0. 027 335	0. 000 755	−0. 064 619	−0. 002 328	0. 001 665	0. 001 016
2	−0. 007 501	−0. 001 728	−0. 002 937	0. 000 067	−0. 028 128	−0. 001 250	−0. 003 559	0. 000 486
3	−0. 007 719	−0. 002 125	−0. 007 901	−0. 000 192	−0. 013 043	−0. 000 574	−0. 004 274	0. 000 304
4	−0. 006 967	−0. 002 782	−0. 014 486	−0. 000 255	−0. 027 187	−0. 000 392	−0. 004 097	0. 000 219
5	−0. 007 080	−0. 003 366	−0. 017 008	−0. 000 236	−0. 034 805	−0. 000 483	−0. 004 016	0. 000 231
6	−0. 007 508	−0. 003 625	−0. 016 252	−0. 000 268	−0. 034 855	−0. 000 480	−0. 004 368	0. 000 210
7	−0. 007 778	−0. 003 768	−0. 015 790	−0. 000 317	−0. 032 977	−0. 000 404	−0. 004 685	0. 000 173
8	−0. 007 836	−0. 003 892	−0. 016 082	−0. 000 351	−0. 032 712	−0. 000 335	−0. 004 837	0. 000 143
9	−0. 007 832	−0. 004 002	−0. 016 480	−0. 000 369	−0. 033 260	−0. 000 299	−0. 004 892	0. 000 125
10	−0. 007 832	−0. 004 075	−0. 016 604	−0. 000 379	−0. 033 536	−0. 000 279	−0. 004 928	0. 000 112
累计	−0. 072 419	−0. 032 310	−0. 150 875	−0. 001 545	−0. 335 122	−0. 006 824	−0. 037 991	0. 003 019

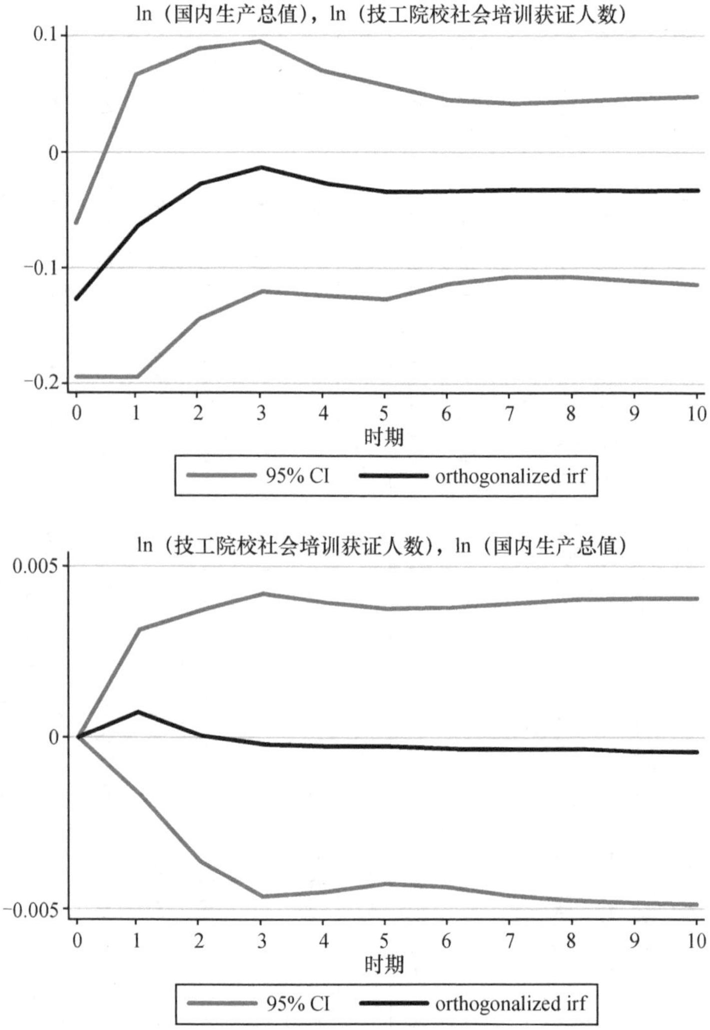

图 2-5　国内生产总值与技工院校社会培训获证人数的脉冲响应曲线

（3）就业训练中心培训获证人数与经济增长的关系

如图 2-6 和表 2-6 所示，从整个反应期来看，就业训练中心培训获证人数对国内生产总值的响应及国内生产总值对就业训练中心培训获证人数的响应都为负值，说明经济增长和就业训练中心培训获证人数互相具有负向影响。

（4）中高等职业院校毕业人数与经济增长的关系

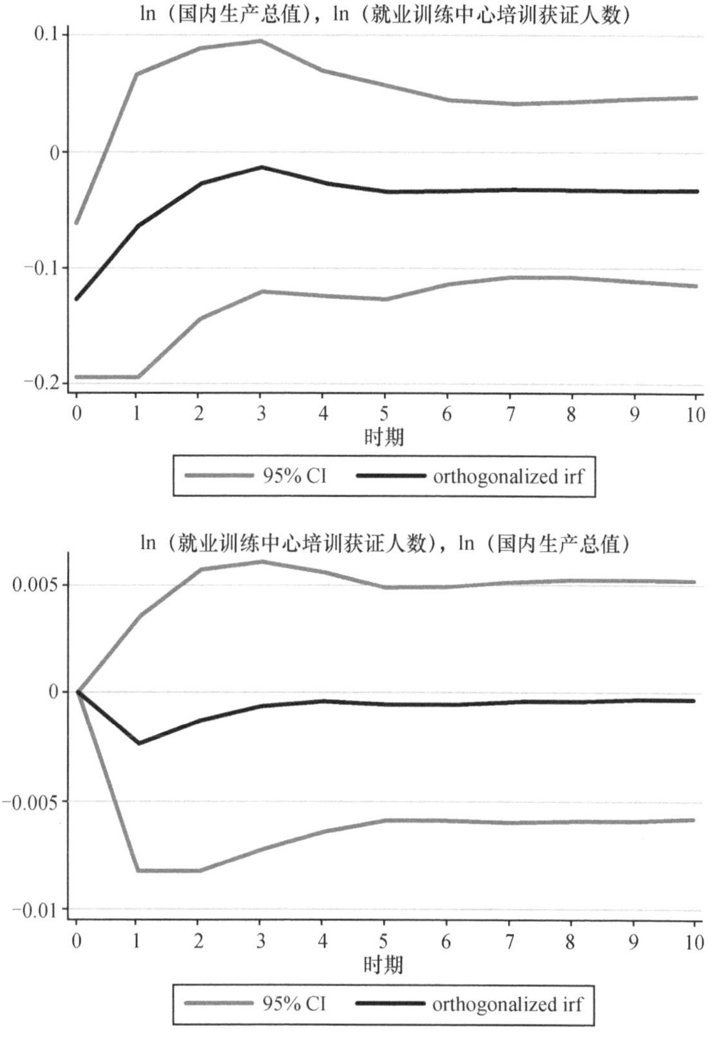

图 2-6　国内生产总值与就业训练中心培训获证人数的脉冲响应曲线

如图 2-7 和表 2-6 所示，就中高等职业院校毕业人数对国内生产总值一个单位的冲击响应来看，ln（中高等职业院校毕业人数）当期反应为正值（0.001 665），第二期下降到负值（-0.003 559），此后总体呈下降趋势，在响应期累计反应为负值（-0.037 991），表明中高等职业院校毕业人数的增多对国内生产总值的增长具有负向效应。就国内生产总值对中高等职业院校毕业人数一个单位的冲击响应来看，当期响应值为峰值（0.001 016），此后总体呈下降趋势，在整个反应期内的响应一直为正值，累计反应为0.003 019，表明国内生产总值的增长对中高等职业院校的人才培养规模具有正向效应。

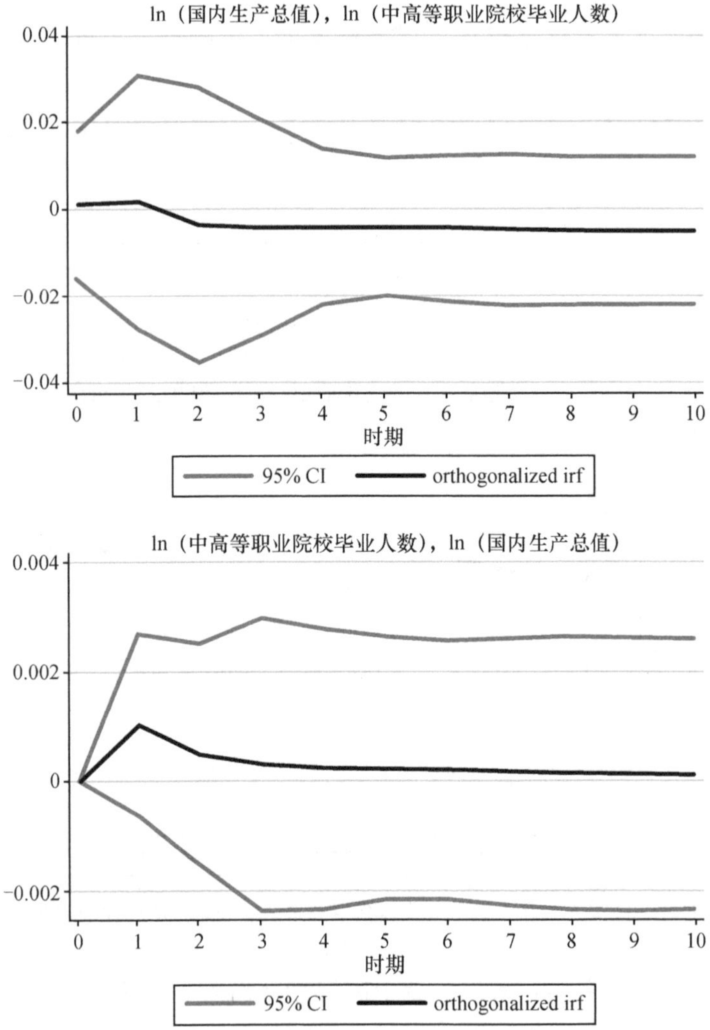

图 2-7　国内生产总值与中高等职业院校毕业人数的脉冲响应曲线

由于篇幅限制，本章在此不报告专利申请数与职业技能培训供给规模之间的脉冲响应曲线图，只报告脉冲响应结果分析表，具体结果见表2-7。专利申请数对技工院校毕业人数的累计响应值为负（-0.037 678），对技

表 2-7　　技术进步与职业技能培训供给规模的广义脉冲响应分析结果

时期	技工院校毕业人数对专利申请数的响应	专利申请数对技工院校毕业人数的响应	技工院校社会培训获证人数对专利申请数的响应	专利申请数对技工院校社会培训获证人数的响应	就业训练中心培训获证人数对专利申请数的响应	专利申请数对就业训练中心培训获证人数的响应	中高等职业院校毕业人数对专利申请数的响应	专利申请数对中高等职业院校毕业人数的响应
1	0.011 669	−0.018 01	−0.014 246	0.000 496	0.014 157	−2.60E−09	0.000 696	0.009 958
2	0.008 021	−0.013 133	−0.047 274	0.000 237	−0.076 969	−5.60E−11	0.006 311	0.002 139
3	0.001 041	0.003 216	−0.016 308	0.000 413	−0.058 643	9.60E−10	0.001 684	−0.002 914
4	−0.002 635	0.003 785	−0.000 980	−0.000 270	−0.011 151	4.10E−10	−0.000 954	−0.001 111
5	−0.002 710	0.000 579	0.000 248	−0.000 480	0.000 724	−6.60E−11	−0.001 863	0.000 546
6	−0.002 071	−0.002 030	−0.004 220	−0.000 582	−0.005 284	−1.60E−10	−0.001 419	0.001 019
7	−0.001 929	−0.002 594	−0.005 689	−0.000 609	−0.010 682	−1.20E−10	−0.001 279	0.000 837
8	−0.002 101	−0.002 808	−0.005 490	−0.000 671	−0.011 118	−1.10E−10	−0.001 358	0.000 789
9	−0.002 239	−0.003 134	−0.005 116	−0.000 726	−0.010 239	−1.50E−10	−0.001 493	0.000 877
10	−0.002 281	−0.003 549	−0.005 17	−0.000 771	−0.009 948	−1.80E−10	−0.001 553	0.000 981
累计	0.004 765	−0.037 678	−0.104 245	−0.002 963	−0.179 153	−2.07E−09	−0.001 228	0.013 121

工院校社会培训人数以及就业训练中心培训人数以及对中高等职业院校毕业人数的累计响应分别为-0.002 963、-2.07E-09、0.013 121。

7. 国内生产总值和专利申请数与职业技能培训供给规模的预测方差分解

脉冲响应函数能够捕捉到一个变量的冲击因素对另一个变量的动态影响路径，而方差分解可以将VAR系统中一个变量的方差分解到各个扰动项上。因此方差分解进一步评价了各内生变量对预测方差的贡献度，提供了关于每个扰动因素影响VAR模型内各个变量的相对重要程度。

由国内生产总值与职业技能培训供给规模指标的预测方差分解可知（见表2-8），国内生产总值对职业技能培训供给规模指标的预测方差分解的贡献度更高，其中国内生产总值对就业训练中心培训获证人数的预测方差分解度最高，为45.34%；而对国家教育事业重要组成部分的技工教育及中高等职业教育的毕业人数的预测方差分解度较小，其中中高等职业院校毕业人数的预测方差分解度最低，为2.43%。国内生产总值增长会提高社会职业技能需求度，促使国家更加重视职业技能培训，扩大培训供给规模，但是职业技能培训在一定程度上是由国家主导的公共事业，其发展不完全取决于经济发展水平。相比而言，职业技能培训供给规模对经济发展的预测方差分解度较小，技工院校社会培训获证人数、就业训练中心培训获证人数和中高等职业院校毕业人数对国内生产总值预测方差的解释贡献度均低2%，其中技工院校社会培训获证人数和中高等职业院校毕业人数贡献度不到0.5%，几乎可以忽略。说明引起经济发展变化的原因是多方面的，技能人才规模的增长只是其中的一小部分。

由专利申请数与职业技能培训供给规模的预测方差分解可知，技术进步对职业技能培训供给规模指标的预测方差分解的贡献度很高，对技工院校毕业人数、技工院校社会培训获证人数的贡献度最高，其次是中高等职业院校毕业人数，最后是就业训练中心培训获证人数；而职业技能培训供给规模对技术进步的预测方差分解度较小，其中最小的是就业训练中心培训获证人数，可以忽略不计，具体情况见表2-9。

表 2-8　　国内生产总值与职业技能培训供给规模的方差分解　　（%）

职业技能培训供给规模指标	国内生产总值对职业技能培训供给规模的方差分解平均贡献度	职业技能培训供给规模对国内生产总值的方差分解平均贡献度
ln（技工院校毕业人数）	5.9	7.14
ln（技工院校社会培训获证人数）	25.5	0.17
ln（就业训练中心培训获证人数）	45.34	1.69
ln（中高等职业院校毕业人数）	2.43	0.32

表 2-9　　专利申请数与职业技能培训供给规模的方差分解　　（%）

职业技能培训供给规模指标	专利申请数对职业技能培训供给规模的方差分解平均贡献度	职业技能培训供给规模对专利申请数的方差分解平均贡献度
ln（技工院校毕业人数）	23.0	6.0
ln（技工院校社会培训获证人数）	23.0	0.1
ln（就业训练中心培训获证人数）	14.7	0.0
ln（中高等职业院校毕业人数）	19.8	1.5

8. 基于 VAR 模型的预测

作为非结构模型，VAR 模型无法用来进行结构分析，其主要功能为预测各变量的变动趋势。鉴于本部分所建立的滞后一期 VAR 模型通过了全部检验，所以我们可以利用该模型对各内生变量未来的变动趋势进行预测。如图 2-8 所示，"十四五"期间国内生产总值和专利申请数将继续保持高速增长，但各主体的技能培训供给规模都处于下降趋势。据 VAR 模型估计（见表 2-10），在"十四五"期间，我国职业技能培训供给规模将保持在每年 696 万人左右。

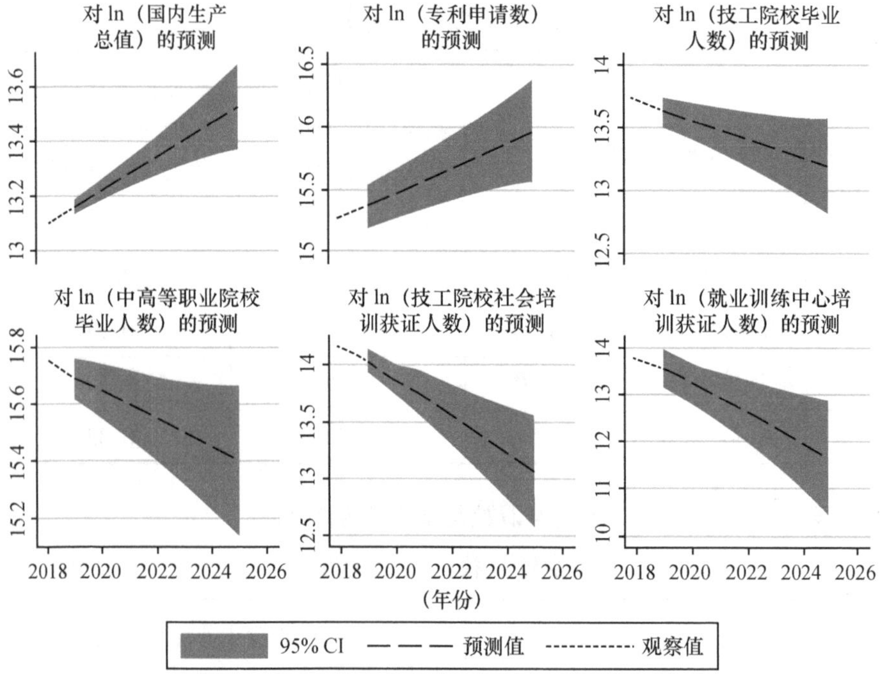

图 2-8　国内生产总值、专利申请数与职业技能培训供给规模的预测图

表 2-10　基于 VAR 模型的“十四五”期间职业技能培训供给规模预测　（人）

年度	技工院校毕业人数	技工院校社会培训获证人数	就业训练中心培训获证人数	中高等职业院校毕业人数	总计
2019 年	825 252	1 252 695	780 393	6 528 240	9 386 581
2020 年	767 097	1 052 394	559 698	6 264 761	8 643 950
2021 年	712 313	918 940	416 951	5 958 432	8 006 637
2022 年	662 402	787 215	314 010	5 673 218	7 436 845
2023 年	616 907	667 126	229 573	5 400 008	6 913 614
2024 年	574 375	561 850	165 522	5 140 660	6 442 407
2025 年	534 321	473 569	119 157	4 889 174	6 016 222

此外，本书通过 VAR 模型对职业培训机构数量进行了预测，由于篇幅限制，单位根检验等步骤不再赘述，只报告预测结果。从表 2-11 的结果可知，"十四五"期间，民办培训机构数量将进一步扩张，而技工院校、就业训练中心、中等职业院校数量逐渐呈缩减之势，高等职业院校数量整体没有很大的变动。

表 2-11　基于 VAR 模型的"十四五"期间职业培训机构规模预测　（所）

年度	技工院校	民办培训机构	就业训练中心	中等职业院校	高等职业院校	总计
2020 年	2 334	22 722	2 260	7 197	1 420	35 933
2021 年	2 233	23 007	2 039	6 690	1 418	35 387
2022 年	2 114	23 564	1 810	6 231	1 419	35 138
2023 年	1 994	24 393	1 581	5 825	1 423	35 216
2024 年	1 878	25 407	1 353	5 454	1 427	35 519
2025 年	1 767	26 523	1 125	5 098	1 429	35 942

（二）高技能人才的供给预测分析

1. 描述性统计

职业技能鉴定是一项基于职业技能水平的考核活动，也是技能人才的重要衡量标准。高技能人才是指获得高级职业资格证书和技师及高级技师职业资格证书的技能人才。因此，本部分拟基于 VAR 模型探究经济发展与获得高技能人才之间的关系。具体的描述性统计见表 2-12。

2. 单位根检验

由表 2-13 单位根检验结果可知，样本区间在 10%的显著性水平下，拒绝国内生产总值、初级职业资格证书获证人数、中级职业资格证书获证人数、高级职业资格证书获证人数、技师及高级技师职业资格证书获证人数序列水平值有单位根的假设，接受专利申请数序列水平值有单位

表 2-12　　变量的描述性统计

变量	观察期数	平均值	标准差	最小值	最大值
ln（国内生产总值）	19	12.412	0.487	11.596	13.099
ln（初级职业资格证书获证人数）	19	15.134	0.515	14.149	15.727
ln（中级职业资格证书获证人数）	19	15.209	0.393	14.224	15.579
ln（高级职业资格证书获证人数）	19	14.195	0.736	12.525	14.953
ln（技师及高级技师职业资格证书获证人数）	19	12.403	0.929	10.308	13.342

表 2-13　　单位根检验结果

变量	ADF检验值	1%显著水平	5%显著水平	10%显著水平	滞后期	结论
ln（国内生产总值）	-5.287	-3.750	-3.000	-2.630	5	平稳
ln（专利申请数）	-2.718	-3.750	-3.000	-2.630	3	非平稳
D.ln（专利申请数）	-3.722	-4.380	-3.600	-3.240	0	平稳
ln（初级职业资格证书获证人数）	-2.591	-2.660	-1.950	-1.600	3	平稳
ln（中级职业资格证书获证人数）	-4.082	-3.750	-3.000	-2.630	1	平稳
ln（高级职业资格证书获证人数）	-3.881	-3.750	-3.000	-2.630	1	平稳
ln（技师及高级技师职业资格证书获证人数）	-3.839	-3.750	-3.000	-2.630	3	平稳

根的假设，拒绝专利申请数一阶差分序列水平值有单位根的假设。检验结果表明，2001—2018 年 ln（国内生产总值）、ln（初级职业资格证书获证人数）、ln（中级职业资格证书获证人数）、ln（高级职业资格证书获

证人数）和 ln（技师及高级技师职业资格证书获证人数）都是平稳序列，ln（专利申请数）的一阶序列为平稳序列，可以进一步检验其协整性。

3. VAR 模型的建立

此部分的实证研究描绘了国内生产总值和专利申请数与技能人才供给的动态关系，首先建立了国内生产总值和专利申请数与初级职业资格证书获证人数、中级职业资格证书获证人数、高级职业资格证书获证人数和技师及高级技师职业资格证书获证人数的双变量 VAR 模型。利用 stata 15 对动态方程的参数进行估计（见表 2-14）。模型中各变量均经过取对数处理，综合考虑方程的拟合度和系数的显著性以及滞后阶数判断的 AIC 准则，取各变量的最大滞后阶数为 2。

表 2-14　国内生产总值和专利申请数与初级职业资格证书获证人数、中级职业资格证书获证人数、高级职业资格证书获证人数和技师及高级技师职业资格证书获证人数向量自回归估计结果

变量	ln（国内生产总值）	ln（专利申请数）	ln（初级职业资格证书获证人数）	ln（中级职业资格证书获证人数）	ln（高级职业资格证书获证人数）	ln（技师及高级技师职业资格证书获证人数）
ln（国内生产总值）	0.062 9 (0.048 4)	0.305 5 (0.286 5)	0.151 2 (0.322 9)	0.198 0 (0.365 5)	1.132 1 (0.782 3)	0.461 1 (1.061 2)
ln（专利申请数）	0.831 0*** (0.101 7)	1.400 7** (0.602 0)	−0.591 0 (0.678 5)	−0.661 9 (0.768 0)	−1.601 4 (1.643 7)	−1.194 2 (2.229 9)
ln（初级职业资格证书获证人数）	−0.048 9** (0.020 3)	0.115 7 (0.120 2)	1.045 8*** (0.135 5)	0.310 8** (0.153 4)	0.229 0 (0.328 3)	−0.349 1 (0.445 4)

续表

变量	ln（国内生产总值）	ln（专利申请数）	ln（初级职业资格证书获证人数）	ln（中级职业资格证书获证人数）	ln（高级职业资格证书获证人数）	ln（技师及高级技师职业资格证书获证人数）
ln（中级职业资格证书获证人数）	0.081 2* （0.044 8）	0.246 2 （0.265 1）	0.616 2** （0.298 7）	0.942 4*** （0.338 2）	1.330 2* （0.723 8）	1.709 4* （0.981 9）
ln（高级职业资格证书获证人数）	−0.022 1 （0.024 2）	−0.183 9 （0.143 4）	−0.356 4** （0.161 7）	−0.283 6 （0.183 0）	−0.416 2 （0.391 7）	−0.035 3 （0.531 4）
ln（技师及高级技师职业资格证书获证人数）	0.018 3 （0.011 2）	−0.054 7 （0.066 5）	0.049 3 （0.075 0）	0.093 3 （0.084 8）	−0.041 8 （0.181 6）	0.509 6** （0.246 4）
_cons	0.903 6 （0.678 8）	−9.792 7** （4.019 1）	−0.347 4 （4.529 8）	4.546 7 （5.127 6）	1.158 0 （10.974 5）	−5.621 1 （14.887 9）
R^2	0.999 7	0.997 3	0.986 2	0.962 1	0.955 4	0.955 5

注：括号内数值为标准误；*、**、***分别代表在10%、5%、1%的水平上显著。

4. VAR 滞后模型检验

对 VAR 而言，若 VAR 模型所有根模的倒数小于 1，即位于单位圆内，则 VAR 模型是稳定的。如果模型不稳定，脉冲响应函数的标准差就是无效的，因此本部分在建立脉冲响应模型前要对 VAR 模型的滞后结构进行检验。由表 2-15 和图 2-9 结果可知初级职业资格证书获证人数和中级职业资格证书获证人数的时间序列没有通过单位根检验，其与国内生产总值之间不存在协整关系。因此本书接下来的研究关注高级职业资格证书获证人数、技师及高级技师职业资格证书获证人数与国内生产总值和专利申请数之间的关系。

表 2-15　　VAR 模型滞后结构检验

特征根（Root）	根模值（Modulus）
0.971 582+0.095 971 84i	0.976 311
0.971 582-0.095 971 84i	0.976 311
0.398 982 5	0.398 983
0.053 875	0.053 875

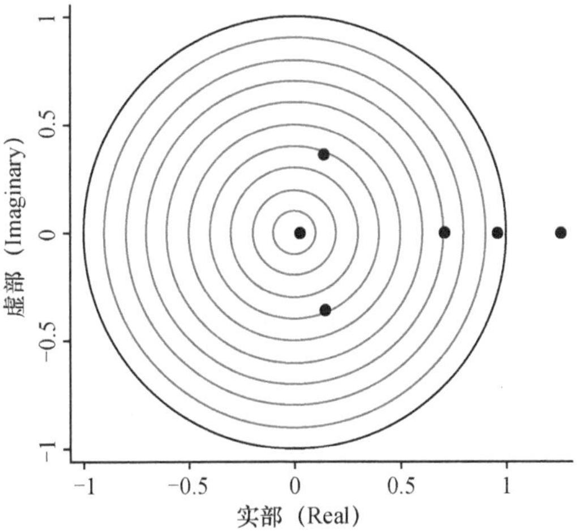

图 2-9　VAR 特征多项式根模倒数

5. 协整检验

接下来采用 EG 两步法来检验国内生产总值和专利申请数与高级职业资格证书获证人数、技师及高级技师职业资格证书获证人数的协整关系。

第一，用 OLS 把 ln（国内生产总值）和 ln（专利申请数）作为自变量对 ln（高级职业资格证书获证人数）、ln（技师及高级技师职业资格证书获证人数）进行静态回归，回归方程如下：

ln（高级职业资格证书获证人数）= 3.417+0.636ln（国内生产总值）$+\mu_{3t}$

ln（技师及高级技师职业资格证书获证人数）= 6.478+0.482ln（国内生产总值）$+\mu_{4t}$

ln（高级职业资格证书获证人数）= 4.710+0.680ln（专利申请数）$+\mu_{7t}$

ln（技师及高级技师职业资格证书获证人数）= 1.183+0.804ln（专利申请数）$+\mu_{8t}$

第二，分别检验残差序列的单整阶数。方法与检验国内生产总值和专利申请数与职业资格证书获证人数序列平稳性的方法相同。由表 2-16 所示结果可知，回归方程的残差序列的 ADF 检验值都小于显著水平为 5%时的临界值，即残差序列是平稳序列，说明国内生产总值和专利申请数与高级职业资格证书获证人数、技师及高级技师职业资格证书获证人数之间存在协整关系，经济增长与高技能人才供给之间具有长期的均衡关系。

表 2-16　　协整方程序列 ADF 检验结果

变量	ADF 值	1%显著性水平	5%显著性水平	10%显著性水平	结论
$\widehat{\mu_{3t}}$	-5.351	-3.750	-3.000	-2.630	平稳
$\widehat{\mu_{4t}}$	-2.049	-2.660	-1.950	-1.600	平稳
$\widehat{\mu_{7t}}$	-2.535	-2.660	-1.950	-1.600	平稳
$\widehat{\mu_{8t}}$	-2.446	-2.660	-1.950	-1.600	平稳

6. 高技能人才供给规模的预测

由于篇幅限制，在此部分将不再讨论脉冲响应分析与方差分解分析，着重进行基于 VAR 模型的预测分析。“十四五”期间高技能人才供给的变动趋势如表 2-17 和图 2-10 所示，整体呈缓慢收缩趋势。

表 2-17　　基于 VAR 模型的"十四五"期间高技能人才的供给预测　　（人）

年度	高级职业资格证书获证人数	技师及高级技师职业资格证书获证人数	合计
2019 年	2 027 654	227 851	2 255 505
2020 年	1 970 021	155 597	2 125 618
2021 年	1 842 677	111 466	1 954 143
2022 年	1 686 143	81 042	1 767 184
2023 年	1 523 081	59 041	1 582 122
2024 年	1 364 305	42 967	1 407 272
2025 年	1 215 115	31 259	1 246 374

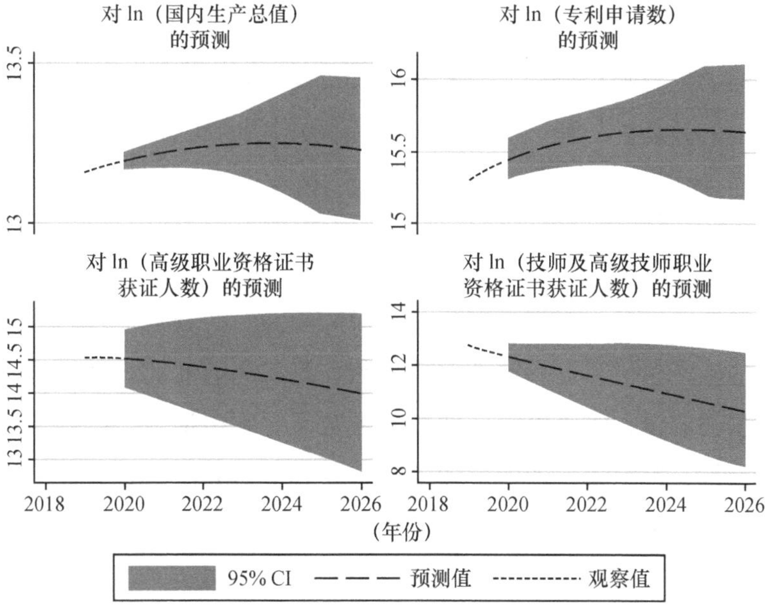

图 2-10　国内生产总值与高技能人才规模的预测图

（三）职业技能培训需求预测分析

1. 描述性统计

本书对职业技能培训需求量的研究主要基于各产业已有就业规模。本部分的测算思路是：首先，根据经济增长与就业规模的 VAR 模型预测出随着经济增长将会达到的就业规模；其次，根据相关政策规划中提出的技能人才及高技能人才在就业规模中的比重计算出技能人才及高技能人才的需求量；最后，把当年与前一年度技能人才的环比增加量作为当年职业技能培训的需求规模估计量。本部分在测算职业技能培训需求规模时，采用 2001—2018 年共 18 期数据。具体变量的描述性统计见表 2-18。

表 2-18　　　　变量的描述性统计

变量	观察期数	平均值	标准差	最小值	最大值
ln（国内生产总值）	18	12.412	0.487	11.596	13.099
ln（专利申请数）	18	13.878	0.988	12.223	15.279
ln（第一产业就业人数）	18	10.234	0.204	9.916	10.509
ln（第二产业就业人数）	18	9.909	0.140	9.660	10.054
ln（第三产业就业人数）	18	10.193	0.179	9.912	10.490

2. 单位根检验

由表 2-19 单位根检验结果可知，样本区间在 10%的显著性水平下，拒绝国内生产总值、第一产业就业人数、第二产业就业人数序列水平值有单位根的假设，接受第三产业就业人数、专利申请数序列水平值有单位根的假设，拒绝第三产业就业人数、专利申请数一阶差分序列有单位根的假设。检验结果表明，2001—2018 年 ln（国内生产总值）、ln（第一产业就业人数）、ln（第二产业就业人数）原序列都是平稳的，ln（专利申请数）和 ln（第三产业就业人数）的一阶差分序列是平稳的，国内生产总值和专利申请数与第一产业就业人数、第二产业就业人数及第三产业就业人数之间可能存在协整关系，可以进一步检验其协整性。

表 2-19　　　　单位根检验结果

变量	ADF检验值	1%显著水平	5%显著水平	10%显著水平	滞后期	结论
ln（国内生产总值）	-5.287	-3.750	-3.000	-2.630	5	平稳
ln（专利申请数）	-2.137	-3.750	-3.000	-2.630	3	不平稳
D. ln（专利申请数）	-3.341	-3.750	-3.000	-2.630	0	平稳
ln（第一产业就业人数）	-8.388	-2.660	-1.950	-1.600	0	平稳
ln（第二产业就业人数）	-4.876	-3.750	-3.000	-2.630	1	平稳
ln（第三产业就业人数）	-3.353	-4.380	-3.600	-3.240	5	不平稳
D. ln（第三产业就业人数）	-3.228	-3.750	-3.000	-2.630	0	平稳

3. VAR 模型的建立

本部分为了描绘国内生产总值和专利申请数与职业技能培训需求规模的动态关系，首先建立了国内生产总值与第一产业、第二产业、第三产业就业人数的双变量 VAR 模型。利用 stata 15 对动态方程的参数进行估计（见表 2-20）。模型中各变量均经过取对数处理，综合考虑方程的拟合度和系数的显著性以及滞后阶数判断的 AIC 准则，取各变量的最大滞后阶数为 1。

表 2-20　　国内生产总值和专利申请数与第一产业就业人数、第二产业就业人数、第三产业就业人数向量自回归估计结果

变量	ln（国内生产总值）	ln（专利申请数）	ln（第一产业就业人数）	ln（第二产业就业人数）	ln（第三产业就业人数）
ln（国内生产总值）（-1）	0.818 3*** (0.102 2)	1.447 7* (0.792 3)	0.142 9 (0.129 2)	-0.062 8 (0.123 4)	-0.107 5 (0.167 7)
ln（专利申请数）（-1）	0.012 7 (0.034 4)	0.353 8 (0.266 9)	-0.119 9*** (0.043 5)	0.050 4 (0.041 6)	0.100 9* (0.056 5)

续表

变量	ln（国内生产总值）	ln（专利申请数）	ln（第一产业就业人数）	ln（第二产业就业人数）	ln（第三产业就业人数）
ln（第一产业就业人数）（-1）	0.568 9*** （0.105 3）	0.263 8 （0.816 7）	0.499 5*** （0.133 2）	1.334 9*** （0.127 2）	-0.236 4 （0.172 8）
ln（第二产业就业人数）（-1）	0.297 8*** （0.093 9）	-0.174 6 （0.728 3）	-0.082 3 （0.118 7）	1.253 2*** （0.113 4）	-0.128 8 （0.154 1）
ln（第三产业就业人数）（-1）	0.777 3*** （0.167 5）	-0.115 3 （1.298 8）	-0.267 1 （0.211 7）	1.135 1*** （0.202 2）	0.565 4** （0.274 9）
_cons	-14.529 8*** （2.664 7）	-8.616 9 （20.663 9）	8.515 8** （3.368 9）	-27.645 0*** （3.217 2）	8.093 8* （4.373 0）
R^2	0.999 8	0.996 7	0.998 1	0.996 2	0.995 6

注：①括号内数值为标准误；*、**、*** 分别代表在 10%、5%、1%的水平上显著。

②-1 表示滞后一期。

4. VAR 滞后模型检验

由表 2-21 和图 2-11 的结果可知，第一产业就业人数的时间序列数据没有通过单位根检验，其与国内生产总值之间不存在协整的关系，无法进一步进行脉冲响应分析，因此本书接下来的研究关注第二产业就业人数和第三产业就业人数与国内生产总值和专利申请数之间的关系。

表 2-21　　VAR 模型滞后结构检验

特征根（Root）	根模值（Modulus）
0.960 745 1	0.960 745
0.806 682+0.099 797 21i	0.812 832

续表

特征根（Root）	根模值（Modulus）
0. 806 682-0. 099 797 21i	0. 812 832
0. 457 989 5+0. 304 053 9i	0. 549 730
0. 457 989 5-0. 304 053 9i	0. 549 730

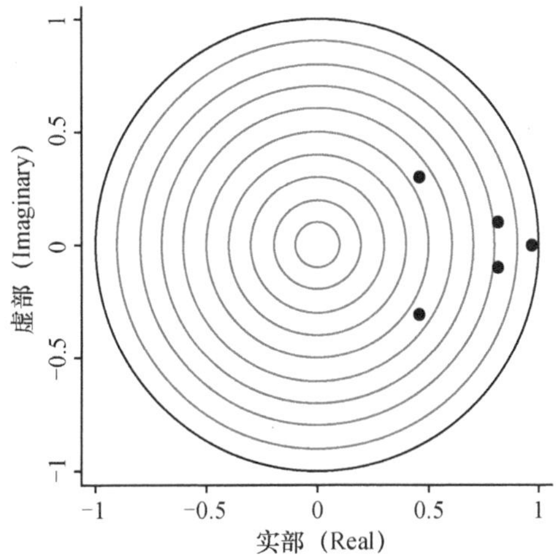

图 2-11　VAR 特征多项式根模倒数

5. 协整检验

本书采用 EG 两步法来检验国内生产总值和专利申请数与第二产业就业人数、第三产业就业人数的协整关系。用 OLS 把 ln（国内生产总值）和 ln（专利申请数）作为自变量对 ln（第二产业就业人数）和 ln（第三产业就业人数）进行静态回归，回归方程如下：

ln（第二产业就业人数）= 6. 637+0. 264ln（国内生产总值）+μ_{2t}

ln（第三产业就业人数）= 5. 723+0. 360ln（国内生产总值）+μ_{3t}

ln（第二产业就业人数）= 8. 118+0. 129ln（专利申请数）+μ_{5t}

ln（第三产业就业人数）= 7. 729+0. 178ln（专利申请数）+μ_{6t}

分别检验残差序列的单整阶数见表 2-22，回归方程残差序列的 ADF 检验值都小于显著水平为 5%时的临界值，即残差序列是平稳序列，说明国内生产总值和专利申请数、第二产业就业人数、第三产业就业人数之间存在协整关系，可见经济增长与职业技能培训需求规模之间具有长期的均衡关系，本书可以利用脉冲响应函数来分析两者之间的动态关系。

表 2-22　　　　协整方程序列 ADF 检验结果

变量	ADF 值	1%显著性水平	5%显著性水平	10%显著性水平	结论
$\widehat{\mu_{2t}}$	-2. 271	-2. 660	-1. 950	-1. 600	平稳
$\widehat{\mu_{3t}}$	-4. 627	-3. 750	-3. 000	-2. 630	平稳
$\widehat{\mu_{5t}}$	-2. 811	-2. 660	-1. 950	-1. 600	平稳
$\widehat{\mu_{6t}}$	-2. 156	-2. 660	-1. 950	-1. 600	平稳

6. 广义脉冲响应分析

（1）第二产业就业人数与经济增长的关系

第二产业就业人数与国内生产总值的脉冲响应分析如图 2-12 和表 2-23 所示，就第二产业就业人数对国内生产总值一个单位的冲击响应来看，ln（第二产业就业人数）的反应一直为正值，峰值出现在第 4 期（0. 019 852），后逐渐减小，在整个分析期内的 ln（第二产业就业人数）对 ln（国内生产总值）的累积响应值为 0. 133 537，即当期国内生产总值对第二产业就业人数的总体影响为正，说明第二产业就业规模变动对经济发展产生正向效应，但从第四个周期开始具有下降趋势。就国内生产总值对第二产业就业人数一个单位的冲击响应来看，ln（国内生产总值）在整个分析期内的反应也为正值，最大值出现在第 3 期（0. 004 899），之后开始下降，第 8 期开始略有回升，累计响应值为正值（0. 024 733），表明随着国内生产总值的增长，作为国民经济重要支柱的第二产业规模逐步扩大。

（2）第三产业就业人数与经济增长的关系

如表 2-23 和图 2-13 所示，就第三产业就业人数对国内生产总值一个单位的冲击响应来看，ln（第三产业就业人数）在分析期内的反应一直为负值，第 1 期的反应值最小（-0. 011 569），此后基本上逐渐增大，

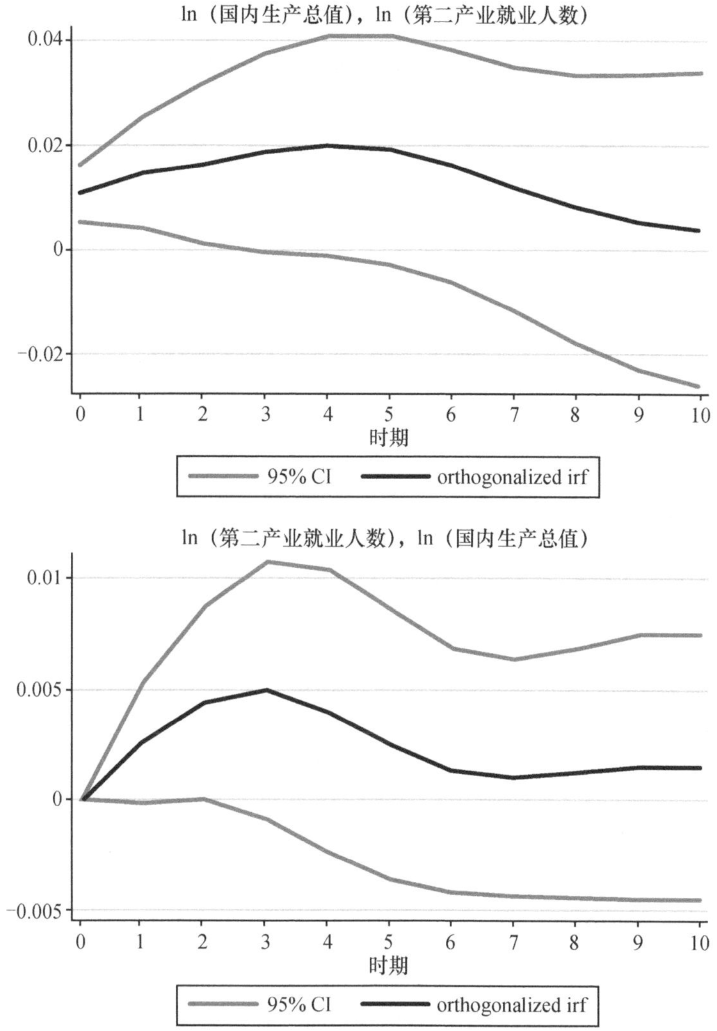

图 2-12 国内生产总值与第二产业就业人数的脉冲响应曲线

累计响应值为-0.045 192，表明第三产业就业人数对国内生产总值的增长具有负向效应。就国内生产总值对第三产业就业人数一个单位的冲击响应来看，当期反应为负值（-0.000 151），第二期变为正值（0.002 636），第5期和第6期又重新降到负值，第7期开始回升至正值，累计反应为正值，说明从长期来看，经济增长对第三产业就业规模具有正向影响。

表 2-23　　国内生产总值与职业技能培训需求规模的广义脉冲响应分析结果

时期	第二产业就业人数对国内生产总值的响应	国内生产总值对第二产业就业人数的响应	第三产业就业人数对国内生产总值的响应	国内生产总值对第三产业就业人数的响应
1	0. 014 743	0. 002 575	-0. 011 569	-0. 000 151
2	0. 016 456	0. 004 355	-0. 009 334	0. 002 636
3	0. 018 545	0. 004 899	-0. 005 936	0. 002 894
4	0. 019 852	0. 003 946	-0. 003 333	0. 001 67
5	0. 019 093	0. 002 464	-0. 002 778	-5. 40E-06
6	0. 016 015	0. 001 342	-0. 003 332	-0. 000 564
7	0. 011 755	0. 000 991	-0. 003 707	0. 000 266
8	0. 007 848	0. 001 196	-0. 003 124	0. 001 836
9	0. 005 256	0. 001 478	-0. 001 760	0. 003 173
10	0. 003 974	0. 001 487	-0. 000 319	0. 003 730
累计	0. 133 537	0. 024 733	-0. 045 192	0. 015 485

由于篇幅限制，本章在此不报告专利申请数与就业规模之间的脉冲响应曲线图，只报告脉冲响应结果分析表（见表 2-24），专利申请数对第二产业、第三产业的就业的累计响应为正（0. 024 733，0. 077 391），而第二产业、第三产业的就业规模对专利申请数量的累计响应为负（-0. 008 42，-0. 018 296）。

7. **方差分解**

由表 2-25 结果可知，就总体而言，国内生产总值解释职业技能培训需求规模指标的预测方差分解的贡献度较高，国内生产总值对第二产业就业人数的预测方差高达 62. 6%，对第三产业就业人数的预测方差也达到 35. 9%，意味着经济的发展通常带来就业规模的扩大。与此相对应的

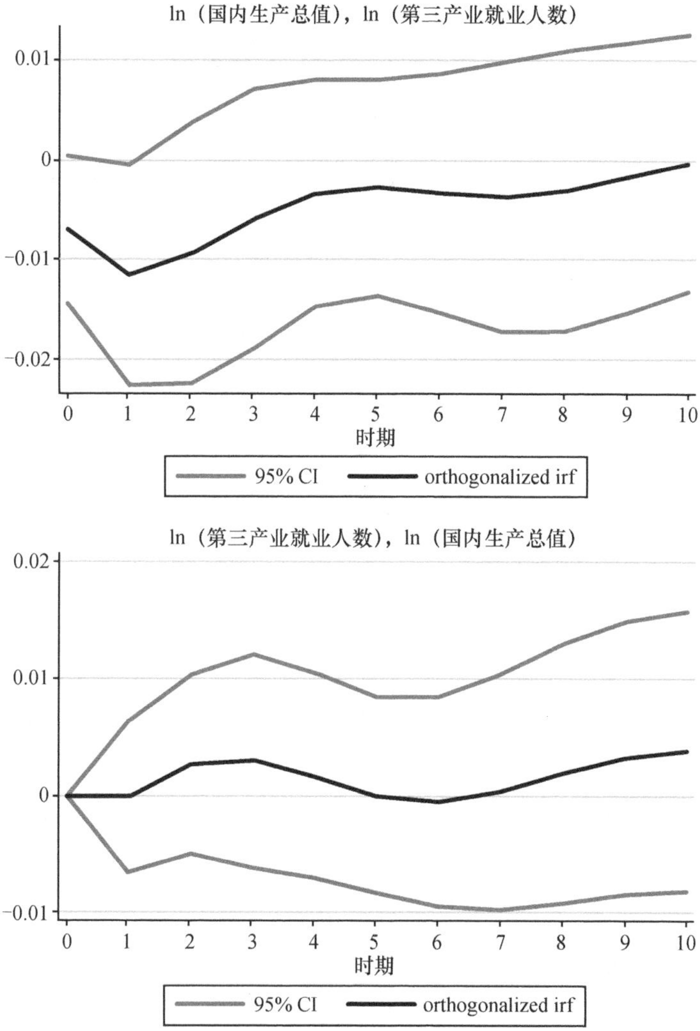

图 2-13　国内生产总值与第三产业就业人数的脉冲响应曲线

是，职业技能培训需求规模对国内生产总值的预测方差的解释贡献度较小，第二产业就业人数对国内生产总值的预测方差为 8%，第三产业仅为 2.2%，可见就业规模并不是影响经济发展的主要预测因素。

从技术进步角度来看，见表 2-26，专利申请数解释职业技能培训需求规模指标的预测方差分解的贡献度较高，专利申请数对第二产业就业人数的预测方差为 20.2%，对第三产业就业人数的预测方差也达到 15.9%，

表 2-24　　专利申请数与职业技能培训需求规模的广义脉冲响应分析结果

时期	第二产业就业人数对专利申请数的响应	专利申请数对第二产业就业人数的响应	第三产业就业人数对专利申请数的响应	专利申请数对第三产业就业人数的响应
1	0.006 487	0.002 575	−0.001 055	−0.000 425
2	0.004 634	0.004 355	−0.001 295	0.002 767
3	0.001 72	0.004 899	−0.001 379	0.006 333
4	−0.000 803	0.003 946	−0.001 528	0.008 898
5	−0.002 483	0.002 464	−0.001 745	0.010 253
6	−0.003 385	0.001 342	−0.001 976	0.010 672
7	−0.003 744	0.000 991	−0.002 173	0.010 515
8	−0.003 78	0.001 196	−0.002 314	0.010 059
9	−0.003 643	0.001 478	−0.002 398	0.009 473
10	−0.003 423	0.001 487	−0.002 433	0.008 846
累计	−0.008 42	0.024 733	−0.018 296	0.077 391

表 2-25　　国内生产总值与职业技能培训需求规模的方差分解　　(%)

职业技能培训需求规模指标	国内生产总值对职业技能培训需求规模的方差分解平均贡献度	职业技能培训需求规模对国内生产总值的方差分解平均贡献度
ln（第二产业就业人数）	62.6	8.0
ln（第三产业就业人数）	35.9	2.2

即技术进步会带来就业规模的扩大。与此相对应的是，就业规模对技术进步的预测方差的解释贡献度较小，第二产业就业人数对专利申请数的预测方差仅为 0.2%，第三产业为 4.1%，可见就业规模并不是影响技术进步的主要预测因素。

表 2-26　　专利申请数与职业技能培训需求规模的方差分解　　（%）

职业技能培训需求规模指标	专利申请数对职业技能培训需求规模的方差分解平均贡献度	职业技能培训需求规模对专利申请数的方差分解平均贡献度
ln（第二产业就业人数）	20.2	0.2
ln（第三产业就业人数）	15.9	4.1

8. 基于 VAR 模型的预测

通过 VAR 模型的预测功能，我们可以知道，在"十四五"期间，第三产业将成为吸纳就业的核心力量，到 2025 年，第二产业、第三产业的就业规模约达到 64 624 万人。由于第一产业就业人数没有通过协整检验，为了得出第一产业就业规模，本报告拟计算出近 10 年第二产业、第三产业就业人数占总就业人数比重的平均增长率，并以此增长率来推测出 2025 年全国就业人口规模。基于统计年鉴的数据，2008 年第二产业、第三产业就业人数占总就业人数的比重为 60.4%，而到 2018 年，这一比重达到 73.9%，年平均增长率为 1.4%。由此，我们可以得出，到 2025 年，第二产业、第三产业就业人数占总就业人数的比重将达到 83.7%，据此本书测算到 2025 年，三个产业就业规模将达到 77 209 万人。

接下来，本书根据国务院办公厅印发《职业技能提升行动方案（2019—2021 年）》的规划要求，将 2021 年底技能劳动者占总就业人数的比例设定为 25%，高技能人才占技能劳动者的比例设定为 30%，对"十四五"期间技能人才的需求量进行估计。根据人力资源社会保障部公布的数据显示，截至 2018 年底，我国技能劳动者近 1.7 亿人，占总就业人数 7.76 亿人的 21.9%，其中高技能人才约 5 000 万人，占技能劳动者总数的 29.4%。[①] 由此可算出 2018—2021 年需要达到的技能人才和高技能人才比例的年增长率，分别为 1.03%和 0.2%。基于此比例，我们能够

① 人力资源社会保障部. 为制造大国注入技能动力——我国职业能力建设工作 70 年回眸. http://www.mohrss.gov.cn/SYrlzyhshbzb/rdzt/zyjntsxd/zyjntsxd_xdzn/201910/t20191008_336141.html.

进行“十四五”时期技能人才及高技能人才需求规模的推算，见表2-27。

表2-27　“十四五”期间就业规模的预测　（万人，%）

年度	第二产业、第三产业就业人数	第二产业、第三产业就业人数占总就业人数的比重	总就业人数
2008年	45 641	60.4	75 564
2009年	46 938	61.9	75 828
2010年	48 174	63.3	76 105
2011年	49 826	65.2	76 420
2012年	50 931	66.4	76 704
2013年	52 806	68.6	76 977
2014年	54 463	70.5	77 253
2015年	55 532	71.7	77 451
2016年	56 107	72.3	77 603
2017年	56 696	73.0	77 640
2018年	57 328	73.9	77 586
2019年	58 153	75.3	77 228
2020年	59 197	76.7	77 180
2021年	60 294	78.1	77 202
2022年	61 383	79.5	77 211
2023年	62 458	80.9	77 204
2024年	63 534	82.3	77 198
2025年	64 624	83.7	77 209

资料来源：国家统计局发布的相关年份的《中国统计年鉴》。

随着经济的发展，在“十四五”的开局之时，对技能人才的需求将达到1.93亿人，对高技能人才的需求将达到5 790万人。在“十四五”结束之际，对技能人才的需求将达到2.2亿人，对高技能人才的需求将达到 6 920 万人，如图 2-14 和表 2-28 所示。基于此，本书测算得出“十四五”期间技能人才需求的逐年增长量，这个年增长量就是每年的职业技能培训需求规模。由此可见，“十四五”期间职业技能培训需求规模大概在每年 788.8 万人（见表 2-29）。

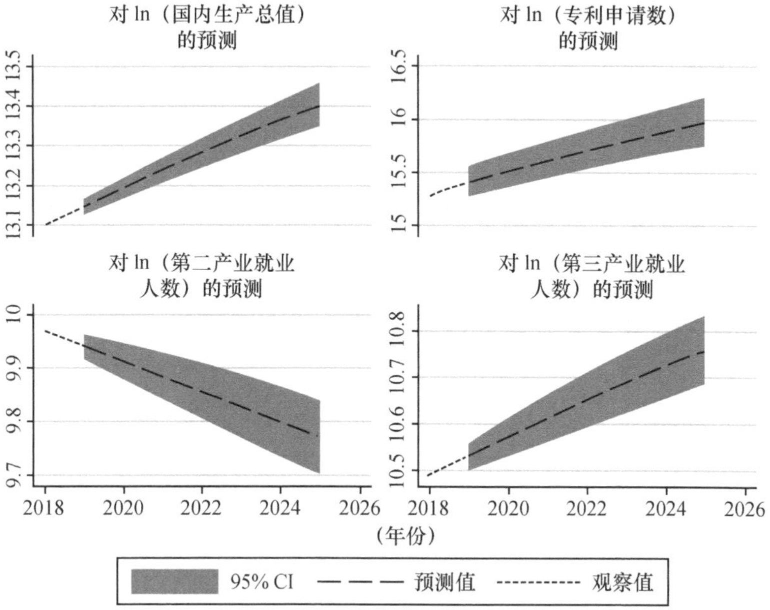

图 2-14　国内生产总值与职业技能培训需求规模的预测图

表 2-28　“十四五”期间技能人才及高技能人才需求规模预测　（万人，%）

年度	总就业人数	技能人才占总就业人数的比重	高技能人才占技能人才的比重	技能人才需求量	高技能人才需求量
2018 年	77 586	21.9	29.4	17 000	5 000
2019 年	77 228	22.9	29.6	17 685	5 235
2020 年	77 180	24	29.8	18 523	5 520
2021 年	77 202	25	30	19 300	5 790
2022 年	77 211	26	30.2	20 075	6 063

续表

年度	总就业人数	技能人才占总就业人数的比重	高技能人才占技能人才的比重	技能人才需求量	高技能人才需求量
2023 年	77 204	27.1	30.4	20 922	6 360
2024 年	77 198	28.1	30.6	21 693	6 638
2025 年	77 209	29.1	30.8	22 468	6 920

表 2-29 “十四五”期间职业技能培训规模预测 （万人）

年度	职业技能培训需求规模
2021 年	777
2022 年	775
2023 年	847
2024 年	770
2025 年	775

四、基于指数平滑法的职业技能培训供需预测

（一）职业技能培训供给预测分析

为了准确把握职业技能培训供需规模的变动区间，本部分展示了基于指数平滑法的供需预测结果。表 2-30 是基于指数平滑法的“十四五”期间职业技能培训的供给规模预测，在“十四五”期间，职业技能培训供给能力将保持在每年 1 000 万人以上，到 2021 年，供给规模约为 1 143 万人，到 2025 年，供给规模约为 1 114 万人。其中技工院校和中高等职业院校的毕业人数规模逐年增长，而民办培训机构培训规模逐年缩小。表 2-31 是基于指数平滑法的职业技能培训主体的变化情况，除民办培训机构和中等职业院校外，其余的职业技能培训主体均呈收缩趋势。其中，对各主体培训规模的预测结果正好与 VAR 模型的预测结果相反，这可能

是由于指数平滑法模型设定较为简单且未充分考虑其他因素的冲击所致，此外不同口径下职业技能培训供给规模的时间序列数据并不稳定，进行趋势外推的适用性条件并不满足。

表 2-30　基于指数平滑法的"十四五"期间职业技能培训供给规模预测　（人）

年度	技工院校毕业人数预测	中高等职业院校毕业人数预测	技工院校社会培训获证人数预测	就业训练中心培训获证人数预测	民办培训机构培训获证人数预测	总计
2019 年	900 684	7 052 335	1 253 075	809 997	3 137 435	13 153 526
2020 年	902 263	7 167 591	1 051 919	566 480	2 427 061	12 115 314
2021 年	909 171	7 305 133	890 564	403 530	1 920 275	11 428 673
2022 年	923 697	7 474 520	762 950	294 953	1 567 954	11 024 074
2023 年	948 431	7 686 430	663 662	222 850	1 333 215	10 854 588
2024 年	986 496	7 953 128	588 149	175 328	1 191 170	10 894 271
2025 年	1 041 880	8 289 132	532 831	144 699	1 128 404	11 136 946

表 2-31　基于指数平滑法的"十四五"期间职业技能培训主体规模预测　（所）

年度	技工院校数量	民办培训机构数量	就业训练中心数量	中等职业院校数量	高等职业院校数量	总计
2020 年	2 358	23 857	2 421	1 434	7 453	37 523
2021 年	2 325	25 279	2 387	1 445	7 249	39 990
2022 年	2 293	26 830	2 353	1 458	7 056	41 474
2023 年	2 261	28 541	2 320	1 477	6 875	43 176
2024 年	2 229	30 451	2 287	1 501	6 708	45 149
2025 年	2 198	32 607	2 255	1 533	6 556	38 685

（二）职业技能培训需求预测分析

通过指数平滑法的预测数据可以看出，按照2001—2018年的发展趋势，在“十四五”期间，我国就业规模稳定在7.7亿人。到“十四五”结束之际，我国劳动力人口约为77 213万人，见表2-32。接下来，根据之前推算的“十四五”时期技能人才规模以及高技能人才占技能人才的比重，本书计算得出“十四五”时期技能人才的需求量。表2-33是基于指数平滑法预测的“十四五”时期技能人才及高技能人才的需求规模。在“十四五”期间，我国技能人才的需求规模不断扩大，在“十四五”的开局之时，我国对技能人才的需求将超过1.9亿人，对高技能人才的需求将达到5 806.9万人。在“十四五”结束之际，对技能人才的需求将达到2.2亿人，对高技能人才的需求将达到6 920.5万人。基于本书测算得出“十四五”期间技能人才需求的年增长量，这个增长量正是每年需要进行职业技能培训的规模，具体数据见表2-34，“十四五”期间职业技能培训需求规模大概在每年775万人。

表2-32　基于指数平滑法的“十四五”期间就业规模的预测　（万人）

年度	模拟值	实际值	相对误差
2001年	72 797	72 797	0.00%
2002年	73 280	73 280	0.00%
2003年	73 766	73 736	-0.04%
2004年	74 195	74 264	0.09%
2005年	74 796	74 647	-0.20%
2006年	75 033	74 978	-0.07%
2007年	75 310	75 321	0.01%
2008年	75 666	75 564	-0.14%
2009年	75 808	75 828	0.03%

续表

年度	模拟值	实际值	相对误差
2010 年	76 093	76 105	0. 02%
2011 年	76 383	76 420	0. 05%
2012 年	76 736	76 704	-0. 04%
2013 年	76 989	77 253	-0. 02%
2014 年	77 251	77 253	0. 00%
2015 年	77 530	77 451	-0. 10%
2016 年	77 650	77 603	-0. 06%
2017 年	77 755	77 640	-0. 15%
2018 年	77 677	77 586	-0. 12%
2019 年	77 532		
2020 年	77 478		
2021 年	77 425		
2022 年	77 371		
2023 年	77 318		
2024 年	77 266		
2025 年	77 213		

表 2-33 基于指数平滑法的"十四五"期间技能人才及高技能人才需求规模预测 （万人，%）

年度	总就业人数	技能人才占总就业人数的比重	高技能人才占技能人才的比重	技能人才需求量	高技能人才需求量
2018 年	77 677. 0	21. 9	29. 4	17 011. 3	5 001. 3
2019 年	77 532. 1	22. 9	29. 6	17 754. 9	5 255. 4
2020 年	77 478. 3	24. 0	29. 8	18 594. 8	5 541. 2

续表

年度	总就业人数	技能人才占总就业人数的比重	高技能人才占技能人才的比重	技能人才需求量	高技能人才需求量
2021 年	77 424. 7	25. 0	30. 0	19 356. 2	5 806. 9
2022 年	77 371. 3	26. 0	30. 2	20 116. 5	6 075. 2
2023 年	77 318. 3	27. 1	30. 4	20 953. 3	6 369. 8
2024 年	77 265. 6	28. 1	30. 6	21 711. 6	6 643. 8
2025 年	77 213. 3	29. 1	30. 8	22 469. 1	6 920. 5

表 2-34　基于指数平滑法的“十四五”期间职业技能培训需求规模预测　（万人）

年度	职业技能培训需求规模
2021 年	761. 4
2022 年	760. 4
2023 年	836. 7
2024 年	758. 4
2025 年	757. 4

五、基于 ARMA 模型的职业技能培训供需预测

（一）职业技能培训供给预测分析

本部分首先利用 ARMA 模型进行职业技能培训供给规模的相关预测，在构造 ARMA 模型时，一般分为五步。

第一步，对时间序列进行平稳性方面的检验，常用的方法分别为散点图检验、自相关函数检验、单位根检验。

第二步，模型识别，对 ARMA 模型进行识别，方法有很多种，这里

我们计算能够描述平稳化后的时间序列特征的统计量，如自相关函数和偏自相关函数，根据它们的拖尾和截尾性来初步确定 ARMA（p，q）模型中的 p 值和 q 值，识别所采用的模型，以求估计所选择模型的参数（见表 2-35）。

表 2-35　　　　　时间序列模型判断标准

	AR 模型	MA 模型	ARMA 模型
自相关函数	拖尾	截尾	拖尾
偏自相关函数	截尾	拖尾	拖尾

第三步，模型估计，采用最小二乘法或者极大似然估计来估计模型中的未知参数，根据相关统计量检验参数的显著性及模型整体的显著性，并依据模型所得的特征根来判断其倒数是否在单位圆内，从而检验模型本身的合理性。

第四步，模型检验，对模型进行诊断性检验，如模型的残差序列能否满足白噪声序列的要求，能否提升模型的拟合优度及 AIC 值和 BIC 值，能否简化模型，模型是否有理论支持和现实意义等，以确保得到的模型符合所观察到的统计数据特征。

第五步，模型预测，利用上述所建的模型对时间序列进行预测，并对预测效果进行评价。

单位根检验结果在前述已经呈现，民办培训机构培训获证人数不能通过 ADF 检验，因此我们只关注技工院校毕业人数、中高等职业院校毕业人数、技工院校社会培训获证人数以及就业训练中心培训获证人数。根据其自相关图和偏自相关图进行识别，拟对 ln（技工院校毕业人数）、ln（中高等职业院校毕业人数）建立 AR（1）模型，对 ln（技工院校社会培训获证人数）建立 AR（2）模型，对 ln（就业训练中心培训获证人数）建立 ARMA（1，1）模型。由于篇幅限制，自相关图和偏自相关图不在此呈现，建立的相关模型如下。

$\Delta\ln$（技工院校毕业人数）$_t$ = −0. 028 6+0. 599 0$\Delta\ln$（技工院校毕业人数）$_{t-1}+\varepsilon_t$

化简得：ln（技工院校毕业人数）$_t$=−0.028 6+1.599 0ln（技工院校毕业人数）$_{t-1}$−0.599 0ln（技工院校毕业人数）$_{t-2}$+ε_t

ln（中高等职业院校毕业人数）$_t$=−0.006 6+0.746 0ln（中高等职业院校毕业人数）$_{t-1}$+ε_t

Δln（技工院校社会培训获证人数）$_t$=−0.184 2+0.674 1Δln（技工院校社会培训获证人数）$_{t-2}$+ε_t

化简得：ln（技工院校社会培训获证人数）$_t$=−0.184 2+ln（技工院校社会培训获证人数）$_{t-1}$+0.674 1ln（技工院校社会培训获证人数）$_{t-2}$−0.674 1ln（技工院校社会培训获证人数）$_{t-3}$+ε_t

Δln（就业训练中心培训获证人数）$_t$=−0.287 8+0.732 3Δln（就业训练中心培训获证人数）$_{t-2}$−3.073 9ε_{t-1}+ε_t

化简得：ln（就业训练中心培训获证人数）$_t$=−0.287 8+1.732 3ln（就业训练中心培训获证人数）$_{t-1}$−0.732 3ln（就业训练中心培训获证人数）$_{t-2}$−3.073 9ε_{t-1}+ε_t

在建立模型后，也对模型的残差进行了 ADF 检验和 LM（Lagrange Multiper）检验，4 个方程残差的 ADF 检验 t 统计量都小于 5%显著性水平下的临界值，因此该序列在 5%显著性水平下是平稳的，通过了单位根检验，运用 LM 检验法检验模型残差的序列相关性也发现 F 统计量和 Obs×R-squared 的 p 值都大于显著性水平 0.05，因此模型残差不存在相关性，相关检验结果由于篇幅限制不在此展示。由此我们可以根据所建模型对 2019—2025 年的职业技能培训供给规模进行预测，见表 2-36。

表 2-36　基于 ARMA 模型的“十四五”期间职业技能培训供给规模预测

（人）

年度	技工院校毕业人数	技工院校社会培训获证人数	就业训练中心培训获证人数	中高等职业院校毕业人数	总计
2019 年	912 625	881 574	778 701	7 314 687	9 887 587
2020 年	887 098	746 872	575 088	7 285 739	9 494 797

续表

年度	技工院校毕业人数	技工院校社会培训获证人数	就业训练中心培训获证人数	中高等职业院校毕业人数	总计
2021 年	862 209	639 059	436 841	7 251 979	9 190 088
2022 年	837 975	538 183	340 839	7 214 720	8 931 717
2023 年	814 396	456 271	272 730	7 174 940	8 718 337
2024 年	791 465	382 702	215 421	7 133 368	8 522 956
2025 年	769 172	322 445	168 069	7 090 545	8 350 231

（二）高技能人才的供给预测分析

高技能人才是指获得高级职业资格证书和技师及高级技师职业资格证书的技能人才。ln（高级职业资格证书获证人数）和 ln（技师及高级技师职业资格证书获证人数）的时间序列通过了单位根检验，特征根的倒数都在单位圆内。根据其自相关图和偏自相关图进行识别，本部分拟对 ln（高级职业资格证书获证人数）和 ln（技师及高级技师职业资格证书获证人数）建立 AR（1）模型。由于篇幅限制，自相关图和偏自相关图不在此呈现，建立的相关模型如下。

ln（高级职业资格证书获证人数）$_t$ = 10.080 2+0.907 3ln（高级职业资格证书获证人数）$_{t-1}+\varepsilon_t$

ln（技师及高级技师职业资格证书获证人数）$_t$ = 14.648 5+0.710 3ln（技师及高级技师职业资格证书获证人数）$_{t-1}+\varepsilon_t$

表 2-37 是基于 ARMA 模型的“十四五”期间的高级职业资格证书和技师及高级技师职业资格证书获证人数的供给预测，可见我国高技能人才供给未来五年呈增长之势。

表 2-37　　基于 ARMA 模型的“十四五”期间高技能人才的供给预测　　（人）

年度	高级职业资格证书获证人数	技师及高级技师职业资格证书获证人数	合计
2021 年	2 295 959	446 409	2 742 368
2022 年	2 297 164	447 173	2 744 338
2023 年	2 298 021	447 749	2 745 770
2024 年	2 298 630	448 183	2 746 812
2025 年	2 299 062	448 509	2 747 571

（三）职业技能培训需求预测分析

在预测出供给规模后，本书接下来对职业技能培训的需求规模进行预测，需求规模主要是基于就业人数进行计算的，在上文中，我们分析发现第一产业就业人数特征根的倒数不在单位圆内，不能进行预测分析，因此本部分就业人数的预测是基于第二产业和第三产业就业人数进行分析的。根据其自相关图和偏自相关图进行识别，拟对 ln（第二产业就业人数）建立 AR（1）模型，对 ln（第三产业就业人数）建立 AR（6）模型。由于篇幅限制，自相关图和偏自相关图不在此呈现，建立的相关模型如下。

ln（第二产业就业人数）$_t$ = 10. 080 2+0. 907 3ln（第二产业就业人数）$_{t-1}$+ε_t

Δln（第三产业就业人数）$_t$ = 0. 753 0+0. 032 5Δln（第三产业就业人数）$_{t-6}$+ε_t

化简得：ln（第三产业就业人数）$_t$ = 0. 753 0+ln（第三产业就业人数）$_{t-1}$+0. 032 5ln（第三产业就业人数）$_{t-6}$−0. 032 5ln（第三产业就业人数）$_{t-7}$+ε_t

在建立模型后，也对模型的残差进行了 ADF 检验和 LM 检验，4 个方程残差的 ADF 检验 t 统计量都小于 5%显著性水平下的临界值，因此该序列在 5%显著性水平下是平稳的，通过了单位根检验，运用 LM 检验法检验模型残差的序列相关性也发现 F 统计量和 Obs×R-squared 的 p 值都大于显著性水平 0.05，因此模型残差不存在相关性，相关检验结果由于篇幅限制不在此展示。由此我们可以根据所建模型对 2019—2025 年的就业规模进行预测。

根据 ARMA 模型计算出来的结果，到 2025 年，第二产业、第三产业的就业规模约达到 66 885 万人。然后除以推算出来的第二产业、第三产业就业人数占总就业人数的比重，求得总就业规模，这样我们可以得出，到 2025 年，就业规模将达到 79 911 万人（见表 2-38）。表 2-39 展示了基于 ARMA 模型的"十四五"时期技能人才及高技能人才的需求规模。在"十四五"期间，我国技能人才的需求规模不断扩大，在"十四五"的开局之时，我国对技能人才的需求将超过 1.9 亿人，对高技能人才的需求将达到 5 858 万人。在"十四五"结束之际，对技能人才的需求将超过 2.3 亿人，对高技能人才的需求将达到 7 162 万人。在此基础上，我国"十四五"期间职业技能培训的需求规模见表 2-40。

表 2-38　基于 ARMA 模型的"十四五"期间就业规模的预测　（万人，%）

年度	第二产业、第三产业就业人数	第二产业、第三产业就业人数占总就业人数的比重	总就业人数
2008 年	45 641	60.4	75 564
2009 年	46 938	61.9	75 828
2010 年	48 174	63.3	76 105
2011 年	49 826	65.2	76 420
2012 年	50 931	66.4	76 704
2013 年	52 806	68.6	76 977
2014 年	54 463	70.5	77 253

续表

年度	第二产业、第三产业就业人数	第二产业、第三产业就业人数占总就业人数的比重	总就业人数
2015 年	55 532	71.7	77 451
2016 年	56 107	72.3	77 603
2017 年	56 696	73.0	77 640
2018 年	57 328	73.9	77 586
2019 年	58 384	75.3	77 535
2020 年	59 620	76.7	77 731
2021 年	61 006	78.1	78 113
2022 年	62 097	79.5	78 109
2023 年	63 528	80.9	78 527
2024 年	65 018	82.3	79 001
2025 年	66 885	83.9	79 911

数据来源：国家统计局发布的相关年份的《中国统计年鉴》。

表 2-39　基于 ARMA 模型的“十四五”期间技能人才及高技能人才需求规模预测　（万人，%）

年度	总就业人数	技能人才占总就业人数的比重	高技能人才占技能人才的比重	技能人才需求量	高技能人才需求量
2018 年	77 586	22	29.4	17 000	5 000
2019 年	77 535	23	29.6	17 755	5 256
2020 年	77 731	24	29.8	18 655	5 559
2021 年	78 113	25	30.0	19 528	5 858
2022 年	78 109	26	30.2	20 308	6 133

续表

年度	总就业人数	技能人才占总就业人数的比重	高技能人才占技能人才的比重	技能人才需求量	高技能人才需求量
2023 年	78 527	27	30.4	21 281	6 469
2024 年	79 001	28	30.6	22 199	6 793
2025 年	79 911	29	30.8	23 254	7 162

表 2-40　基于 ARMA 模型的"十四五"期间职业技能人才培训需求规模预测　（万人）

年度	职业技能培训需求规模
2021 年	873
2022 年	780
2023 年	973
2024 年	918
2025 年	1 055

六、"十四五"期间技能人才供需缺口分析

综上，前文已基于 VAR 模型、指数平滑模型和 ARMA 模型三种方法对"十四五"时期我国职业技能培训供给能力和经济社会发展对技能人才的需求规模进行了预测。但还没有回答一个重要问题——"十四五"时期我国技能人才及高技能人才是否已达到供需平衡状态，供需缺口是出现在供给侧还是需求侧，缺口有多大？只有厘清这一根本问题，才能为"十四五"时期职业技能培训战略规划提供可靠的基本事实和有效的政策支撑。因此，本书在三种模型假设下，分别测算了技能人才与高技能人才的供需缺口情况。

（一）基于 VAR 模型的技能人才供需缺口分析

本书在前文提供了分各类主体的供给规模预测值，其中民办培训机构和就业训练中心等机构的社会培训主要面向劳动力市场上的存量技能劳动者，满足他们的转岗需求，若按照前述的测算思路在 2018 年技能人才的总规模上核增，会造成重复计算的问题。为此，本书在测算未来技能人才的增长规模时，只考虑技工院校和职业院校的毕业人数，因为他们为技能劳动者注入新鲜血液，是劳动力市场中技能人才增量的主要来源，能最大限度地避免重复统计。如表 2-41 所示，基于测算的 2021—2025 年技能人才新增规模，我们可以在 2020 年技能人才供给数量的基础上得出“十四五”期间技能人才总供给规模。由表 2-42 可知，在“十四五”时期，我国技能人才缺口出现在供给侧，且缺口逐年扩张；在高技能人才方面，根据前文表 2-17 对高技能人才供给增量的预测，本书以 2020 年高技能人才供给数量为基础，测算了“十四五”期间高技能人才的供给规模。如表 2-43 所示，在“十四五”开局之年，高技能人才缺口为 156 万人，而到 2025 年，将达到 686 万人，即未来各主体的职业技能培训的供给能力难以满足产业发展的需求。

表 2-41　基于 VAR 模型的“十四五”期间职业培训机构技能人才的年培养规模　（万人）

年度	技工院校毕业人数	中高等职业院校毕业人数	总计（增量）	技能人才总供给规模（存量）
2021 年	71.2	595.8	667.1	19 168
2022 年	66.2	567.3	633.6	19 830
2023 年	61.7	540.0	601.7	20 466
2024 年	57.4	514.1	571.5	21 076
2025 年	53.4	488.9	542.3	21 661

表 2-42 基于 VAR 模型的“十四五”期间技能人才的缺口预测 （万人）

年度	技能人才总供给规模	技能人才总需求规模	缺口
2021 年	19 168	19 300	132
2022 年	19 830	20 075	245
2023 年	20 466	20 922	456
2024 年	21 076	21 693	617
2025 年	21 661	22 468	807

表 2-43 基于 VAR 模型的“十四五”期间高技能人才的缺口预测 （万人）

年度	高技能人才供给规模（存量）	高技能人才需求量（存量）	缺口
2021 年	5 634	5 790	156
2022 年	5 810	6 063	253
2023 年	5 969	6 360	391
2024 年	6 109	6 638	529
2025 年	6 234	6 920	686

（二）基于指数平滑法的技能人才供需缺口分析

1. 总缺口

基于上述供需缺口的测算思路，在指数平滑法模型下，“十四五”时期我国技能人才缺口出现在需求侧，我国职业技能的供给量能较好地满足社会对技能人才的需求，这与基于 VAR 模型的预测相悖（见表 2-44、表 2-45）。具体差异体现在两种模型对技工院校和中高等职业院校毕业人数的趋势预测上，VAR 模型预测技工院校毕业人数和中高等职业院校毕业人数呈减少之势，而指数平滑法估计出来的结果则呈增长之势。由于指数平滑法为基于移动平均法的预测，预测的准确性有待商榷，为审慎地提出预测缺口，本书在下文中继续采用了时间序列的 ARMA 模型。

表 2-44　基于指数平滑法的“十四五”期间职业培训机构技能人才的年培养规模　（万人）

年度	技工院校毕业人数	中高等职业院校毕业人数	总计	技能人才总供给规模（存量）
2019 年	90	705	795	17 795
2020 年	90	717	807	18 602
2021 年	91	731	822	19 424
2022 年	92	747	839	20 263
2023 年	95	769	864	21 127
2024 年	99	795	894	22 021
2025 年	104	829	933	22 954

表 2-45　基于指数平滑法的“十四五”期间技能人才的缺口预测　（万人）

年度	技能人才总供给规模	技能人才总需求规模	缺口
2021 年	19 424	19 356. 2	67. 8
2022 年	20 263	20 116. 5	146. 5
2023 年	21 127	20 953. 3	173. 7
2024 年	22 021	21 711. 6	309. 4
2025 年	22 954	22 469. 1	484. 9

2. 高技能人才缺口

基于指数平滑法的预测见表 2-46，“十四五”期间获得高级职业资格证书和技师及高级技师职业资格证书的人数规模逐年缩小，至 2021 年，这一人群约为 165. 1 万人，而到 2025 年，这一人群将下降为不足 138. 0 万人。结合前文基于指数平滑法预测的“十四五”期间高技能人才的需求数据，本书测算得出高技能人才的缺口出现在供给侧，且供不应求的缺口逐年扩大。在“十四五”开局之年，高技能人才缺口为 232. 0 万人，而到 2025 年，将达到 782. 2 万人。这与基于 VAR 模型的预测结果基本一致，具体数据见表 2-47。

表 2-46　　基于指数平滑法的"十四五"期间高技能人才的供给预测　　（人）

年度	高级职业资格证书获证人数	技师及高级技师职业资格证书获证人数	合计
2019 年	1 843 241	368 603	2 211 844
2020 年	1 500 977	384 585	1 885 562
2021 年	1 250 225	401 261	1 651 486
2022 年	1 074 862	418 661	1 493 523
2023 年	962 487	436 816	1 399 303
2024 年	905 823	455 759	1 361 582
2025 年	904 118	475 523	1 379 641

表 2-47　　基于指数平滑法的"十四五"期间高技能人才的缺口预测　　（万人）

年度	高技能人才供给规模	高技能人才需求量	缺口
2021 年	5 574. 9	5 806. 9	232. 0
2022 年	5 724. 2	6 075. 2	351. 0
2023 年	5 864. 2	6 369. 8	505. 6
2024 年	6 000. 3	6 643. 8	643. 5
2025 年	6 138. 3	6 920. 5	782. 2

（三）基于 ARMA 模型的技能人才供需缺口分析

1. 总缺口

根据前述测算思路，在供给侧只考虑将技工院校和职业院校的毕业人数作为劳动力市场技能劳动者的净增量来源。与 VAR 模型的预测结果相近，基于 ARMA 模型的预测发现，"十四五"期间职业技能培训的供需缺口主要出现在供给侧，且呈逐年扩张之势（见表 2-48 和表 2-49），在 2021 年时，这一缺口约为 77 万人，到 2025 年，这一缺口将达到 620 万人。

表 2-48　基于 ARMA 模型的“十四五”期间职业技能培训供给规模　（万人）

年度	技工院校毕业人数	中高等职业院校毕业人数	总计	技能人才总供给规模（存量）
2019 年	91.3	731.5	822.8	17 822.8
2020 年	88.7	728.6	817.3	18 640.1
2021 年	86.2	725.2	811.4	19 451.5
2022 年	83.8	721.5	805.3	20 256.8
2023 年	81.4	717.5	798.9	21 055.7
2024 年	79.1	713.3	792.4	21 848.1
2025 年	76.9	709.1	786	22 634.1

表 2-49　基于 ARMA 模型的“十四五”期间技能人才的缺口预测　（万人）

年度	技能人才总供给规模	技能人才总需求规模	缺口
2021 年	19 451	19 528	77
2022 年	20 257	20 308	51
2023 年	21 056	21 281	225
2024 年	21 848	22 199	351
2025 年	22 634	23 254	620

2. 高技能人才缺口

基于 ARMA 模型进行的高技能人才缺口预测结果与 VAR 模型和指数平滑法的结论基本一致。如表 2-50 所示，在“十四五”期间，我国高技能人才的缺口出现在供给侧，且逐年扩大，在“十四五”开局之年，高技能人才缺口为36.2万人，而到2025年，将达到241.8万人。

表2-50　基于ARMA模型的"十四五"期间高技能人才的缺口预测　（万人）

年度	高技能人才规模	高技能人才需求量	缺口
2021年	5 821.8	5 858	36.2
2022年	6 096.2	6 133	36.8
2023年	6 370.8	6 469	98.2
2024年	6 645.5	6 793	147.5
2025年	6 920.2	7 162	241.8

（四）制造业技能人才规模预测

在《中国制造2025》的规划下，技能人才短缺是制约制造业发展的核心因素。为了更好地把握未来制造业对技能人才的需求规律，有针对性地进行技能人才培养，本书对"十四五"期间制造业技能人才的规模进行了探究。具体测算思路是，首先在考虑经济发展和技术进步的基础上通过VAR模型计算出"十四五"期间制造业的就业规模，然后基于2000年和2010年人口普查数据中制造业技能人才占技能人才数量的比重，计算出制造业技能人才占比的年均变化速度，以此速度推测出2010—2025年的制造业技能人才占比。最后通过制造业技能人才比例与制造业就业规模的乘积计算出制造业的技能人才需求规模。

1. 制造业技能人才就业规模预测

由于自2003年起，《中国统计年鉴》不再对制造业就业人数进行专项综合统计，只对与制造业就业相关的城镇单位年末就业人数、私营企业和个体年末就业人数等指标进行统计。为了更审慎地测算制造业就业规模，本书首先计算出城镇制造业就业人数占城镇就业人数的比重，乘以总的城镇就业人数，得到制造业城镇就业人数；其次，通过制造业私营企业和个体就业人数，与制造业城镇私营企业和个体就业人数的差计算得到制造业农村就业人数；最后，将制造业农村就业人数和制造业城镇就业人数相加，得到总的制造业就业人数。

在计算出2004—2018年制造业就业规模后，本书拟基于这15期数据通过VAR模型对2019—2025年制造业技能人才规模进行预测，预测结果见表2-51，由结果可知，“十四五”时期制造业就业规模将不断扩大。在“十四五”开局之年，制造业就业规模约为1.33亿人，而到2025年，将达到约1.36亿人。

表2-51　基于VAR模型的制造业就业规模测算　（万人）

年度	制造业人数	年度	制造业人数
2004年	13 395	2015年	13 708
2005年	13 395	2016年	13 685
2006年	13 395	2017年	13 569
2007年	13 395	2018年	13 145
2008年	13 395	2019年	13 131
2009年	13 395	2020年	13 226
2010年	13 395	2021年	13 337
2011年	13 395	2022年	13 427
2012年	13 500	2023年	13 490
2013年	14 107	2024年	13 528
2014年	13 897	2025年	13 551

2. 制造业技能人才需求规模预测

基于前文“十四五”时期制造业就业规模预测数据，本部分计算了制造业技能人才的需求规模。2000年人口普查的数据显示，2000年制造业就业人数为8 222 044人，制造业技能人才数量为6 347 640人（10%的抽样比例），制造业技能人才占制造业就业人数的76.17%。而结合2010年人口普查的数据，计算出技能人才占制造业就业人数的比例为71.96%，由此计算得到，制造业技能人才占制造业就业人数的比例每年约减少0.42%。基于这一变化速度，我们推算出“十四五”时期制造业技能人才占制造业就业人数的比重，并求得制造业技能人才的需求规模和新增培训需求规模（技能人才需求规模的环比增量）。具体结果见表 2-52 和表 2-53。

表 2-52　　基于 VAR 模型的制造业技能人才需求规模测算　　（万人）

年度	制造业技能人才需求规模
2021 年	9 093
2022 年	9 098
2023 年	9 084
2024 年	9 053
2025 年	9 011

表 2-53　　基于 VAR 模型的制造业技能人才培训需求规模测算　　（万人）

年度	制造业技能人才培训需求规模
2021 年	23
2022 年	5
2023 年	-14
2024 年	-31
2025 年	-42

由表 2-52 的结果可知，制造业技能人才需求规模呈缓慢下降之势，这和我国科技的发展以及国家政策导向相关，普通技能人才的需求规模将减少，但高技能人才的需求规模将逐渐扩大。由于制造业技能人才需求数量主要是基于现状进行的预测，没有确切的国家层面的政策导向做支撑，因此本书提出的制造业技能人才需求数据主要是技能人才供给下限的参考数据，即供给侧政策安排需要至少满足这一规模的需求，否则将严重制约我国制造业的可持续发展。

最后遗憾的是，由于缺乏职业技能供给主体分产业的供给能力数据，本书难以准确估算第二产业中技能人才的未来供给趋势，进而无法预测“十四五”期间制造业技能人才的供需缺口。

七、小结

本章分别利用VAR模型、指数平滑法和ARMA模型对“十四五”期间职业技能供需规模及缺口进行了预测。在职业技能培训供给侧指标上，本部分既选取了培训主体的机构数量，也详细测算了各主体供给的培训规模量，包括技工院校和中高等职业院校毕业人数、技工院校社会培训获证人数、民办培训机构培训获证人数和就业训练中心培训获证人数等。职业技能培训需求规模根据各产业的实际就业规模与我国政策规划中提出的技能人才和高技能人才比重相乘后测得，具体数据见表2-54。

表2-54　技能人才及高技能人才缺口汇总　（万人）

年度	技能人才缺口			高技能人才缺口		
	VAR模型	指数平滑法	ARMA模型	VAR模型	指数平滑法	ARMA模型
2021年	132	-67.8	77	156	232.0	36.2
2022年	245	-146.5	51	253	351.0	36.8
2023年	456	-173.7	225	391	505.6	98.2
2024年	617	-309.4	351	529	643.5	147.5
2025年	807	-484.9	620	686	782.2	241.8

注：负号代表供大于求。

首先，基于VAR模型的预测探究了经济发展、技术进步与职业技能培训供给和需求之间的关系。基于未来发展视角，在“十四五”期间，技工院校、中高等职业院校和就业训练中心的机构数量整体呈收缩之势，而民办培训机构规模略有扩张。在“十四五”期间，技工院校、就业训练中心和中高等职业院校所提供的职业技能培训供给总量达到3 482万人，年均培训供给量约为696万人。从需求侧来看，在“十四五”期间，职业技能培训需求规模为3 944万人，年均培训需求量为788.8万人，由此可见在“十四五”期间，我国各主体职业技能培训的供给能力还未能较好地满足产业发展对技能人才的需求规模，存在较大的缺口。2021 年技能人才的供需缺口约为 132 万人，高技能人才的缺口为 156 万人，到 2025 年技能人才的缺口就提升到 807 万人，高技能人才的缺口为 686 万人。

其次，本书还采用了指数平滑法预测了我国职业技能培训的供需演变趋势，结果显示“十四五”期间，技工院校、就业训练中心、民办培训机构和中高等职业院校所提供的职业技能培训供给总量达到 5 534 万人，年均供给量约为 1 107 万人；职业技能培训需求规模为 3 874. 3 万人，年均需求规模为 774. 9 万人，总缺口出现在需求侧，即供大于求，与 VAR 模型的预测结果相反。究其原因是两种测算方法对于培训供给能力的预测出现较大的偏差，作为单变量时间序列分析法，指数平滑法主要依据自身过去的表现来预测未来的趋势，不能将经济发展、技术进步等冲击因素纳入分析，因此在预测受多方因素联合作用，波动较大的供给侧指标时并不稳健。而在进行需求侧指标预测时，指数平滑法与 VAR 模型的预测结果非常接近。此外，值得指出的是基于指数平滑法的预测与 VAR 模型的预测在高技能人才缺口上得到了近似的结论，即“十四五”期间，高技能人才需求缺口持续扩大，指数平滑下年均缺口量为 503 万人。

最后，本书基于 ARMA 模型对测算结果进行了进一步验证。研究发现在“十四五”时期，技工院校、就业训练中心、民办培训机构和中高等职业院校所提供的职业技能培训供给总量达到 4 371 万人，年均供给量约为 874 万人。从需求侧来看，职业技能培训需求规模为 4 599 万人，年均需求规模为 919. 8 万人。即“十四五”时期，技能人才和高技能人才均处于供不应求的状态，2021 年技能人才的供需缺口约为 77 万人，其中高技能人才的缺口为 36. 2 万人，到 2025 年技能人才的缺口就提升到 620 万人，其中高技能人才的缺口为 241. 8 万人，这一结论与 VAR 模型的结果较为一致，说明了本书的预测结果具有较好的稳定性。

综上，供给能力不足是我国职业技能培训发展中的痛点问题，而依据本书对各供给主体发展趋势的梳理与预测，这一问题的根本症结在于技工院校与中高等职院校两类公共职业技能培训主体数量下降，而民办培训机构在未来五年呈稳步增长之势。前者是本书测算供需缺口时采用的供给口径，他们提供“技能人才的增量”，为劳动力市场注入新鲜血液，“从无到有”地塑造技能劳动者；而其他社会培训机构更关注某一类技能的养成，供给“技能增量”。因此，为了更好地填补技能人才与高技能人才的供需缺口，我国在制定职业技能培训“十四五”规划时，应将供需协调发展机制作为重点，尤其关注公共职业技能培训机构激励机制的建设，大力提升其培训供给能力和培训质量。

第三章
主体激励之困：制度设计如何激励劳动者参与公共职业技能培训？

一、问题的提出

高技能人才是推进我国从制造大国向制造强国转型的重要引擎。大力培养技能人才，也是我国在劳动力投入和劳动力转移对经济增长的贡献明显减弱[①]、老龄化引起人力资本递减、劳动参与率递减[②]的综合背景下，全面提升劳动者人力资本素质、挖掘存量劳动力潜质、保持就业稳定、缓解结构性就业矛盾的重要举措。2018—2021 年，国务院、人力资源社会保障部等多个政府部门相继发布文件全面推行“终身职业技能培训制度”，开展“职业技能提升行动”。截至 2020 年底，全国有技工院校

① 李辉尚，胡晨沛，季勇，等．农业劳动力转移、生产率提升与宏观经济增长——基于全球 55 个经济体的国际比较［J］．农业经济问题，2021（7）：117-129.

② 蔡昉．如何开启第二次人口红利？［J］．社会科学文摘，2020（6）：42-44.

2 423 所，在校生 395.5 万人，每年面向社会开展职业培训超过 400 万人次。①《“十四五”职业技能培训规划》提出，计划到 2025 年，开展补贴性职业技能培训 7 500 万人次，新增取得职业资格证书或职业技能等级证书 4 000 万人次，新建公共实训基地 200 个。② 随着顶层设计的不断完善，制度环境不断优化，我国职业技能教育和技能培训体系建设取得初步成效，终身职业技能培训制度也已步入正轨。

劳动者对职业技能提升行动的积极参与是确保良好培训效果的重要前提。在职业技能提升行动如火如荼开展的同时，我国公共职业技能培训参与情况在供给、需求两侧仍有诸多现实矛盾亟待解决。在需求侧，部分学者指出劳动者参与职业技能培训的动机呈现多样化，但实际参与意愿较低；在供给侧，我国职业培训机构在培训资质、培训制度与配套方法、培训质量等各维度均存在着明显的差异，这使得职业技能培训的最终效果也参差不齐。③ 我国在公共职业技能培训参与问题上面临着一系列挑战：如何鼓励不同培训动机的劳动者积极参与职业技能培训，如何通过制度设计来发挥激励作用，如何最大限度地激发培训供需两侧的内外部动力，实现高质量的培训效果？

至此，本书将从个体层面、机构层面入手，探究制度设计如何影响劳动者职业技能培训参与情况，并分析个体培训动机在其中的异质性作用。本书的创新性主要有以下三方面：第一，本书结合动机的自我决定理论对职业技能培训参与激励机制进行进一步完善，避免了传统二元动机分类对培训参与激励的机制争议；第二，本书基于大样本、多层次的调研数据，真实反映了我国 13 个省市的劳动者和培训机构在《职业技能提升行动方案（2019—2021 年）》实施期间的实际状况和供需双方的培训动力；第三，本书应用广义多层线性模型（HGLM）检验个体、机构

① 人力资源社会保障部. 关于印发技工教育“十四五”规划的通知. http://www.mohrss.gov.cn/xxgk2020/fdzdgknr/ghtj/fzgh/202201/t20220104_432185.html.

② 人力资源社会保障部　教育部　发展改革委　财政部关于印发“十四五”职业技能培训规划的通知. http://www.mohrss.gov.cn/xxgk2020/fdzdgknr/ghtj/fzgh/202201/t20220104_432182.html.

③ 李蓉. 新生代农民工职业技能培训研究综述［J］. 农村经济与科技，2020，31（7）：253-255，282.

层面因素对劳动者职业技能培训参与情况的影响及个体培训动机的异质性，避免了单层模型检验由于聚类而导致样本不独立、低估参数标准误等问题，在控制群间变异的基础上充分反映了个体及机构层面分别对因变量总变异的贡献。

二、文献综述

（一）需求侧：劳动者职业技能培训动机内涵及现状

职业技能培训是一种典型的人力资本投资方式，其重要程度与在校教育相同。① 动机是指由特定需要引起的，引发人从事某种行为的力量和念头。需要产生动机，动机引起行为。个体培训动机是劳动者希望通过参加培训将培训所学应用于工作并实现目标的一种深层的特殊心理状态和意愿，这会引导和决定劳动者是否参与职业技能培训和培训迁移情况。

传统理论将动机划分为内部动机和外部动机。内部动机指个体由于对事件本身的兴趣而产生的意愿；外部动机指个体被事件以外的刺激所诱发产生的意愿。但在既往研究中，外部动机由于其内摄程度不同，对职业技能培训参与的促进或抑制效果也不同。自我决定理论在此基础上进一步发展，认为自驱力、内在需要和情绪是自我决定行为的动机来源。② 其中有机整合理论认为，造成劳动者意愿差异的最主要原因是个体对被要求所从事活动的规则进行价值内化和整合的程度不同。③ 该理论将去动机、外部动机、内部动机在自主性维度上视为一个连续体，依据其内化程度重新划分为控制性动机和自主性动机。在控制性动机下，个体会有被外界力量控制的感觉；在自主性动机下，劳动者行为伴随自我选

① 刘三林，明娟．农民工在职技能培训的决定因素——来自雇主和雇员匹配调查的证据［J］．经济与管理，2020，34（6）：64-70.

② DECI E L. Intrinsic motivation and self-Determination in human behavior［J］. Encyclopedia of Applied Psychology，2004，3（2）：437-448.

③ RYAN R M，DECI E L. Self-determination theory and the facilitation of intrinsic motivation，social development，and well-being.［J］. The American psychologist，2000，55（1）：68-78.

择。[①] 其理论框架如图 3-1 所示。

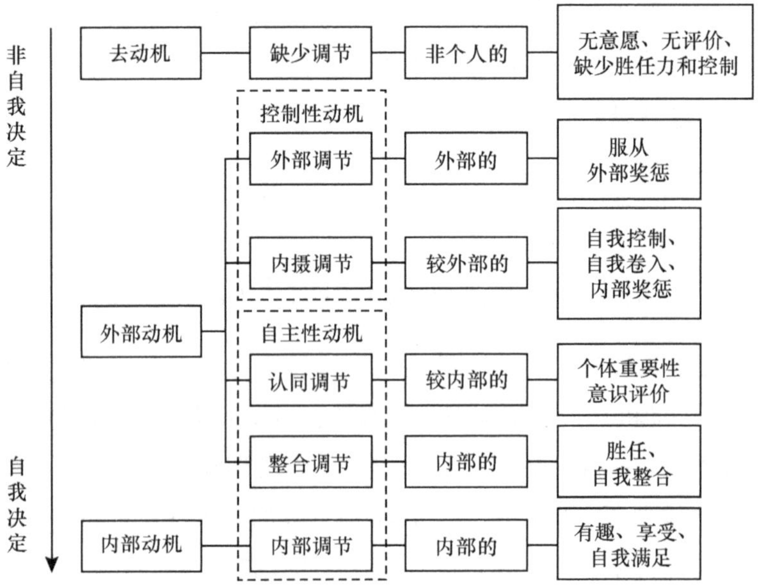

图 3-1 有机整合理论框架[②]

21 世纪以来，我国学者对劳动者职业技能培训的参与意愿以及影响展开了翔实的研究，并发现了若干问题亟待解决。

一方面，劳动者的职业技能培训参加动机呈现多样化。罗拾平发现，劳动者参加培训的动机覆盖了工作机会、能力提升、工作要求等多方面。[③] 杨艳红、熊刚等指出，在生存性知识的需求外，发展性知识也进入了劳动者选择范围。[④]

另一方面，尽管劳动者对培训有强烈需求，但在实际接受培训时则会权衡培训成本与收益，使得实际的参与意愿降低。这主要由于以下三方面原因：第一，部分劳动者观念陈旧，认为培训与否对收入无太大影响，技能可以靠自己的经验积累；第二，一些劳动者对培训缺乏信心，

①② 赵燕梅，张正堂，刘宁，等．自我决定理论的新发展述评［J］．管理学报，2016，13（7）：1095-1104.

③ 罗拾平．我国劳动者职业培训问题研究［J］．成人教育，2011，31（3）：50-53.

④ 杨艳红，熊刚，戴烽．试析金融危机下农民工培训的系统性管理［J］．江西社会科学，2009（8）：240-243.

认为当前开展的培训对自己并没有多大帮助，特别是一些培训机构提供的培训并不能满足劳动者的需求；第三，农民群体或个体经营者本身收入较低且经营规模较小，弱化了培训的动机。①

（二）供给侧：培训制度与培训机构职业技能培训供给现状

制度是构成政治、经济和社会互动的人类设计的约束条件，是作为创造秩序、减少不确定性的存在。② 培训制度指各供给方为了有组织、有计划地对劳动者实行职业培训，对培训目的、权责划分和一般要求等内容进行约定的制度体系。依据网上公开资料与培训机构实例，本书整理得出培训制度包含三部分见表 3-1。

表 3-1　　　　培训制度维度整理

维度	说明	特点
培训目标	阐述培训的目的和预期效果	纲领性
软性培训制度	培训内容的启发性、满足个性化需求、培训方式科学多样化、师资专业程度等	灵活性
硬性培训制度	培训配套设备完备齐全、培训时间安排合理等	规范性

在我国经济结构转型升级、新型城镇化逐步推进及市场化程度逐步提升的背景下，劳动者职业培训需求日益强烈，我国职业培训事业展现出多元化发展态势，市场拓展速度逐步加快，同时出现省际差异逐步增大、机构整合速度加快等情况。③ 同时，无论是从培训资质还是培训质量来看，我国职业培训机构之间都存在着明显差异，这使得职业技能培训

① 于敏. 农民生产技能培训供需矛盾分析与培训体系构建研究——基于宁波市 511 个种养农户的调查［J］. 农村经济，2010（2）：90-94.

② NORTH D C. Institutions, institutional change and economic performance［M］. Cambridge University Press：1990.

③ 高玉峰，侯小雨，闫志利. 我国职业培训机构协调运行机制构建研究［J］. 华北理工大学学报（社会科学版），2017，17（4）：81-86.

的最终效果也参差不齐。①

当前我国职业培训机构在发展中也存在一些亟待解决的问题。从培训动力上来看，民办培训机构多以获得政府补贴为动力，人才培训效果不佳。不少培训机构为了生存，采用降低培训成本的办法，重数量、轻层次，培训质量不高。② 在培训内容上看，存在培训内容与实际结合不紧密，具有单一化、片面化、滞后性的问题，知识偏多、技能偏少；在教学方式上，有的机构对培训对象进行灌输式的培训，缺乏灵活性，方式陈旧，与时代不符。

（三）文献述评

当前我国学者对公共职业技能培训参与问题的研究热度持续走高，为我国职业技能提升行动的顶层设计与实施提供了多角度、多元化的研究参考。由于职业技能提升行动自 2019 年起实施，既往研究在当前大规模、高质量地开展职业技能培训背景下仍存在一定改进空间。

在研究领域上，以往研究集中表现在培训效果与培训迁移、培训课程设计等方面，鲜有学者针对职业技能培训参与激励问题进行探究，尤其缺少从供需两侧动力方面分析的视角。在研究对象上，以往研究多关注农民工群体、退役军人群体等重点人群，焦点清晰，但受众面狭窄、样本量较少，难以全面概括劳动者在职业技能培训中遇到的困境与解决方案。在研究方法上，以往研究多为高屋建瓴的理论探究或是小范围单层次抽样实证研究，忽略了个体-组织间的交互效应，缺乏多层次的实证思考。

综上所述，本书旨在实证探究我国职业技能提升行动实施过程中，职业培训机构的培训制度对劳动者职业技能培训参与情况的影响，并探讨个体层面培训动机在其中的异质性。本书还将基于广义多层线性模型（HGLM）讨论个体层次因素以及机构层次因素分别对因变量变异的

① 李蓉．新生代农民工职业技能培训研究综述［J］．农村经济与科技，2020，31（7）：253-255，282.

② 张宇宁．浅析职业技能培训的现状及改善对策［J］．环渤海经济瞭望，2020（4）：142.

贡献。

三、模型、数据与变量

（一）计量模型

根据霍夫曼（Hofmann）的建议，当数据结构为多层次嵌套的时候，应该使用多层线性模型（Hierarchical Linear Modeling，HLM）进行数据分析。鉴于本书因变量“劳动者是否参与职业技能培训”“劳动者参与职业技能培训次数”为离散变量，不满足传统的 HLM 模型因变量为服从正态分布的连续变量这一假设，因此本书参考谢美华等①的研究，将使用广义多层线性模型（HGLM）进行改进。具体实证分析模型框架如图 3-2 所示。

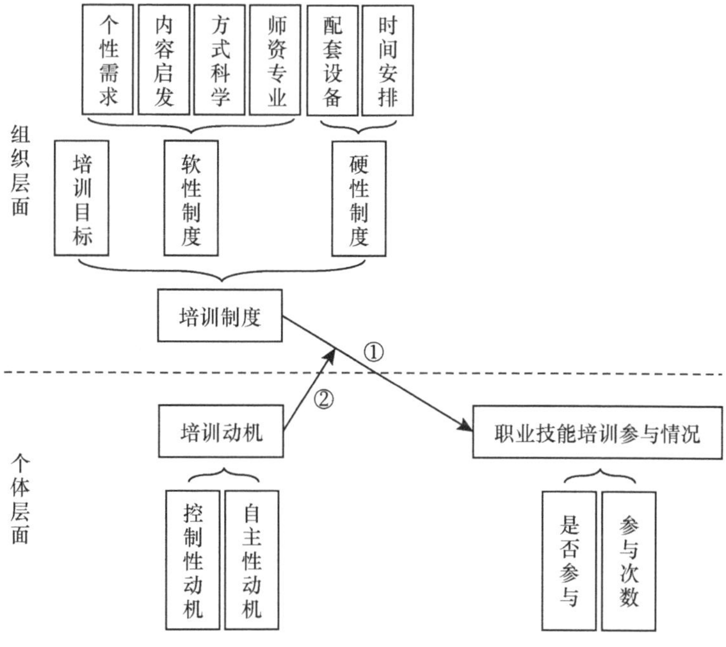

图 3-2 实证分析模型框架

① 谢美华，黄友泉，董圣鸿. 多层多项 Logit 模型：原理与应用［J］. 心理学探新，2013，33（5）：430-437.

无条件平均模型（空模型）

$$Pr(Y_j = i \mid \cdot) = G(\beta_{0j} + \varepsilon_{0j}) = G(\gamma_{00} + \mu_{0j} + \varepsilon_{0j})$$

个体层面：$Pr(Y_j = i \mid \cdot) = G(\beta_{0j} + \varepsilon_{0j})$

机构层面：$\beta_{0j} = \gamma_{00} + \mu_{0j}$

随机效应协变量分析模型

$$Pr(Y_j = i \mid \cdot) = G\left(\sum_{q=1}^{7} \beta_{qj} X_{qj} + \varepsilon_{0j}\right)$$

个体层面：$Pr(Y_j = i \mid \cdot) = G\left[\gamma_{00} + \sum_{q=1}^{7} \gamma_{q0} X_{qj} + (\mu_{0j} + \varepsilon_{0j})\right]$

机构层面：$\beta_{0j} = \gamma_{00} + \mu_{0j}$；$\beta_{qj} = \gamma_{q0}(q = 1, \cdots, 7)$

随机截距模型

$$Pr(Y_j = i \mid \cdot) = G\left[\left(\gamma_{00} + \sum_{s=1}^{13} \gamma_{sj} G_{sj} + \sum_{q=1}^{7} \gamma_{q0} X_{qj}\right) + (\mu_{0j} + \varepsilon_{0j})\right]$$

个体层面：$Pr(Y_j = i \mid \cdot) = G\left(\beta_{0j} + \sum_{q=1}^{7} \beta_{qj} X_{qj} + \varepsilon_{0j}\right)$

机构层面：$\beta_{0j} = \gamma_{00} + \sum_{s=1}^{13} \gamma_{sj} G_{sj} + \mu_{0j}$；$\beta_{qj} = \gamma_{q0}(q = 1, \cdots, 7)$

式中，Y_j 表示第 j 个机构的被解释变量；X_{qj} 为第 j 个机构中个体层面的解释变量；β_{0j} 表示第 j 个机构在个体层面的截距；β_{qj} 表示第 j 个机构不同个体层面变量的系数；γ_{00} 表示个体层面截距在机构层面的固定效应；μ_{0j} 表示机构层面的随机效应；γ_{sj} 表示机构层面不同培训制度变量的系数。其中在随机截距模型中，等式右边第一个括号代表固定效果，第二个括号代表随机效果。

（二）数据来源与变量选取

本书以各主要省市的劳动者和职业培训机构为主要对象，样本数据来源包括安徽省、山东省、四川省、辽宁省等 13 个省市，共涉及 8 018 名劳动者以及 816 个机构。问卷分为劳动者卷和机构卷，将劳动者按其所属机构进行数据匹配，共得到 2 573 个有效匹配样本。本书涉及变量包括人口统计学变量、培训内容选择动机、机构培训制度和劳动者职业技能培训参与情况。各部分变量定义及说明详见表 3-2，变量描述性统计见表 3-3。

表 3-2　　　　　　　　变量定义及描述

维度		变量	变量定义
被解释变量	劳动者职业技能培训参与情况 Y	Y_1 是否参与职业技能提升行动	是=1；否=0
		Y_2 参与职业技能培训次数	1 次=1； 2 次=2； 3 次=3； 3 次以上=4
个体层面解释变量	人口统计学变量 X	X_1 性别	男=1；女=0
		X_2 年龄	培训者的年龄
		X_3 户籍类型	城镇=1；农村=0
		X_4 婚姻状况	已婚、离婚或丧偶=1； 未婚=0
		X_5 受教育程度	初中及以下=1； 高中（中专、中职）=2； 大专=3； 本科=4； 硕士及以上=5
		X_6 健康状况	很健康=1； 比较健康=2； 不健康=3
		X_7 是否了解职业技能提升行动	是=1；否=0
	培训动机 M	M_1 培训内容选择动机	控制性动机=0； 自主性动机=1

续表

维度		变量	变量定义
机构层面解释变量	培训制度 G	G_1 培训目标	不符合=1； 比较不符合=2； 一般=3； 比较符合=4； 非常符合=5
		G_2 软性培训制度 培训内容满足个性化需求 培训内容具有启发性 培训方式科学、多样化 教师专业水平高	
		G_3 硬性培训制度 培训时间安排合理 培训配套设备齐全先进	

表 3-3　变量描述性统计

维度	变量	频数（均值）	比例（标准差）
劳动者职业技能培训参与情况 Y	Y_1 是否参与职业技能提升行动	0.942	0.234
	Y_2 参与职业技能培训次数		
	1 次	1 446	56.71%
	2 次	621	24.35%
	3 次	232	9.1%
	3 次以上	251	9.84%
人口统计学变量 X	X_1 性别	0.364	0.481
	X_2 年龄	34.122	9.667
	X_3 户籍类型	0.387	0.487
	X_4 婚姻状况	0.691	0.462
	X_5 受教育程度		
	初中及以下	643	24.99%
	高中（中专、中职）	709	27.56%

续表

维度	变量	频数（均值）	比例（标准差）
人口统计学变量 X	大专	766	29.77%
	本科	436	16.95%
	硕士及以上	19	0.74%
	X_6 健康状况		
	很健康	2 192	85.19%
	比较健康	365	14.19%
	不健康	16	0.62%
	X_7 是否了解职业技能提升行动	0.789	0.408
培训动机 M	M_1 培训内容选择动机	0.822	0.382
培训制度 G	G_1 培训目标	4.547	0.653
	G_2 软性培训制度	4.295	0.443
	G_3 硬性培训制度	4.339	0.474

四、实证分析

（一）机构培训制度对劳动者职业技能培训参与情况的影响

1. 空模型检验

本书首先利用空模型检验劳动者职业技能培训参与情况是否因所在培训机构不同而异（见表 3-4），在因变量为离散变量的情况下，组内相关系数 ICC 的计算公式为：

$$ICC = \frac{组间方差}{组间方差 + \pi^2/3}$$

依据上述公式，计算得出 $ICC_1 = 0.614$，$ICC_2 = 0.535$，该结果表明劳动者是否参与职业技能提升行动的原因有 61.4%是来自机构层面的因素，而参与职业技能培训次数方面的机构层面变异占比为 53.5%。因此，我们需要进一步检验组间效应并计算机构层面自变量对因变量的解释力度。

表 3-4　　　跨层逐步分析模型结果（空模型）

变量	是否参与职业技能提升行动	参与职业技能培训次数			
		1 次	2 次	3 次	3 次以上
截距项	0.933*** (0.009)	0.562*** (0.018)	0.240*** (0.011)	0.094*** (0.007)	0.104*** (0.010)
组间方差	5.235 (1.372)	3.781 (0.453)			
对数似然值	-468.56	-2 448.28			
似然比检验	176.91***	774.50***			
样本量	2 511	2 550			

注：此表报告了平均边际效应，括号内为标准误；*** 代表在 1%的水平上显著。

2. 随机效应协变量分析模型检验

随机效应协变量分析模型反映了调整既有组间差异之后，个体层面变量对劳动者职业技能培训参与情况的影响。

表 3-5 结果显示，在劳动者是否参与职业技能提升行动方面，性别、年龄、受教育程度、健康状况起显著作用。而在劳动者参与职业技能培训次数方面，年龄、婚姻状况、受教育程度、健康状况起显著作用。劳动者对职业技能提升行动的了解状况同样显著促进劳动者参加职业技能培训的次数，参加 2 次、3 次乃至 3 次以上的概率分别增加 2.9%、2.3%和 4.0%。

表 3-5　跨层逐步分析模型结果（随机效应协变量模型）

变量	是否参与职业技能提升行动	参与职业技能培训次数			
		1 次	2 次	3 次	3 次以上
性别	-0.025*** (0.010)	-0.012 (0.016)	0.004 (0.005)	0.003 (0.004)	0.005 (0.007)

续表

变量		是否参与职业技能提升行动	参与职业技能培训次数			
			1 次	2 次	3 次	3 次以上
年龄		-0.002*** (0.001)	-0.004*** (0.001)	0.001*** (0.000)	0.001*** (0.000)	0.002*** (0.000)
户籍类型		0.002 (0.010)	0.022 (0.017)	0.007 (0.005)	0.005 (0.004)	0.009 (0.007)
婚姻状况		-0.019 (0.013)	-0.053*** (0.021)	0.017** (0.007)	0.013** (0.005)	0.023** (0.009)
受教育程度(参照组=初中及以下)	高中（中专、中职）	-0.014 (0.015)	-0.077*** (0.023)	0.024*** (0.008)	0.019*** (0.006)	0.033*** (0.010)
	大专	-0.030* (0.016)	-0.127*** (0.025)	0.040*** (0.009)	0.032*** (0.007)	0.055*** (0.011)
	本科	-0.062*** (0.018)	-0.110*** (0.030)	0.035*** (0.010)	0.027*** (0.008)	0.048*** (0.013)
	硕士及以上	-0.119*** (0.036)	-0.274*** (0.080)	0.087*** (0.026)	0.068*** (0.021)	0.119*** (0.035)
健康状况（参照组=不健康）	比较健康	0.094** (0.041)	-0.179* (0.095)	0.057* (0.031)	0.044* (0.024)	0.077* (0.042)
	很健康	0.098** (0.039)	0.112 (0.095)	0.036 (0.030)	0.028 (0.024)	0.049 (0.041)
是否了解职业技能提升行动		0.016 (0.012)	-0.092*** (0.022)	0.029*** (0.007)	0.023*** (0.006)	0.040*** (0.010)

续表

组间方差	4.318 (1.097)	3.761 (0.456)
对数似然值	-442.09	-2 393.48
似然比检验	161.56***	710.29***
沃尔德检验	49.84***	104.63***
地区固定效应	已控制	已控制
样本量	2 511	2 550

注：此表报告了平均边际效应，括号内为标准误；*、**、*** 分别代表在 10%、5%、1%的水平上显著。

上述结果符合我国职业技能提升行动开展过程中的一个普遍事实：虽然职业技能培训已在我国大规模展开，但劳动者的培训参与情况仍是不平衡、不充分的，地区因素及劳动者个体特质因素均显著影响着培训参与决策，这一点印证了多名学者的研究结论。同时，劳动者对政府宣传的感知显著促进劳动者参与职业技能培训，反映了政府宣传的正向促进作用。

3. 随机截距模型检验

随机截距模型反映在调整既有组间差异和个体特质影响的条件下，个体层面的培训内容选择动机和机构层面的培训制度分别对劳动者职业技能培训参与情况的影响。在劳动者是否参与职业技能提升行动方面，培训机构的软性培训制度对劳动者参与职业技能提升行动具有显著的促进效应，概率边际效应达到 3.7%。这反映了高质量的软性培训制度（如培训内容、方式等）对劳动者职业技能参与率具有较高的吸引力。

关于劳动者参与职业技能培训次数的影响因素，培训内容选择动机和软性培训制度均有显著影响作用。在个体层次的培训内容选择动机方面，控制性动机更能促进劳动者多次参与职业技能培训，参加 2 次、3 次乃至 3 次以上的概率分别增加 2.8%、2.2%和 3.7%；个体自主性动机显著促进劳动者初次参与职业技能培训，概率边际效应达到 8.6%。具体数据见表 3-6。

表 3-6 跨层逐步分析模型结果（随机截距模型）

维度	变量	是否参与职业技能提升行动	参与职业技能培训次数			
			1 次	2 次	3 次	3 次以上
个体层面	培训内容选择动机	—	0.086*** (0.022)	−0.028*** (0.007)	−0.022*** (0.006)	−0.037*** (0.010)
机构层面	培训目标	−0.022 (0.015)	0.022 (0.033)	0.007 (0.011)	0.006 (0.008)	0.010 (0.014)
	软性培训制度	0.037* (0.021)	0.105** (0.051)	−0.034** (0.017)	−0.026** (0.013)	−0.045** (0.023)
	硬性培训制度	−0.019 (0.020)	0.034 (0.048)	0.011 (0.015)	0.009 (0.012)	0.015 (0.021)
组间方差		4.080 (1.041)	3.637 (0.443)			
对数似然值		−439.70	−2 393.78			
似然比检验		150.84***	681.54***			
沃尔德检验		54.10***	122.87***			
个体控制变量		已控制	已控制			
地区固定效应		已控制	已控制			
样本量		2 511	2 550			

注：此表报告了平均边际效应，括号内为标准误；*、**、*** 分别代表在 10%、5%、1%的水平上显著。

该结果反映出了三点现状。第一，劳动者自主性培训动机促使劳动者首次参加培训，但当前劳动者参与职业技能培训的次数更多受到外部环境（如政府补贴、企业和机构安排、培训内容与供给情况）制约，劳动者缺乏主动寻找职业技能培训的渠道。第二，调查显示，有自主性培训内容选择动机的劳动者在期望达成、培训迁移和人力资本提升三个维度均显示出显著的促进效果。① 考虑到本次调查样本大多数接受的是基础的职业技能培训，多次培训效果差异不大，因此有自主性培训内容选择动机的劳动者会主动减少重复培训，而在工作实训上表现出更高的水平。第三，当前我国“终身培训”理念的落实仍有较大提升空间，劳动者对掌握一项专业职业技能对自身带来的长远益处仍认识不到位。

在机构层次的培训制度因素方面，软性培训制度对劳动者多次参与职业技能培训的抑制效应显著。具体而言，软性培训制度对劳动者初次参与职业技能培训的促进概率边际效应达 10.5%，而对劳动者参加 2 次、3 次乃至 3 次以上的概率分别降低 3.4%、2.6%和 4.5%。这反映出作为培训制度的软环境，培训内容、方式等因素虽能显著促进劳动者参与职业技能培训，但会显著抑制劳动者的多次参与。这同样可能由于较好的培训效果会促进劳动者在实际工作中进行培训迁移而非继续培训学习。综合空模型和随机截距模型的回归结果，可得出培训制度变量对因变量在机构层面的变异解释度为 22.1%。

（二）劳动者培训内容选择动机的异质性

因劳动者的培训内容选择动机在自主性维度上各异，劳动者对机构软性、硬性培训制度的感知也存在差异，因此劳动者个体层面不同的培训内容选择动机以及机构层面的培训制度对职业技能培训参与决策的影响效果也可能会显著不同。基于此，为进一步探究个体培训动机在其中的异质性，本书在应用多层有序 Logit 模型的基础上进行异质性分析，回归结果见表 3-7。

① 本书同样应用广义多层线性模型检验了个体培训动机对劳动者期望达成、培训迁移以及人力资本提升三个维度的影响（控制变量及地区固定效应已控制），结果均十分显著：自主性培训动机促进劳动者期望达成“非常符合”的概率边际效应达 5.3%，促进劳动者培训迁移边际效应达 4.4%，促进劳动者人力资本提升概率边际效应达 30.9%。上述结果表明劳动者自主性培训动机对期望达成、培训迁移以及人力资本提升具有显著的促进效应。

表 3-7　　不同的培训内容选择动机对职业技能培训参与次数的影响

变量	控制性培训动机				自主性培训动机			
	1 次	2 次	3 次	3 次以上	1 次	2 次	3 次	3 次以上
培训目标	0. 046 (0. 066)	−0. 010 (0. 014)	−0. 007 (0. 011)	−0. 029 (0. 042)	−0. 036 (0. 035)	0. 013 (0. 012)	0. 010 (0. 010)	0. 013 (0. 013)
软性培训制度	0. 111 (0. 091)	−0. 023 (0. 020)	−0. 018 (0. 015)	−0. 070 (0. 058)	0. 095* (0. 054)	−0. 034* (0. 019)	−0. 026* (0. 015)	−0. 035* (0. 020)
硬性培训制度	−0. 140* (0. 079)	0. 030* (0. 018)	0. 022* (0. 013)	0. 088* (0. 051)	−0. 011 (0. 051)	0. 004 (0. 018)	0. 003 (0. 014)	0. 004 (0. 019)
组间方差	4. 438 (1. 156)				3. 694 (0. 497)			
对数似然值	−475. 32				−1916. 41			
似然比检验	108. 44***				514. 83***			
沃尔德检验	32. 16***				86. 75***			
控制变量	已控制				已控制			
样本量	456				2 094			

注：此表报告了平均边际效应，括号内为标准误；*、*** 分别代表在 10%、1%的水平上显著。

异质性分析结果显示，不同培训动机的劳动者在参与职业技能培训次数的影响因素上存在显著差异。其中，控制性培训动机的劳动者则更关心培训机构的“硬环境”，自主性培训动机的劳动者在参与职业技能培训次数的决策时更关注培训机构的“软环境”。

具体而言，硬性培训制度显著抑制控制性动机劳动者首次参与职业技能培训，但显著促进劳动者的多次参与，其中参加2次、3次乃至3次以上的概率分别增加3%、2.2%和8.8%。软性培训制度显著促进自主性动机劳动者首次参与职业技能培训，但显著抑制劳动者的多次参与，其中参加2次、3次乃至3次以上的概率分别降低3.4%、2.6%和3.5%。上述结果反映出个体培训动机在培训制度对劳动者参与职业技能培训次数影响中的异质性十分显著。

（三）进一步分析：培训制度、异质性培训内容选择动机与培训效果

为更加直观地观察不同培训制度以及异质性培训内容选择动机劳动者的培训效果，本书对劳动者培训后的获证情况、培训迁移、收入提升、培训期望达成和人力资本提升进行了进一步探究。

劳动者的获证情况指培训后劳动者是否取得职业资格、技能等级、专项能力等各类证书；培训迁移指劳动者参加培训所学的技能是否可以运用到工作中；收入提升指劳动者培训后是否使得工资收入增加；培训期望达成指劳动者参加的职业技能培训效果与预期的目标相符合的程度，以标准化得分表示；人力资本提升指劳动者参加培训后对工作稳定性、岗位晋升、工作能力和效率提升、扩大就业选择、职业素质提升、未来职业发展信心的帮助作用，以平均标准化得分表示。

基于前面的研究结果，此处进一步探究培训机构的培训制度偏向以及劳动者的异质性培训内容选择动机在上述培训效果上的反映。其中，当培训机构硬性培训制度的评分高于软性培训制度评分时，认定为硬性培训制度占优，反之则为软性培训制度占优。描述结果如图3-3、图3-4所示。

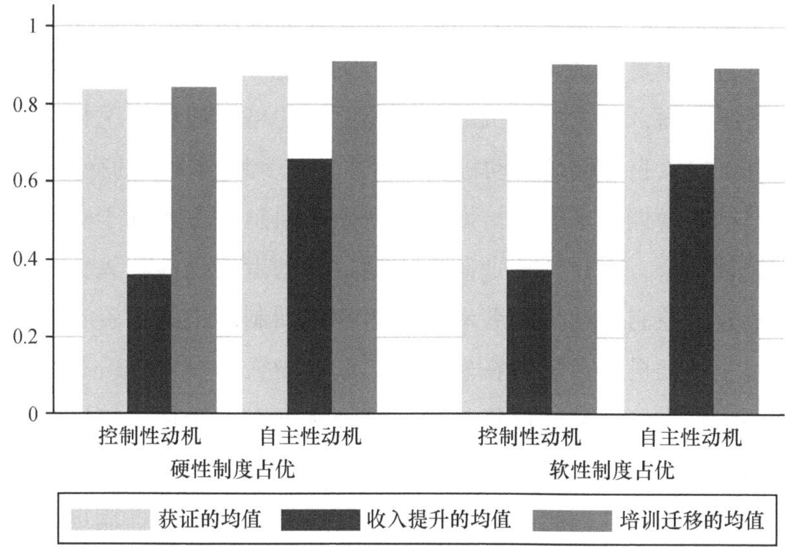

图 3-3 培训制度偏向、异质性培训内容选择动机与证书获取、收入提升、培训迁移

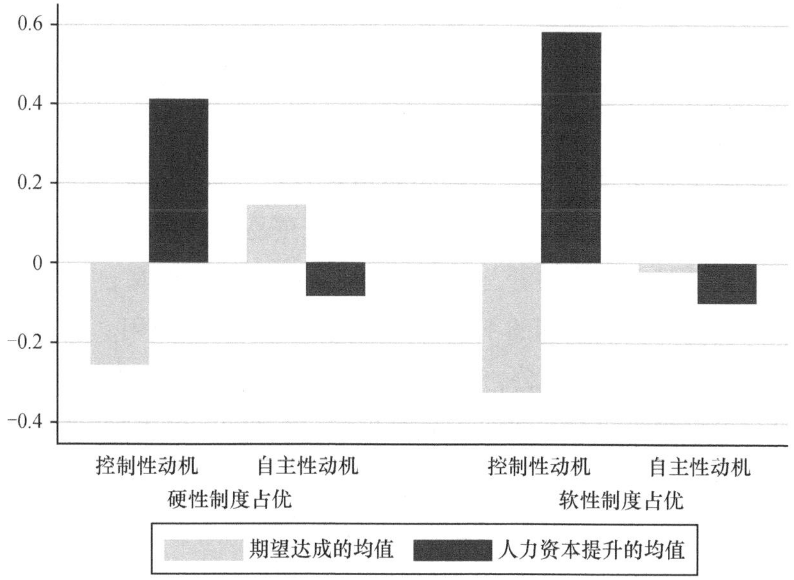

图 3-4 培训制度偏向、异质性培训内容选择动机与期望达成、人力资本提升

从培训内容选择动机来看，控制性培训动机的劳动者在人力资本提升方面具有更好的培训效果。自主性培训动机的劳动者在证书获取、收入提升、培训期望达成方面具有更好的培训效果，在硬性培训制度占优

的环境下具有更好的培训迁移情况。这一方面反映了自主性动机的劳动者在培训过程中更加清楚自己所需学习的技能，进而展现出更好的培训效果；另一方面，自主性动机的劳动者更好的培训迁移情况也在一定程度上解释了前文自主性培训动机劳动者主动减少培训次数的行为。

从培训制度偏向来看，培训机构硬性培训制度更有助于劳动者达成自己的培训期望，而软性培训制度则导致劳动者培训后的人力资本提升更加两极化，控制性动机的劳动者在软性培训制度中人力资本提升更明显，而自主性动机的劳动者在软性培训制度中人力资本提升被抑制。该结果表明，作为培训基础保障的硬性培训制度有助于保证培训的期望效果，而诸如培训内容、方式等软性培训制度的培训效果则更因人而异。因此，针对不同培训内容选择动机的劳动者调整软性培训制度、进行因材施教，这对于保证劳动者的培训效果是十分必要且关键的。

五、研究结论与展望

本书基于全国 13 个省市问卷调查，应用广义多层线性模型（HGLM）对我国职业技能培训参与激励情况进行了探究。研究发现，第一，软性培训制度对劳动者职业技能培训参与情况存在先促进、后抑制的现象，且培训动机异质性显著。第二，控制性动机更易促进劳动者多次参与培训，自主性动机促进劳动者首次参与培训。控制性动机和自主性动机在劳动者参与职业技能培训的不同阶段中发挥着不同的作用。第三，我国培训参与情况不平衡不充分，劳动者培训意识欠佳。劳动者性别、年龄、受教育程度、健康状况、婚姻状况均会显著影响劳动者职业技能培训的参与情况。

基于上述结论，本书提出以下三点政策建议。

（一）进一步完善培训制度体系，推动模式创新，推广因材施教

培训机构作为职业技能培训的专业供给者，在职业技能提升行动中扮演着至关重要的角色，主体责任应切实压实：依据需求创新培训方式，重点激励教师在教学实践中的优秀创意；借助移动互联网平台大力推广

“慕课”等“互联网+”职业技能培训模式①，提高劳动者在职业技能培训中的自主性、灵活性、开放性；充分考虑劳动者培训动机异质性在培训设计中的重要作用，如在职业技能培训中加入人才甄选、人格测评，实现针对不同动机、不同需求、不同水平劳动者的精准培训，“软环境”与“硬环境”交错发力，进一步提升职业技能培训的边际收益。

（二）进一步引导舆论，加大职业技能培训政策宣传力度

受传统观念影响，职业技能培训的受重视程度远低于在校教育，对职业技能培训事业发展和劳动者素质提升造成较大阻碍。政府应进一步引导舆论，进一步阐释职业技能培训的意义、作用、政策等，综合培训内容宣传和优惠扶持政策宣传，从职业技能培训的供给需求两端同时发力，激励培训机构和企业积极开展培训，扭转人们对于技能人才“待遇差、地位低”的传统认识，不断提升劳动者参与职业技能培训的积极性。

（三）进一步探索社会组织介入机制，营造终身培训的社会氛围

培训政策的宣传、实施以及进一步发展需要政府、机构、社会组织各方共同支持。尤其在劳动者“摆形式”“作花瓶”“浪费时间精力”等错误观念面前，更需要来自社会组织的介入与宣传。探索建立职业技能培训协会等组织，以弥补政府和市场的失灵②，发挥组织、协调、服务、监管四项基本职能，规范机构培训行为，减少搜寻成本，提供市场信息和法律服务，维护培训机构和劳动者合法权益。

① 陈玉杰．职业技能培训这些年［J］．中国人力资源社会保障，2020（4）：26-28.

② 黄德林，陈永杰．农民工职业技能培训意愿及影响机理研究——基于武汉市、厦门市、沧州市的实证调查［J］．中国软科学，2014（3）：68-75.

第四章 精准施策之困：职业技能培训补贴策略与高质量就业①

一、研究背景

职业技能培训是后劳动力市场中人力资本投资的重要手段，我国正处于经济转型升级的关键时期，就业的结构性矛盾日益突出，开展广泛的职业技能培训是建设高质保量的产业大军的重要举措。党的十七大将“健全面向全体劳动者的职业教育培训制度”作为技能人才战略的重要内容，随后党的十八届三中全会更提出“要构建劳动者终身职业培训体系”，进一步拓宽了职业培训的涉及人群和时间范围，2015 年后我国更是将培训作为就业之基，把大规模开展职业技能培训视为推动和实现人才强国战略的关键环节。随后，2019 年国家提出了包含具体行动细则的

① 该部分来源于李晓曼等在《经济科学》2023 年第一期发表的文章《我国职业技能培训补贴策略与高质量就业》。

《职业技能提升行动方案（2019—2021 年）》，并从失业保险基金结余中拿出 1 000 亿元，用于 1 500 万人次以上的职工技能提升和转岗转业培训。至此，面向全体劳动者的职业技能培训体系初步建立，大规模、高质量的职业技能培训作为国家重要战略部署在全国如火如荼地开展起来。其中，为了应对“只愿消费人才，不愿培养人才”的现象，帮助企业走出由于人才匮乏陷入的发展瓶颈，此次行动更是首次给予企业稳岗扩岗专项资金支持，鼓励其用于在岗职工的技能提升，激发其开展职业技能培训的积极性，引导企业内部人才培养机制的建立。在此过程中，充足的培训补贴资金与科学的补贴策略成为国家引导全社会增强培训意愿、扩大培训规模、夯实培训质量的重要着力点。

随着主要补贴资金和配套政策的陆续投入和实施，各地普遍完成甚至超额完成培训任务，大规模职业技能培训初见成效，但这仍未能掩盖人们对培训效果的担忧。我国 2020 年共组织补贴性培训 2 700. 5 万人次，仅 962. 6 万人取得职业资格证书或职业技能等级证书。[①] 培训内容与市场需求脱节，招工难、用工荒现象十分普遍，高技能人才占比不足仍然是制约我国产业升级的“卡脖子”问题，劳动者就业能力和就业质量仍未得到有效提升。这些问题都与培训补贴资金的实施策略密切相关。一方面，补贴方式针对性较差、科学性存疑，并未明确把握培训机构、企业和个体等多方培训主体的培训供给偏好与需求特点，从而导致补贴申领困难，培训内容供需脱节，难以满足社会经济发展的需要。另一方面，培训资金使用效率堪忧。以资金支出总量排在前列的江苏省为例，80 多亿专账资金使用率仅为 3. 08%。基础补贴细则落实缓慢、补贴支出来源混乱、补贴资金使用激励机制不健全等诸多问题使得补贴资金整体呈现使用效率低下的状态。此外，作为重要的培训载体，企业与培训机构的功能定位并不明确，补贴策略的顶层设计缺乏对两者差异化角色的考量，使得政策的普惠性与精准性难以兼顾。

在此背景下，本书利用全国 13 个省市抽样调查的“培训单位”和

① 人力资源社会保障部. 2020 年度人力资源和社会保障事业发展统计公报，http://www.mohrss.gov.cn/SYrlzyhshbzb/zwgk/szrs/tjgb/202106/t20210604_415837.html.

“劳动者”匹配数据，从企业、培训机构及劳动者等多维主体入手，分别探讨补贴对象、补贴标准以及资金类型等构成的差异化补贴策略对劳动者就业质量的影响。结果发现，虽然个体及培训单位层面的补贴均能显著提升劳动者就业质量，但不同培训载体发挥的功能迥异，培训机构组织的培训更有“效果”，双层补贴更能推动重点群体的就业质量提升；而企业组织的培训更具有资金使用上的“效率”，人均培训金额的增长能显著提升劳动者的就业能力和工资水平。此外，补贴效果在不同培训动机下和不同行业中均有较强的异质性，且师生互动性以及家庭支持度是重要的作用机制。

本书可能的边际贡献如下。第一，突破了该领域研究中原有的“重教育财政轻培训补贴支出”的研究视角，将以往聚焦职业技能培训补贴政策的单点研究进一步拓展为系统性的补贴策略，丰富了我国职业技能培训补贴实施效果的经验证据。第二，运用独特的全国性大规模调查数据，这些数据展现了我国职业技能培训补贴实施状况的全面图景，特别是匹配数据的结构，与以往研究相比更加准确地揭示了补贴资金在微观主体间的错配矛盾。第三，在补贴效果评估框架中，本书突破了传统培训效果评估的四层次模型，围绕高质量就业引入多维客观评价指标，旨在更全面地评估培训补贴策略对我国技能人才战略的支撑作用。

二、文献综述

（一）职业技能培训补贴策略

基于传统的人力资本研究框架，研究人员和政策制定者在关注人力资本提升途径时，多聚焦于正规教育这种前劳动力市场投资手段，而忽略了职业技能培训实施策略及其收益。在此基础上，教育财政补贴的相关研究成为公共财政支出领域的研究热点，培训补贴实施策略研究未能获得充分关注。然而，教育财政类研究仍为培训补贴实施策略研究提供了较为成熟的思路，其中补贴范围、标准和补贴方式是引起补贴效果差异的关键要素。① 而在我国，职业技能提升行动的资金来源总体可分为四部分，即专账资金、就业补助资金、地方人才经费和行业产业发展经费，其中前两部分是最主要的培训补贴资金来源。纵观各省就业补助资金及专账资金预算和使用情况，可以发现这两类补贴拥有截然不同的资金属性。

首先，就业补助资金具有一定的扶弱偏好，拨付时通常向经济发展滞后省份倾斜；而专账资金以 2018 年底失业保险基金滚存结余为基数，按照 20%的比例计提，其多寡更依赖于各省的从业人员数量和自身经济发展水平。图 4-1 展示了在我国开展职业技能提升行动的三年时间里，两项主要的培训补贴资金在地区间的分布情况，其相对变化趋势验证了本文对资金属性的判断，即两者在省份间出现此消彼长的趋势。例如，广东省、浙江省和江苏省等发达省份，专账资金较高时其就业补助资金就处于较低水平；在黑龙江省、江西省和贵州省等欠发达省份，就业补

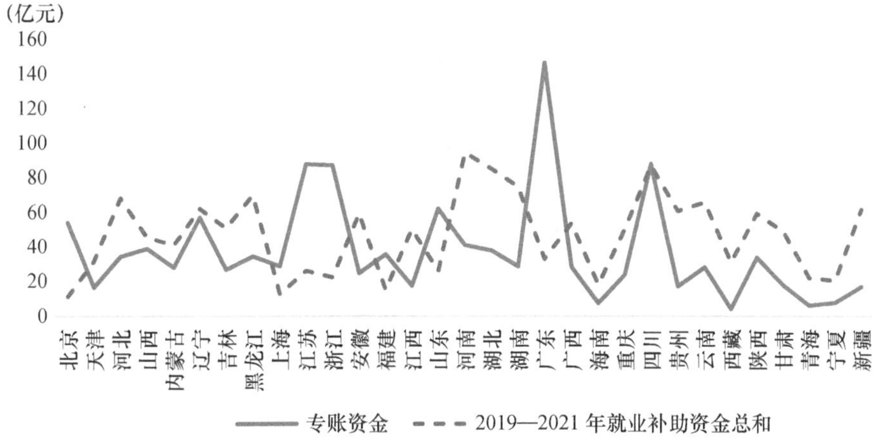

图 4-1　2019—2021 年各地专账资金及就业补助资金折线趋势图

资料来源：专账资金来源于 2019 年《中国统计年鉴》，就业补助资金根据国家财政部下达的 2019—2021 年各地的就业补助资金的预算通知整理所得。

① WANG Y. Educational and nutritional consequences of education subsidy in rural China [J]. China Economic Review, 2018 (51): 167-180.

BENHASSINE N, DEVOTO F, DUFLO E, et al. Turning a shove into a nudge? A "labeled cash transfer" for education [J]. American Economic Journal: Economic Policy, 2013, 7 (3): 86-125.

CHYI H, ZHOU B. The effects of tuition reforms on school enrollment in rural China [J]. Economics of Education Review, 2014, 38 (1): 104-123.

助资金有明显的扶弱属性，补充了这些地区在专账资金上的不足。

其次，两种资金参与补贴的内部激励机制不同，就业补助资金遵循“多支多补”原则，具有较强的支出激励，而专账资金的支出范围和申领程序复杂，资金使用效率低下，结余较多。在此背景下，培训补贴的资金来源和支付标准对培训效果会施加何种影响，值得研究者们进一步关注。

最后，我国职业技能培训补贴方式也极具特色，但对培训效果的影响并不明确。现行补贴政策的实施对象可分为劳动者和培训单位两大类（见表 4-1）。前者直接将补贴发放给劳动者，通常以获取职业技能等级证书为后付条件，也有少部分以电子培训券的形式支付，免去个人垫付程序①；后者将补贴资金发放给机构、企业等培训主体，间接促进了劳动者参加培训的积极性和培训效果。② 在此基础上，两种支付方式也各有优劣。其中，后付制对需要“技能扶持”的社会弱势群体容易产生排斥，有违公共财政资金的“扶弱取向”；而先付制对培训效果缺乏有效的激励约束机制。在此背景下，探索不同补贴策略在培训效果上的异质性，有助于消除“择优去劣”效应，提升培训的针对性和培训质量。

表 4-1　　补贴对象及政策安排

<table>
<tr><th colspan="2">补贴对象</th><th>补贴条件</th><th>补贴发放程序与补贴内容</th></tr>
<tr><td rowspan="3">劳动者</td><td rowspan="3">就业重点群体</td><td>是否为贫困劳动力</td><td>申请获批后，享受免费培训与生活费补贴</td></tr>
<tr><td>是否为城乡未继续升学初高中毕业生（“两后生”）</td><td>申请获批后，享受免费培训与生活费补贴（仅针对“两后生”中的农村学员和城市低保家庭学员）</td></tr>
<tr><td>农村转移就业劳动者/下岗失业人员和转岗职工/退役军人/残疾人</td><td>申请获批后，享受免费培训，并向其提供就业指导和职业介绍等服务</td></tr>
</table>

① 陈玉杰．完善职业培训补贴制度，加快技能人才培养［J］．职业，2018（5）．

② 胡永远，周洋，祁彩静．公共培训和私人培训效应的比较分析［J］．中国人口科学，2018（1）．

续表

补贴对象		补贴条件	补贴发放程序与补贴内容
劳动者	企业职工	参加岗前培训、安全技能培训、转岗转业培训或初级工、中级工、高级工、技师、高级技师培训	按要求提供培训证明材料报批后，获得职业技能培训补贴或参保职工技能提升补贴
	普通劳动者	在户籍地、常住地、求职就业地参加培训后获取证书	自选项目，参与课程结业获证后按规定给予职业技能培训补贴，每年可享受不超过3次
培训单位	企业	开展项目制培训	向人社部门报批后开展，一般先行拨付一定比例的培训补贴资金
		设立高技能人才培训基地和技能大师工作室	向人社部门报批后开展，提供相关材料经审核后，通过就业补助资金发放补贴
		开展新型学徒制培训	向人社部门报批后开展，相关部门先向企业预支一部分补贴资金，培训完成后补齐材料，拨付其余补贴资金
		吸纳贫困劳动力就业，就业困难人员、零就业家庭成员开展以工代训	提供相应材料报批后，给予一定期限的职业培训补贴
	培训机构	开展项目制培训	向人社部门报批后开展，一般先行拨付一定比例的培训补贴资金

资料来源：根据《国务院办公厅关于印发职业技能提升行动方案（2019—2021年）的通知》整理所得。

（二）职业技能培训补贴的实施效果

在职业技能培训补贴实施效果方面，国外已有的研究多聚焦于在职群体和失业群体，重点关注补贴类型和补贴方式对个体就业状况改善的影响。例如，美国政府针对失业工人进行的“WIA 失业工人项目”，针对就业准备技能和职业技能进行补贴性培训，同时给予求职援助、收入补贴以及搬迁补贴等。海因里希（Heinrich）等对“WIA 失业工人项目”进行综合评估后发现，其对培训者的收入与就业状况改善均产生显著正向影响。① 同时，收入补贴项目的效果具有性别异质性，该项目使女性每季度收入增长达 131 美元，是男性的四倍。后续研究也发现职业技能培训补贴对扩大技能劳动者群体②和提升劳动力市场表现③具有促进作用。但不同国别的研究具有较强的异质性，并未得出一致的结论。希达尔戈（Hidalgo）等利用荷兰向低技能劳动者发放培训券的随机试验，揭示了职业技能培训补贴在短期内并未对培训者的收入及就业稳定性产生任何显著影响。④ 多斯（Dauth）发现职业技能培训补贴仅显著增加了 35 岁以下的非德国女性员工的就业持续时间和收入水平，而对就业状况改善的长期效果并不显著。⑤ 诺维拉（Novella）等的研究也指出智利政府的培训补贴项目（BTA）虽然会使个体收入提高 3.2%，但长期来看会造成就业概率降低 2%。⑥ 可见，不同国别情境和补贴制度安排对培训效果产生的影响迥异，寻求和探索引起补贴实施效果差异的关键因素是未来研究的重点。与此同时，部分学者着力探究职业技能培训补贴的影响机制，并获得了一些有价值的结论。已有研究表明职业技能培训补贴会通过影响

① HEINRICH C J, MUESER P R, TROSKE K R, et al. Do public employment and training programs work? [J]. Iza Journal of Labor economics, 2013, 2 (1): 1-23.

② BRUNELLO G, COMI S, SONEDDA D. Training subsidies and the wage returns to continuing vocational training: Evidence from Italian regions [J]. Labour Economics, 2012, 19 (3): 361-372.

③ CRÉPON B, VAN DEN BERG G J. Active labor market policies [J]. Annual Review of Economics, 2016, 8: 521-546.

CARD D, KLUVE J, WEBER A. What works? A meta analysis of recent active labor market program evaluations [J]. Journal of the European Economic Association, 2018, 16 (3): 894-931.

④ HIDALGO D, OOSTERBEEK H, WEBBINK D. The impact of training vouchers on low-skilled workers [J]. Labour Economics, 2014, 31: 117-128.

⑤ DAUTH C. Regional discontinuities and the effectiveness of further training subsidies for low-skilled employees [J]. ILR Review, 2020, 73 (5), 1147-1184.

⑥ NOVELLA R, RUCCI G, VAZQUEZ C, et al. Training vouchers and labour market outcomes in Chile [J]. Labour, 2018, 32 (2): 243-260.

企业的培训时间①、企业的培训支出②等提升培训效果。除此以外，多斯（Dauth）和图默斯（Toomet）还发现职业技能培训补贴能够通过提升工作满意度，显著改善德国中小企业中45岁以上工人的就业持续时间。③

与国外政策评估类研究发展已较为成熟的现状不同，我国对职业技能培训补贴效果的研究起步较晚且囿于数据的可得性，侧重描述职业技能培训政策的现状或简单定性分析局部地区的政策影响，在研究方法、技术路径等方面还不成熟，不足以支撑因果效应的推断④，因而无法为我国职业技能培训补贴实施效果提升寻求准确的着力点。仅存的少量实证研究也仅对民办培训机构的补贴效率给予评价⑤，或对部分补贴项目和免费补贴项目的效果进行简单的探讨⑥，而忽略了对职业技能培训补贴政策整体框架的构建与系统的效果评价，无法全面把握我国职业技能培训补贴政策实施和机制运行的真实效果。

综上所述，现有研究对于职业技能培训补贴资金的关注多聚焦于公共教育支出的使用效果而忽视了后劳动力市场中人力资本投资的重要手段——职业技能培训的补贴实施情况。虽然国外对于职业技能培训补贴效果的研究起步较早，但由于地缘差异，这些国家并不具备开展广泛大规模职业技能培训的样本基础，未能对职业技能培训的补贴策略、运行机制和效果进行系统分析，对我国相关政策的可借鉴性也较差。而囿于数据可得性，我国职业技能培训补贴实施与效果研究刚刚起步，在定性研究方面还停留在对补贴制度某类特征的单点分析，缺乏对职业技能培训补贴整体框架的系统梳理和策略构建。在定量研究上缺乏对补贴策略

① HOLZER H J, BLOCK R N, CHEATHAM M, et al. Are training subsidies for firms effective? The Michigan experience [J]. ILR Review, 1993, 46 (4): 625-636.

② GÖRG H, STROBL E. Do government subsidies stimulate training expenditure? Microeconometric evidence from plant-level data [J]. Southern Economic Journal, 2006: 860-876.

③ DAUTH C, TOOMET O. On Government-Subsidized Training Programs for Older Workers [J]. Labour, 2016, 30 (4): 371-392.

④ 陈玉杰，徐艳. 我国职业培训补贴制度研究 [J]. 中国劳动，2017 (6).

⑤ 史珍珍，陈玉杰，李星. 我国民办职业技能培训机构培训补贴效果的省际比较研究——基于数据包络法（DEA）的分析 [J]. 中国劳动，2020 (4): 17-34.

⑥ 杨玉梅，曾湘泉. 农民工培训与就业能力提升——基于河南省阳光工程就业效果的实证研究 [J]. 中国劳动经济学，2011 (7).

实施效果的深入准确计量，从而不能回应和评价补贴制度的有效性问题，也无法着手探索提升运行效率的着力点。在此背景下，本书从企业、培训机构及劳动者等主体入手，从补贴方式及补贴金额等多维度来研究补贴策略对劳动者就业质量的影响及作用机制，以期为我国职业技能培训补贴资金使用、职业技能培训效果提升提供全面的实证依据和系统的政策思路。

三、研究设计

（一）数据来源

本文所用数据来自于中国劳动和社会保障科学研究院2020年11月至2021年3月在全国范围开展的职业技能提升行动实施效果调查结果，考虑到培训规模，调查在浙江省、广东省、山东省、四川省、陕西省、河南省、辽宁省、云南省、贵州省、江西省、河北省、安徽省和天津市等13个省市采用分层随机抽样的方式面向企业、培训机构和劳动者进行。① 其中，企业按照所在产业进行分层随机抽样，培训机构按照民办培训机构、技工院校、公共实训基地和就业训练中心等类型进行抽样，劳动者问卷则按照员工类型和重点群体类型在培训单位中进行随机抽样。最终，本次调查获得了425家企业样本，816家培训机构样本及8 018位个体样本，能很好地支撑围绕公共职业技能培训而开展的多维度、多层次的研究。本书将劳动者与其所在培训单位（企业或培训机构）进行一一匹配，剔除数据中未成功匹配及关键变量缺失的样本后，共获得了5 960个有效样本。

① 中小城市缺乏成规模的培训机构，而小型培训机构的资质偏低且培训项目单一，为了使样本数据能涵盖更多元的培训项目和更全面的培训等级，本次调查抽取了12个省份（天津除外）的经济实力处于前两位的城市。

（二）变量定义

1. 被解释变量：就业质量

参考多斯（Dauth）及杨玉梅和曾湘泉对职业技能培训的相关研究并结合我国职业技能培训的实际目标，分别从就业状况改善与就业能力提升两个维度来综合评价我国职业技能培训的效果。前者刻画了劳动者就业质量的现状，后者则反映了劳动者就业质量的未来变动趋势。而在就业状况改善方面，本书既选择了“培训后劳动者工资收入是否增加”等客观指标，也将劳动者的自评结果即“培训后工作效率、工作稳定性、晋升、就业选择、职业发展、信心改善情况”纳入考量，并在此基础上运用熵值法将各项主观指标赋权后聚合为“就业效果指数”，以期更科学全面地评价培训对就业质量的影响。在就业能力提升方面，本书将培训后获取的各类技能证书作为代理变量，包括“参加培训后是否获取职业资格证书、职业技能等级证书、专项能力证书、培训合格证书等”。

2. 核心解释变量：补贴策略

本书从“是否补、怎么补、补多少”三个维度综合构建职业技能培训的补贴策略指标。首先，在个体层面，通过报告的“您最近参加职业技能培训是否获得过补贴”识别个体层面的补贴状况；在单位层面，分别利用“贵机构是否获得政府的培训补贴？”和“贵企业在职业技能培训方面得到过政府资助和支持的形式是？”分别识别培训机构和企业是否获得政府补贴。其次，“怎么补”包括具体的补贴方式与实施培训的主体，补贴方式分为直接补贴（仅劳动者获得补贴，所在培训单位未获得补贴），间接补贴（劳动者未获得补贴，仅所在培训单位获得补贴），双层补贴（劳动者及所在培训单位均获得补贴），以及无补贴（劳动者及所在培训单位均未获得补贴）；实施培训的主体是指承接培训的主体是企业还是培训机构。最后，“补多少”可以利用“贵单位 2017—2019 年用于职业技能培训的政府补贴资助支出为多少万元？”得出单位层面的补贴资助金额，在此基础上结合该时间段内单位的培训人数，得到人均补贴金额。

3. 控制变量

参考毕达宁（Bidani）等[①]、多斯（Dauth）、王海港[②]以及李实、杨修娜[③]的研究，本书将劳动者个体特征、培训单位特征等作为控制变量，其中个体特征包括性别、年龄、受教育程度、婚姻状况、就业状况、培训次数等；培训单位特征在区分培训机构和企业的前提下，既包括了机构类型、机构培训内容以及机构培训场地等，也涵盖了企业类型、企业培训内容、企业培训场地，见表 4-2。

表 4-2 研究变量及说明

<table>
<tr><th>变量性质</th><th>变量维度</th><th>变量名</th><th>变量说明</th></tr>
<tr><td rowspan="3">被解释变量</td><td>就业能力提升</td><td>获取证书</td><td>是=1；否=0</td></tr>
<tr><td rowspan="2">就业状况改善</td><td>工资增加</td><td>是=1；否=0</td></tr>
<tr><td>就业效果</td><td>包含工作能力和效率、职业素质、工作稳定性、岗位晋升、扩大就业选择、未来职业发展信心等指标评价的综合指数</td></tr>
<tr><td rowspan="5">解释变量</td><td rowspan="2">补贴状态</td><td rowspan="2">是否获得补贴</td><td>个体是否获得补贴：是=1；否=0</td></tr>
<tr><td>培训单位是否获得补贴：是=1；否=0</td></tr>
<tr><td>补贴方式</td><td>个体实际享受的补贴形式</td><td>直接补贴=1；间接补贴=2；双层补贴=3；无补贴=0</td></tr>
<tr><td rowspan="2">补贴金额</td><td>人均补贴金额（万元）</td><td>（近三年补贴金额）/三年培训人数</td></tr>
<tr><td>人均补贴金额的平方</td><td>人均补贴金额×人均补贴金额</td></tr>
</table>

① BIDANI B，BLUNCH N H，GOH C C，et al. Evaluating job training in two Chinese cities [J]. Journal of Chinese Economic and Business Studies，2009，7 (1)：77-94.

② 王海港，黄少安，李琴．职业技能培训对农村居民非农收入的影响 [J]．经济研究，2009 (9)．

③ 李实，杨修娜．我国农民工培训效果分析 [J]．北京师范大学学报（社会科学版），2015 (6)．

续表

<table>
<tr><th>变量性质</th><th colspan="3">变量维度</th><th>变量名</th><th>变量说明</th></tr>
<tr><td rowspan="15">控制变量</td><td colspan="3" rowspan="6">个体特征</td><td>性别</td><td>男性＝1；女性＝0</td></tr>
<tr><td>年龄</td><td>劳动者的年龄</td></tr>
<tr><td>受教育程度</td><td>初中及以下＝1；高中（中专、中职）＝2；大专＝3；本科＝4；硕士及以上＝5</td></tr>
<tr><td>婚姻状况</td><td>已婚、离婚或丧偶＝1；未婚＝0</td></tr>
<tr><td>就业状况</td><td>体制内就业＝1；体制外就业＝0</td></tr>
<tr><td>培训次数</td><td>多次培训＝1；首次培训＝0</td></tr>
<tr><td rowspan="9">培训单位特征</td><td colspan="3">培训单位类型</td><td>培训机构＝1；企业＝0</td></tr>
<tr><td colspan="2" rowspan="5">培训机构特征</td><td>机构类型</td><td>公办＝0；民办＝1</td></tr>
<tr><td>机构培训内容</td><td>内容不丰富实用＝1；内容比较不丰富实用＝2；内容一般＝3；内容比较丰富实用＝4；内容非常丰富实用＝5</td></tr>
<tr><td>机构培训场地</td><td>场地不满足需求＝1；场地比较不满足需求＝2；场地一般＝3；场地比较满足需求＝4；场地完全满足需求＝5</td></tr>
<tr><td>机构培训师资</td><td>教师结构不合理＝1；教师结构不太合理＝2；教师结构一般＝3；教师结构比较合理＝4；教师结构非常合理＝5</td></tr>
<tr style="display:none"><td></td></tr>
<tr><td colspan="2" rowspan="3">企业特征</td><td>企业类型</td><td>国有企业＝1；非国有企业＝0</td></tr>
<tr><td>企业培训内容</td><td>专用性培训＝1；一般性培训＝0</td></tr>
<tr><td>企业培训场地</td><td>有专门的培训场地＝1；没有专门的培训场地＝0</td></tr>
</table>

续表

变量性质	变量维度	变量名	变量说明
控制变量	地区特征	区域类别	东部=1；中部=2；西部=3
	行业特征	行业类别	第二产业=1；第三产业=0
		第三产业类别	生产性服务业=1；消费性服务业=0
中介变量	个体维度	师生互动性	培训中与教师交流=1；从未交流=0
	家庭维度	家庭支持度	家人支持参加培训=1；不支持=0
工具变量	省级层面	就业补助资金排名	2019—2021年就业补助资金总预算排名（由高到低）
		专账资金排名	专账资金排名（由高到低）

4. **中介变量**

为了深入探究不同补贴方式对劳动者就业质量的影响机制，本书从个体及家庭两个维度分别将个体参加培训时的师生互动性以及家庭支持度作为中介变量进行实证检验。师生互动性主要从问卷“您最近一次参与的职业技能培训，过程中是否与培训教师交流？”中获取，家庭支持度从问卷“家人对您参与职业技能培训的态度是？”中获得，见表4-2。

（三）描述性统计

表4-3展示了主要变量的描述性统计结果。首先，从补贴策略来看，样本中51.9%的劳动者和53.8%培训单位获得了补贴。在不同的补贴方式中，获得双层补贴的劳动者最多，仍然有14.16%的劳动者没有获得任何层次的补贴，且从单位层面求得的人均补贴金额均值达770元。获得补贴的个体在就业质量的各个维度上都优于未获得补贴的劳动者。其次，在个体特征上，与未获补贴的劳动者相比，获得补贴的群体平均年龄高出了2岁左右，但仍然低于全国劳动人口平均年龄35.9岁，可见在我国

表 4-3　　　主要变量的描述性统计

变量维度	变量名	无补贴样本					有补贴样本				
		样本量	均值	标准差	最小值	最大值	样本量	均值	标准差	最小值	最大值
就业质量	获取证书	3 113	0.709	0.454	0	1	2 847	0.919	0.272	0	1
	工资增加	3 113	0.452	0.497	0	1	2 847	0.576	0.494	0	1
	就业效果	3 113	0.708	0.188	0	1	2 847	0.748	0.180	0	1
	工作能力和效率提升	3 113	0.710	0.214	0	1	2 847	0.749	0.213	0	1
	职业素质提升	3 113	0.736	0.200	0	1	2 847	0.784	0.194	0	1
	岗位晋升	3 113	0.664	0.240	0	1	2 847	0.705	0.230	0	1
	工作稳定性	3 113	0.700	0.223	0	1	2 847	0.742	0.215	0	1
	扩大就业选择	3 113	0.705	0.233	0	1	2 847	0.746	0.212	0	1
	未来职业发展信心	3 113	0.730	0.203	0	1	2 847	0.767	0.193	0	1
个体特征	性别	3 113	0.445	0.497	0	1	2 847	0.438	0.496	0	1
	年龄	3 113	33.024	8.893	16	65	2 847	35.018	8.795	16	58
	初中及以下	3 113	0.137	0.344	0	1	2 847	0.207	0.405	0	1
	高中（中专、中职）	3 113	0.219	0.413	0	1	2 847	0.284	0.451	0	1

续表

变量维度		变量名	无补贴样本					有补贴样本				
			样本量	均值	标准差	最小值	最大值	样本量	均值	标准差	最小值	最大值
个体特征		大专	3 113	0. 356	0. 479	0	1	2 847	0. 277	0. 446	0	1
		本科	3 113	0. 266	0. 442	0	1	2 847	0. 227	0. 419	0	1
		硕士及以上	3 113	0. 021	0. 143	0	1	2 847	0. 006	0. 080	0	1
		婚姻状况	3 113	0. 659	0. 474	0	1	2 847	0. 764	0. 424	0	1
		就业状况	3 113	0. 252	0. 434	0	1	2 847	0. 163	0. 370	0	1
		培训次数	3 113	0. 520	0. 499	0	1	2 847	0. 509	0. 500	0	1
培训单位特征	培训单位类型		1 287	0. 823	0. 381	0	1	4 673	0. 545	0. 498	0	1
	培训机构特征	机构类型	1 037	0. 920	0. 270	0	1	2 404	0. 854	0. 352	0	1
		机构培训内容	1 037	4. 296	0. 577	1	5	2 404	4. 426	0. 520	1	5
		机构培训场地	1 037	4. 405	0. 524	1	5	2 404	4. 481	0. 540	1	5
		机构培训师资	1 037	4. 499	0. 581	1	5	2 404	4. 572	0. 535	1	5
	企业特征	企业类型	250	0. 407	0. 492	0	1	2 269	0. 361	0. 480	0	1
		企业培训内容	250	0. 333	0. 472	0	1	2 269	0. 378	0. 485	0	1
		企业培训场地	250	0. 941	0. 235	0	1	2 269	0. 882	0. 321	0	1

续表

变量维度	变量名	无补贴样本					有补贴样本				
		样本量	均值	标准差	最小值	最大值	样本量	均值	标准差	最小值	最大值
行业特征	行业类别	3 099	0.411	0.492	0	1	2 861	0.386	0.487	0	1
	第三产业类别	1 880	0.311	0.463	0	1	1 696	0.325	0.468	0	1
中介变量	师生互动性	3 113	0.442	0.497	0	1	2 847	0.521	0.500	0	1
	家庭支持度	3 113	0.894	0.308	0	1	2 847	0.936	0.244	0	1

参与职业技能培训的群体仍以青年劳动者为主。在单位特征方面，获得补贴的机构在培训内容、培训场地和培训师资上获得的评价要高于未获补贴的机构；获得补贴的企业中，国有企业的比例和拥有专门培训场地的比例均低于未获补贴的企业，而在培训内容的评价上优于未获补贴的企业。

（四）实证策略

1. 多层线性模型

本书所用数据为培训供需双方的匹配数据，受训劳动者分别嵌套在不同的培训单位中（企业或培训机构）。因此，劳动者的培训效果变化可分为组内变异与组间变异两个部分，若完全忽略组间变异，则残差分布可能出现异方差，采取常规最小二乘法所得到的参数估计值尽管是无偏和一致的，但不是最有效的。同时，完全忽略组内变异会使我们损失大量可能很重要的变异，从而导致误差。因此，本书在探究补贴方式对就业质量的效应时，选择使用多层线性模型即 HLM 模型，其基本原理是将多层结构数据在因变量上的总变异明确区分为组内和组间两个层面，然后分别在不同层面引入自变量对组内变异和组间变异加以解释。简单来说，HLM 模型是对层 1 回归截距和斜率系统的再回归，即“回归的回归”。通过使用 HLM 模型，本书在运用“劳动者-培训单位”匹配数据时可以更好地兼顾组内变异及组间变异，从而达到提升识别效率的目的。基准回归中的概念框架如图 4-2 所示。

由于被解释变量中“获取证书”以及“工资增加”为虚拟变量，不满足传统的 HLM 模型因变量服从正态分布的连续变量假设，本书使用多层 Logit 模型进行分析。具体模型如下。

层 1 模型：

$$Logit(Y_{ij}) = \beta_0 + \beta_{1j}(sex_{ij}) + \beta_{2j}(age_{ij}) + \beta_{3j}(edu_{ij}) + \beta_{4j}(married_{ij}) + \beta_{5j}(emp_{ij}) + \beta_{6j}(count_{ij}) + \beta_{7j}(psubsidy_{ij}) + \gamma_{ij}$$

$$Z_{ij} = \beta_0 + \beta_{1j}(sex_{ij}) + \beta_{2j}(age_{ij}) + \beta_{3j}(edu_{ij}) + \beta_{4j}(married_{ij}) + \beta_{5j}(emp_{ij}) + \beta_{6j}(count_{ij}) + \beta_{7j}(psubsidy_{ij}) + \gamma_{ij}$$

式中，Y_{ij} 表示第 j 个培训单位的第 i 个劳动者获取证书及工资增加的

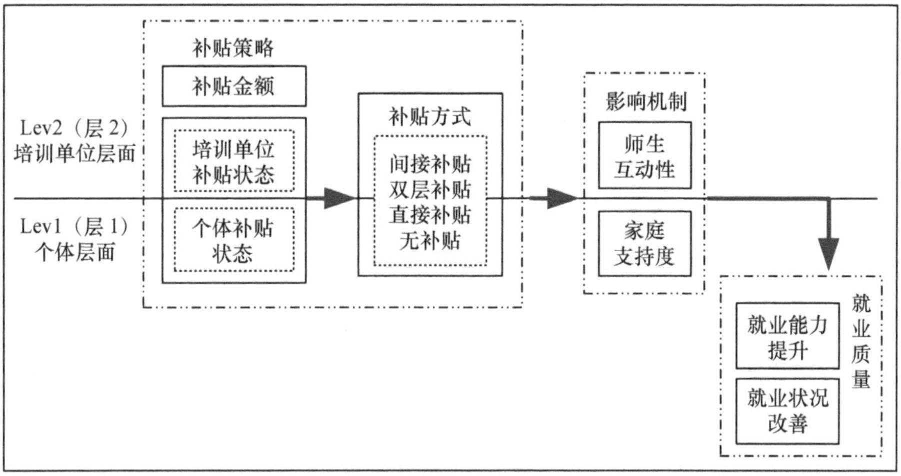

图 4-2 概念框架图

概率，Z_{ij} 则表示第 j 个培训单位的第 i 个劳动者的就业效果。β_0 为个体层面的截距，γ_{ij} 为随机效应，$\beta_{1j}(sex_{ij})$、$\beta_{2j}(age_{ij})$、$\beta_{3j}(edu_{ij})$、$\beta_{4j}(married_{ij})$、$\beta_{5j}(emp_{ij})$、$\beta_{6j}(count_{ij})$、$\beta_{7j}(psubsidy_{ij})$ 分别是性别、年龄、受教育程度、婚姻状况、就业状况、培训次数以及个体是否获得补贴对影响的偏回归系数。

层 2 模型：

$$\beta_{0j} = \gamma_{00} + \gamma_{01}(zsubsidy_j) + \gamma_{02}(source_j) + \mu_{0j}$$

$$\beta_{1j} = \gamma_{10} + \mu_{1j}$$

$$\beta_{2j} = \gamma_{20} + \mu_{2j}$$

$$\beta_{3j} = \gamma_{30} + \mu_{3j}$$

$$\beta_{4j} = \gamma_{40} + \mu_{4j}$$

$$\beta_{5j} = \gamma_{50} + \mu_{5j}$$

$$\beta_{6j} = \gamma_{60} + \mu_{6j}$$

$$\beta_{7j} = \gamma_{70} + \mu_{7j}$$

式中，γ_{00} 是个体层面截距在组织层面中的固定效应，μ_{0j} 表示组织层面的随机效应，$\gamma_{01}(zsubsidy_j)$、$\gamma_{02}(source_j)$ 分别表示培训单位的补贴方式及不同的培训单位对影响的偏回归系数；γ_{10} 表示组织层面的因素对 β_{1j} 的影响系数，μ_{1j} 表示 β_{1j} 在组织层面的随机效应；γ_{20}、γ_{30}、γ_{40}、γ_{50}、

γ_{60}、γ_{70} 同理，μ_{2j}、μ_{3j}、μ_{4j}、μ_{5j}、μ_{6j}、μ_{7j} 同理，此处不再赘述。

2. 就业效果综合指数构建

为了全面呈现劳动者的培训效果，本书基于数据结构，选取了 6 个围绕就业效果的自评指标构建就业效果综合指数，见表4-4。就业效果综合指数是对评价体系中的每一个具体指标进行量纲和数量级的标准化处理后，通过计算熵值和差异系数，获得指标权重，最后加总得到的就业效果的总分值。该方法借鉴热力学中熵的概念，即体系混乱度（或无序度）的量度。熵越大说明系统越混乱，携带的信息越少；反之，说明系统越有序，携带的信息越多，此时该指标对综合评价的影响（权重）越大。具体做法是：首先，建立就业效果综合指数，如下式所示，u_{1i} 为第 i 个样本在第 1 个指标上的得分，φ_{u_1} 为该指标的权重，S_i 为第 i 个样本的就业效果综合指数。

$$S_i = \varphi_{u_1} u_{1i} + \varphi_{u_2} u_{2i} + \varphi_{u_3} u_{3i} + \varphi_{u_4} u_{4i} + \varphi_{u_5} u_{5i} + \varphi_6 u_{6i}$$

其次，利用熵值法确定职业技能培训就业效果综合指数具体 6 个指标的权重。[①] 熵值法避免人为主观影响，使指标赋权更为科学。具体过程包含四步。

第一步，将就业效果评价指标的量纲和数量级做标准化处理，获得横向的可比性。正向指标的计算方法如下：

$$X_{ij} = \frac{X_{ij} - min\{X_j\}}{max\{X_j\} - min\{X_j\}}$$

负向指标的计算方法如下：

$$X_{ij} = \frac{max\{X_j\} - X_{ij}}{max\{X_j\} - min\{X_j\}}$$

式中，X_{ij} 为标准化处理后的指标，$max\{X_j\}$ 为所有个体指标值中的最大值，$min\{X_j\}$ 为所有个体指标值中的最小值，i 为个体，j 为指标项。同时，为了数据运算出来有意义，必须消除零和负值，故需对标准化后的数据进行整体平移，即 $X_{ij} = X_{ij} + \alpha$，但为不破坏原始数据的内在规律，最

① 按照表 4-4 列示的指标顺序，每项指标的权重依次为 0. 166 674 4、0. 166 811 5、0. 166 452 7、0. 166 644 5、0. 166 621 1、0. 166 795 8。

大限度地保留原始数据，α 的取值必须尽可能小，即 α 为接近 X_{ij} 的最小值，将取 $\alpha = 0.0001$。

第二步，计算第 i 个个体的第 j 项指标所占的比重，使用 p_{ij} 表示，其中 $p_{ij} = \frac{X_{ij}}{\sum_{i=1}^{n} X_{ij}}$，$n$ 为个体数量。

第三步，计算熵值与差异系数。其中熵值的计算公式为 $e_j = -\frac{1}{\ln n}\sum_{i=1}^{n} p_{ij}\ln(p_{ij})$，$0 \leqslant e_j \leqslant 1$，$n$ 为个体数量；差异系数的计算公式为 $g_j = 1 - e_j$。

第四步，根据差异系数计算具体指标的权重 w_j，计算公式为 $w_j = \frac{g_j}{\sum_{i=1}^{m} g_j}$，其中 m 为综合指数全部具体指标的数量，$j = 1, 2, 3, \cdots, m$。

最后，以个体为单位将各具体指标的分值加总，最终得到每个样本的就业效果综合指数。

表 4-4　　　　　　就业效果综合指数

指标	变量定义
工作能力和效率提升（u_1）	很有帮助 = 1；较大帮助 = 2；帮助一般 = 3；帮助较少 = 4；无帮助 = 5
职业素质提升（u_2）	很有帮助 = 1；较大帮助 = 2；帮助一般 = 3；帮助较少 = 4；无帮助 = 5
岗位晋升（u_3）	很有帮助 = 1；较大帮助 = 2；帮助一般 = 3；帮助较少 = 4；无帮助 = 5
工作稳定性（u_4）	很有帮助 = 1；较大帮助 = 2；帮助一般 = 3；帮助较少 = 4；无帮助 = 5
扩大就业选择（u_5）	很有帮助 = 1；较大帮助 = 2；帮助一般 = 3；帮助较少 = 4；无帮助 = 5
未来职业发展信心（u_6）	很有帮助 = 1；较大帮助 = 2；帮助一般 = 3；帮助较少 = 4；无帮助 = 5

四、实证结果与分析

（一）估计结果分析

1. 零模型检验

本部分首先利用HLM模型的零模型检验来检验个体的就业效果在多大程度上取决于组间方差，从而对使用HLM模型的必要性实施检验。表4-5展示了分组变量（培训实施单位）对个体获取证书、工资增加以及就业效果的跨级相关系数 *ICC*。当因变量为连续变量时，$ICC(1)=\tau_0^2$（组间方差）/［τ_0^2（组间方差）$+\sigma_0^2$（组内方差）］，当因变量为分类变量时，$ICC=\frac{\text{组间方差}}{\text{组间方差}+\pi^2/3}$，经计算 *ICC*（获取证书）= 0.704 5，*ICC*（工资增加）= 0.653 2，*ICC*（就业效果）= 0.394 0，说明劳动者在获取证书、工资增加及就业效果方面的差异分别有70.45%、65.32%、39.40%受到组织层面变量的影响。此时，采用HLM模型深入分析不同补贴策略在其中扮演的角色是非常有必要的。

表4-5　　　　零模型检验结果

变量维度	变量名	固定效应		随机效应		
		总截距项	*Z* 值	方差成分		组内相关系数（*ICC*）
就业能力提升	获取证书	2.943 4	0.000	组内方差（σ_0^2）	—	0.704 5
				组间方差（τ_0^2）	7.846 3	
就业状况改善	工资增加	0.005 1	0.961	组内方差（σ_0^2）	—	0.653 2
				组间方差（τ_0^2）	6.197 3	
	就业效果	0.723 6	0.000	组内方差（σ_0^2）	0.117 4	0.394 0
				组间方差（τ_0^2）	0.145 6	

2. 补贴方式对个体就业质量的影响

（1）劳动者及培训单位是否获得补贴对个体就业质量的影响

表4-6展示了是否获得补贴对个体层面就业能力提升与就业状况改善的影响。从个体特征来看，男性比女性获取证书、工资增加的概率更大，这显示了男性在职场上技能成长的过程优势和结果优势。邓韵雪和许怡的研究还发现男性在获得培训机会上就已经显著领先女性。① 随着年龄增长，劳动者获取证书的概率逐渐增加，但年龄却对工资增加与主观效果评价的效应为负，可见年龄在技能水平上显现的优势未能转化为更高的就业质量。与之相对应的是，受教育程度对就业能力提升的效应为负但并不显著；与高中（中专、中职）与大专及本科学历的人相比，初中及以下学历的劳动者认为培训会显著提升其就业效果，这与李实和杨修娜的研究相一致。因为公共职业技能培训通常聚焦难以在普通教育体系中获得深造机会的低学历劳动者，这类群体更能从职业技能的学习中获得职业信心、工作稳定性和职业发展等方面的提升。此外，与未婚者相比，有过婚姻经历的劳动者参加培训后获得工资增加的概率更大；与在职受训的劳动者相比，未就业者在培训后获取证书的概率更大，就业能力提升效果更为显著。从培训次数来看，多次参与职业培训不仅可以显著增加劳动者获取证书的概率，还显著提升了个体对各项就业效果的主观评价，但对劳动者工资提升的效果并不显著。

从补贴的效果来看，在个体层面上，劳动者获得补贴不仅会显著提高其获取证书的概率，还会全面改善其就业状况，其中对工资增加的正向效应较大。这与斯坦伯格（Stenberg）② 的研究结论相近，他发现低技能工人每接受一年的培训，年收入会增加4.4%，但与格里茨（Görlitz）和塔姆（Tamm）③ 的研究有所不同，究其原因可能是后者所采用培训券的补贴形式与后付制的现金补贴效果迥异。在培训单位层面上，与未获得补贴的企业或培训机构相比，补贴也会显著提升培训单位中内部劳动

① 邓韵雪，许怡．“技术赋权”还是“技术父权”——对智能制造背景下劳动者技能提升机会的性别差异考察［J］．科学与社会，2019（9）．

② STENBERG A. Using longitudinal data to evaluate publicly provided formal education for low skilled［J］. Economics of Education Review，2011，30（6）：1262-1280.

③ GÖRLITZ K，TAMM M. The returns to voucher-financed training on wages，employment and job tasks［J］. Economics of Education Review，2016，52：51-62.

者的就业质量，戈格（Görg）和斯特罗布（Strobl）的研究发现政府的补贴会激发企业进一步扩大培训支出，从而有助于师资、培训场地、培训时间、培训方式等各项软硬件设施的完善，间接对劳动者提升就业能力及改善就业状况起到了积极作用。① 值得指出的是，无论从哪个层面获得的补贴，补贴对劳动者就业能力提升的效果都显著大于就业状况改善，这可能源于掌握培训知识、获得相应的技能证书是学习层面上的培训效果，更易于实现；而就业状况的改善属于结果层面的培训效果，需要足够的迁移时间才能达成。

表 4-6　劳动者及培训单位是否获得补贴对个体就业质量的影响

因变量		就业能力提升	就业状况改善	
		获取证书	工资增加	就业效果
Level 1				
性别		0.312 2** (0.127 3)	0.256 2*** (0.098 6)	0.008 5 (0.005 2)
年龄		0.023 5** (0.009 5)	−0.007 4 (0.007 0)	−0.000 5 (0.000 4)
受教育程度（参照组=初中及以下）	高中（中专、中职）	−0.271 1 (0.238 3)	0.151 2 (0.158 2)	−0.015 3* (0.008 2)
	大专	−0.349 1 (0.244 6)	−0.217 9 (0.167 9)	−0.020 8** (0.008 7)
	本科	−0.186 9 (0.257 8)	−0.298 5 (0.182 0)	−0.028 2*** (0.009 6)
	硕士及以上	−0.359 3 (0.472 2)	−0.611 1 (0.427 5)	−0.029 0 (0.021 7)

① GÖRG H，STROBL E. Do government subsidies stimulate training expenditure? Microeconometric evidence from plant-level data [J]. Southern Economic Journal，72 (4)：860-876.

续表

因变量	就业能力提升	就业状况改善	
	获取证书	工资增加	就业效果
婚姻状况	0. 088 7 (0. 153 5)	0. 219 6* (0. 124 5)	0. 004 4 (0. 006 7)
就业状况	−0. 436 4* (0. 254 5)	−0. 314 3 (0. 203 8)	−0. 002 9 (0. 011 0)
培训次数	0. 474 1*** (0. 134 2)	0. 147 4 (0. 106 3)	0. 025 3*** (0. 005 7)
个体是否获得补贴	1. 452 9*** (0. 149 4)	0. 686 2*** (0. 111 8)	0. 039 2*** (0. 006 1)
Level 2			
培训单位是否获得补贴	0. 886 5*** (0. 292 1)	0. 494 6* (0. 257 9)	0. 026 5** (0. 012 6)
培训单位类型	1. 856 5*** (0. 279 2)	1. 551 2*** (0. 239 5)	0. 051 2*** (0. 011 5)
地区固定效应	已控制	已控制	已控制
样本量	5 960	5 960	5 960

注：括号内数据为稳健标准误，*、**、*** 分别表示在 10%、5%、1% 的水平上显著。

（2）四种补贴方式对个体就业质量的影响

表 4-7 作为基准回归分别从供需两个层面考察了培训单位及劳动者的补贴状态对就业质量的影响，在此基础上表 4-7 将不同层次的补贴状态整合为四种差异化补贴策略，以期更完整地呈现异质性补贴方案的实施效果。由于不同培训单位是影响劳动者就业质量差异的重要因素，因此本部分将分企业和培训机构两个类别来展示补贴策略对劳动者就业质量的影响。

表4-7的列（1）、列（2）分别展示了在不同培训单位中差异化补贴方式对劳动者就业能力提升的影响，总体来看，与无补贴相比，间接补贴、直接补贴以及双层补贴在培训机构发挥的就业能力提升效果要优于企业，这可能源于培训机构提供的培训公共属性更强，面向广大的就业困难群体，获取证书是这类群体参加培训的主要目的，因此每类补贴形式在培训机构中都更发挥其提升就业能力的作用。具体来看，在培训机构中同时补贴机构和劳动者对就业能力的促进效果最好，而在企业中采用直接补贴给劳动者的方式最优。值得注意的是，在企业组织的培训中，间接补贴的形式并未显著提升劳动者获取证书的能力。可见，在企业中直接给予劳动者补贴即可产生很好的激励效果，因为劳动者具有较好自我学习能力和驱动力，能够有效提升自身的技能水平。而依靠组织培训项目盈利的各类机构，则需要借助围绕“机构-劳动者”的双层补贴才能更好地发挥补贴效果。这意味着，企业拥有自发通过培训提升劳动者技能的动机，对补贴的反应并不十分敏感；而培训机构在培训过程中发挥的作用则主要依靠补贴来驱动，如高质量的师资、教材和课程开发。实际调研过程中也发现在以培训机构为主体的公共职业技能培训中，直接补贴会降低机构组织培训的积极性，而间接补贴也会导致培训机构套取补贴的造假动机，双层补贴较好地保证了培训的效果。

表4-7的列（3）到列（6）则从就业状况改善维度探究补贴方式对两种不同性质的培训单位带来的影响。总体来看，与无补贴相比，三种补贴形式都显著促进了培训机构内的劳动者就业状况的改善，其中双层补贴的效果最好，直接补贴次之。与之相对应的是，在以企业为主体实施的技能培训中，三种补贴形式均未对劳动者工资提升产生显著影响，其中与无补贴相比，间接补贴与双层补贴的效应甚至为负，这是因为在企业组织的以工代训类的技能培训中，“稳岗扩岗支持”① 补贴主要流向了受疫情冲击而经营困难的中小微企业，此时补贴的首要目标是保就业而非增加工资。在主观评价的就业效果维度上，也仅有直接补贴可以显著提

① 人力资源社会保障部. 人力资源社会保障部　财政部关于实施企业稳岗扩岗专项支持计划的通知. http://www.mohrss.gov.cn/xxgk2020/fdzdgknr/zcfg/gfxwj/jy/202005/t20200515_368726.html.

高劳动者的就业效果评价，即在企业组织的培训中直接获得补贴显著提升了劳动者在工作效率提升、就业信心和工作稳定性等多个方面的表现。

可见，在不同类型的培训主体上，补贴策略对于高质量就业的推动效果截然不同。培训机构更多面向就业重点群体，如贫困劳动力、农村转移就业劳动者、下岗失业人员和转岗职工等，其初始收入较低，补贴能迅速发挥效果提升其就业质量。在具体培训形式上，仅个体层面的后付制补贴形式可能会导致“去劣存优”，亟须技能提升的重点群体主动参加培训的动力不足，只有同时对培训机构实施补贴才能实现充分激励，更好地发挥职业技能培训的“扶弱”效果。与此相对应的是，在企业参加培训的劳动者主动性更强，受训目标也更为明确，直接补贴是提升劳动者就业效果最有效的途径。

表 4-7　　　　补贴方式对个体就业质量的影响

因变量	就业能力提升		就业状况改善			
	获取证书		工资增加		就业效果	
培训单位	培训机构	企业	培训机构	企业	培训机构	企业
	列（1）	列（2）	列（3）	列（4）	列（5）	列（6）
补贴方式（参照组＝无补贴）						
间接补贴（仅补单位）	1.399 5*** (0.411 5)	0.388 3 (0.576 8)	0.988 5*** (0.326 9)	−0.502 3 (0.620 2)	0.053 5*** (0.016 0)	0.014 7 (0.029 5)
直接补贴（仅补劳动者）	2.554 8*** (0.484 0)	1.938 4*** (0.716 5)	1.424 1*** (0.300 5)	0.941 7 (0.621 0)	0.073 0*** (0.014 2)	0.090 6*** (0.032 7)
双层补贴	2.887 5*** (0.442 6)	1.562 1*** (0.583 3)	1.647 2*** (0.324 6)	−0.078 8 (0.620 9)	0.081 2*** (0.015 7)	0.047 1 (0.029 6)
地区固定效应	已控制	已控制	已控制	已控制	已控制	已控制
控制变量	已控制	已控制	已控制	已控制	已控制	已控制
样本量	3 441	2 519	3 441	2 519	3 441	2 519

注：括号内数据为稳健标准误，*** 表示在 1%的水平上显著。

3. 补贴金额对个体就业质量的影响

“补多少”是职业技能培训补贴策略的第三个维度，个体与培训单位两个层面获得的具体补贴额度主要取决于各地出台的补贴目录、补贴标准和补贴内容等。考虑到数据的可及性和准确性，本文将2017—2019年培训单位层面企业和培训机构所获得的补贴总金额除以3年间培训总人数，得出2017—2019年人均补贴金额，在此基础上分析不同培训主体补贴金额对高质量就业的推动作用，同时在模型中纳入人均补贴金额的平方项验证是否存在非线性影响。

如表4-8所示，在控制了企业及培训机构特征后，补贴金额在不同培训主体中发挥的作用迥异。在培训机构组织实施的技能培训中，补贴金额并未对个体的就业质量产生显著影响。而对企业来说，人均补贴金额会显著影响劳动者技能提升和工资增加的概率。首先，补贴金额对劳动者获取证书的影响呈现正U形，即当补贴金额处于较低水平时，补贴会降低劳动者获取证书的概率，但随着补贴金额的增加，补贴金额会显著促进劳动者技能提升，拐点为人均2 305元［75 580/（2×16. 393 7）］。这意味着在其他情况不变时，当企业劳动者的人均补贴额度大于2 305元时，补贴才能显著推动劳动者就业能力提升；否则，企业内直接补贴的培训方式难以发挥实效，反而可能在项目制和以工代训类的培训中产生逆向选择效应，吸引了补贴投机者。类似于效率工资理论，只有高额补贴才能触发技能培训的筛选机制和刺激机制，吸引技能提升的潜在目标群体参加培训，并对其参与和投入过程发挥有效的激励作用。

其次，平均来看，补贴金额也显著提升了企业劳动者工资增加的概率，但该影响是非线性的，呈现倒U形。即在人均补贴金额处于较低水平时，补贴金额对企业劳动者工资增加的效应为正，当人均补贴金额超过624元［56 586/（2×45. 295 7）］时，随着补贴金额的增加，劳动者工资增加的概率则会显著下降。在各地出台的补贴标准中，补贴金额与技能等级、培训内容的复杂程度密切相关，这意味企业内低技能群体的收入提升对补贴额度的激励效果更敏感，而对于企业内高技能群体来说，培训补贴对就业表现的改善效果需要更长的工作周期才能够显现出来。

表 4-8　补贴金额对个体就业质量的影响（边际效应）

因变量	就业能力提升		就业状况改善			
	获取证书		工资收入		就业效果	
培训单位	培训机构	企业	培训机构	企业	培训机构	企业
	列（1）	列（2）	列（3）	列（4）	列（5）	列（6）
人均补贴金额	0.024 0 (0.799 1)	-7.558 0*** (2.126 4)	0.081 3 (0.119 4)	5.658 6** (2.322 0)	-0.071 7 (0.044 7)	-0.710 5 (0.773 3)
人均补贴金额的平方	0.236 8 (0.520 0)	16.393 7** (5.508 1)	-0.093 8** (0.046 7)	-45.295 7*** (10.899 5)	-0.007 3 (0.016 2)	-3.713 1 (2.900 8)
地区固定效应	已控制	已控制	已控制	已控制	已控制	已控制
控制变量	已控制	已控制	已控制	已控制	已控制	已控制
样本量	3 441	2 519	3 441	2 519	3 441	2 519

注：括号内数据为稳健标准误，**、*** 分别表示在 5%、1% 的水平上显著。

综上所述，我国的职业技能培训补贴策略在推动劳动者实现高质量就业上发挥了重要作用，但不同培训主体的功能迥异。在公共职业技能培训目标的实现上，培训机构组织更有“效果”，即总的来说，各类补贴方式在培训机构中发挥的就业质量的提升效果更好；而企业组织的培训更具“效率”，即单位补贴金额在企业中发挥的作用显著优于机构。前者是因为培训机构承接了各类就业重点群体的技能提升工作，在培训机构中的各类补贴都显著提升了参与者的就业质量。后者是因为培训资金的使用上，培训机构的项目通常是“补贴驱动型”，围绕补贴额度开发和实施培训，难以直接回应市场和产业的需求，因此劳动者能力提升与就业状况的改善对补贴金额的变动也并不敏感。与之相对应的是企业的培训项目是“生产导向型”，在培训项目选择上更关注其对劳动者技能提升与企业效益推动的实效，因而实施效果对补贴额度的变动更为敏感，培训成果能更好地转化为高质量就业。

（二）稳健性检验

补贴方式看似是外生给定的政策影响，但事实上劳动者、培训机构或企业能否享受到补贴受到潜在结果的影响，存在由遗漏变量和反向因果引起的内生性问题。一方面，自身能力强的劳动者申领补贴的概率更大，即使在没有补贴的情况下其实现高质量就业的可能性也大于那些未申领补贴的群体；资质更好的企业和培训机构获得补贴的概率也更高，其实施培训的效果自然优于未获得补贴的单位。另一方面，在实践中部分劳动者获得补贴是以获取证书为前置条件，补贴状态与补贴效果互为因果。因此，为了克服补贴状态的内生性问题，本文采用工具变量法旨在获得关于补贴形式对推动高质量就业效果的一致性估计。

1. 工具变量的选择

多斯（Dauth）的研究发现补贴政策的地区差异性能够较好地解释微观群体获取补贴的状态，却不直接影响个体的劳动力市场表现。在此基础上本书探索使用省级补贴的相对强度，即13个省市的就业补助资金排名以及专账资金排名，作为工具变量进行模型的稳健性检验。就业补助资金和专账资金作为补贴的主要来源，其资金规模和分配机制直接影响了微观主体获得补贴的概率，但不会直接影响个体的就业表现。与此同时两类资金截然不同的资金属性（“扶弱”与“培优”）也有助于探索补贴资金来源对微观主体的异质性影响。

由于工具变量与内生变量均为分类变量，无法使用传统的IV模型进行估计，因此，本文借鉴罗德曼（Roodman）① 的方法，采用条件混合过程（简称CMP）估计法同时估计获取补贴的概率模型与补贴效果评估模型。

2. 稳健性估计结果分析

表4-9、表4-10分别使用就业补助资金和专账资金省份排名作为工具变量，检验了克服内生性后补贴形式对就业质量的效果是否稳健。表4-9

① ROODMAN D. Fitting fully observed recursive mixed-process models with cmp [J]. The Stata Journal, 2011, 11 (2): 159-206.

中列（1）、列（3）和列（5）展示了从个体层面来看，就业补助资金排名越低的省份，个体获得补贴的概率越大。这是因为作为财政转移支付资金，就业补助资金拨付时通常向经济发展滞后省份倾斜，资金额度排名靠后的省份经济发展水平反而更优越，其补贴目录多样且具特色，与市场需求的连接紧密，劳动者在培训意识和申请主动性、政策知晓度等方面的表现也更好。因此就业补助资金排名靠后的省份，其劳动者获得培训补贴的概率更大。在列（2）、列（4）和列（6）中，克服内生性后，个体层面的培训补贴仍然显著增加了劳动者获取证书以及提升工资水平的概率，同时也显著优化了劳动者对就业效果的主观评价。此外，各项回归系数均大于基准回归的结果，说明忽略遗漏变量和反向因果问题，会低估个体层面的补贴对就业质量的推动效果。

表 4-10 中列（1）、列（3）和列（5）所示，从单位层面来看，专账资金排名越靠后的省份，其所辖企业和培训机构获得补贴的概率也越大。专账资金来源于按 20%计提的各省 2018 年失业保险基金结余，所以，经济发展水平相对落后的省份，就业群体规模相对较小，失业保险基金规模和结余额度也较少。由于单位层面申领的培训补贴多用于支持项目制培训，一般采取先付制的形式在培训实施前拨付给欠发达地区重点群体聚集的中小微企业和培训机构，所以专账资金额度排名靠后的省份其下辖单位获得补贴的概率显著大于排名靠前的发达省份。在第二阶段的回归中，如列（2）、列（4）和列（6）所示，单位层面获得补贴也显著推动了个体层面高质量就业目标的实现，且实施效果大于基准回归的估计结果，以上模型都通过了弱工具变量检验，各列 F 统计量均大于 10，且在 1%的水平上显著。特别值得指出的是，虽然不同来源的补贴的相对强度对微观主体获得补贴的影响一致，但由于资金属性的异质性，其作用机制迥异。这意味着在通过补贴策略撬动培训意愿时，必须围绕不同发展水平的区域及不同层面的微观主体，有的放矢、精准施策，以期更好地发挥职业技能培训补贴对高质量就业的助推效果。

表 4-9　　个体层面的稳健性检验（CMP）

因变量	个体是否有补贴	获取证书	个体是否有补贴	工资增加	个体是否有补贴	就业效果
	列（1）	列（2）	列（3）	列（4）	列（5）	列（6）
个体是否获得补贴		1.955 0*** (0.085 8)		1.400 0*** (0.167 8)		0.211 1** (0.088 5)
就业补助资金排名	0.036 6*** (0.005 5)		0.020 6*** (0.006 4)		0.010 6*** (0.002 3)	
地区固定效应	已控制	已控制	已控制	已控制	已控制	已控制
控制变量	已控制	已控制	已控制	已控制	已控制	已控制
F 统计量	27.015 7***		24.111 6***		21.067 1***	
样本量	5 960	5 960	5 960	5 960	5 960	5 960

注：括号内数据为稳健标准误，**、*** 分别表示在 5%、1%的水平上显著。

表 4-10　　培训单位层面的稳健性检验（CMP）

因变量	培训单位是否有补贴	获取证书	培训单位是否有补贴	工资增加	培训单位是否有补贴	就业效果
	列（1）	列（2）	列（3）	列（4）	列（5）	列（6）
培训单位是否获得补贴		0.965 4*** (0.150 0)		0.784 4*** (0.150 0)		0.131 8*** (0.028 0)
专账资金排名	0.141 74*** (0.009 4)		0.135 7*** (0.009 7)		0.038 3*** (0.002 1)	

续表

因变量	培训单位是否有补贴	获取证书	培训单位是否有补贴	工资增加	培训单位是否有补贴	就业效果
	列（1）	列（2）	列（3）	列（4）	列（5）	列（6）
地区固定效应	已控制	已控制	已控制	已控制	已控制	已控制
控制变量	已控制	已控制	已控制	已控制	已控制	已控制
F 统计量	330.693 0***		308.306 0***		306.293***	
样本量	5 960	5 960	5 960	5 960	5 960	5 960

注：括号内数据为稳健标准误，*** 表示在 1%的水平上显著。

五、进一步讨论

（一）异质性分析

1. 培训动机的异质性分析

本书首先从个体参加培训的动机角度探索补贴方式的异质性实施效果。利用问卷中“您最近一次参加职业技能培训时是怎样选择课程的？”这一问题，本书将根据自己的兴趣、就业的机会或培训后预期收入来选择课程的劳动者作为培训的主动参与者，这类劳动者具有内生性参加动机，对自我发展和职业生涯提升有清楚的认知与清晰的规划，而与之相对应的因为“企业安排的课程、政府安排的课程或没有选择的余地，随便选”等原因参加培训的劳动者，作为培训的被动参与者，他们可能因为需要马上拿到失业保险金因而就近选择培训机构中最快能开班的项目，或是为了能够获得补贴而选择便利或能快速完成的培训项目，缺乏内生学习动力，也并不关注自身的技能成长。

如表 4-11 所示，在间接补贴和双层补贴下，主动参加培训的个体显示了其自发学习动机带来的就业质量提升效果，在就业能力提升、工资增加和就业效果的主观评价上都显著优于被动参与者；这一结果得到了库拉多（Curado）等①的支持，即劳动者自愿参加培训，比强制参加培训时有更强的培训迁移动机，能更好地将培训所学知识和技能应用于工作实践中。而在直接补贴下，两类劳动者的培训效果并未显现显著的异质性，可见培训单位层面的补贴状态最能激发两类劳动者在就业质量上的异质性表现，这可能是由于被动参与者在培训过程中无法匹配到合适的培训项目，单位层面的补贴通过增强培训过程控制等机制，增加了厌恶刺激，实施了负向强化，最终使得培训效果与主动参与者产生较大差异。

表 4-11　　　　培训动机的异质性结果

因变量	就业能力提升	就业状况改善	
	获取证书	工资增加	就业效果
间接补贴×培训动机	1.104 6*** (0.201 1)	1.022 1*** (0.177 7)	0.039 2*** (0.009 5)
直接补贴×培训动机	0.880 4 (0.746 5)	0.559 2 (0.455 8)	-0.019 0 (0.024 3)
双层补贴×培训动机	1.284 9*** (0.269 3)	1.022 7*** (0.176 8)	0.049 7*** (0.009 6)
地区固定效应	已控制	已控制	已控制
控制变量	已控制	已控制	已控制
样本量	5 960	5 960	5 960

注：括号内数据为稳健标准误，*、*** 分别表示在 10%、1%的水平上显著。

以往我国政府在公共职业技能培训中通常采取“大包大揽”的强供给模式，忽视劳动者基于自我发展、生产需求等内生动力的重要性，也

① CURADO C, HENRIQUES P L, RIBEIRO S. Voluntary or mandatory enrollment in training and the motivation to transfer training [J]. International Journal of Training and Development, 2015, 19 (2): 98-109.

与终身职业技能培训制度的设计初衷不符。而本书揭示了培训动机对补贴实施效果的异质性影响，进一步说明了培训需求分析和优化匹配环节在公共职业技能培训项目实施中的重要性。

2. 所在行业的异质性分析

为实体经济培养高质保量的技能工人是我国经济转型与产业结构升级中的关键环节，此时设计向实体产业倾斜的补贴策略是解决这一问题的突破口。为此，本书继续探讨了补贴方式在第二产业与第三产业、生产性服务业与消费性服务业①间的异质性效应。如表 4-12、表 4-13 所示，总的来看，间接补贴对服务业，特别是消费性服务业的就业质量的提升效果要显著优于第二产业。这是因为第二产业中的技能养成需要的训练周期更长，对培训场地、设备和师资的质量要求更高，因此实践中从事生产制造的技能工人先由技工院校或职业技术院校进行学制性培养，在职培训则更多聚焦他们的岗位适应性技能。此时，仅补贴培训单位的方式所能撬动的就业质量的提升效果十分有限。反观第三产业的行业特别是消费性服务业，例如，家政、美容美发师等技工，中短期的职业技能培训就能帮助劳动者掌握绝大部分从事相应岗位所需要的技能，此时仅针对培训单位的补贴方式就能够产生较好的激励效果。

与此相对应的是，直接补贴可以在一定程度上突破其他补贴形式对于生产制造业劳动者就业质量提升乏力的困境。直接补贴在改善第二产业劳动者就业质量方面发挥的作用要显著优于第三产业，对生产性服务业就业状况的改善效果也显著优于消费性服务业。可见对于投入成本较高的生产制造业类的培训项目，直接激励个体对其就业质量提升的效果更好。而双层补贴由于对单位和劳动者层面同时实施了激励，仅在就业

① 鉴于第一产业样本量不足，本章重点讨论第二产业、第三产业的行业异质性。此外，参考国家统计局发布的《生产性服务业统计分类（2019）》，本书将第三产业进一步划分为生产性服务业与消费性服务业。前者指为保持工业生产过程的连续性，促进工业技术进步、产业升级和提高生产效率提供保障服务的服务行业，包括批发和零售业，交通运输、仓储和邮政业，金融业，科学研究和技术服务业，租赁和商务服务业；后者主要指市场化的最终消费服务，即生产消费者用于生活消费服务产品的行业，包括住宿和餐饮业，房地产业，水利、环境和公共设施管理业，居民服务修理和其他服务业，教育业，文化体育和娱乐业。

能力提升维度有显著的行业异质性，对生产制造类行业的助推效果不如直接补贴。

总的来说，为生产制造行业培养大规模合格的技能人才是培训机构和企业这两大培训主体的重要使命，然而异质性分析的结果显示围绕培训主体的补贴方式未能在这一方面发挥其应有的作用。虽然我国针对培训单位的补贴标准一直在根据工种和技能水平进行动态调整，但远没有做到精准施策。例如，按照工种大类如焊工实施统一的补贴标准，而不考虑航天焊工与普通焊工在进行培训时需要的设备、耗材完全不同，自然难以对耗时耗材的高精尖技能培训发挥激励效果。

表 4-12　产业类型（第二产业、第三产业）的异质性结果

因变量	就业能力提升	就业状况改善	
	获取证书	工资增加	就业效果
间接补贴×产业类型	−0.212 2*** (0.078 9)	−0.147 1 (0.221 2)	−0.000 7 (0.012 0)
直接补贴×产业类型	1.908 3** (0.830 1)	1.730 4*** (0.529 1)	0.078 5*** (0.024 5)
双层补贴×产业类型	1.144 7*** (0.306 7)	0.367 3 (0.317 4)	0.035 4 (0.311 8)
地区固定效应	已控制	已控制	已控制
控制变量	已控制	已控制	已控制
样本量	5 960	5 960	5 960

注：括号内数据为稳健标准误，** 、*** 分别表示在 5%、1%的水平上显著。

表 4-13 三产类型（生产性服务业、消费性服务业）的异质性结果

因变量	就业能力提升	就业状况改善	
	获取证书	工资增加	就业效果
间接补贴×三产类型	-0.823 5** (0.369 9)	-0.338 9 (0.298 8)	-0.036 8** (0.014 4)
直接补贴×三产类型	1.498 3*** (0.332 1)	1.177 0** (0.484 2)	0.052 4** (0.022 9)
双层补贴×三产类型	0.982 7** (0.433 1)	-0.141 6 (0.287 6)	0.016 7 (0.013 8)
地区固定效应	已控制	已控制	已控制
控制变量	已控制	已控制	已控制
样本量	3 576	3 576	3 576

注：括号内数据为稳健标准误，**、*** 分别表示在 5%、1%的水平上显著。

（二）影响机制

本书进一步探讨了补贴策略推动高质量就业的作用机制。首先，参照就业补助资金和专账资金的支出管理办法①中补贴的主要用途，本章首先检验了培训形式、培训时长与师资情况的中介效应。实施效果最好的双层培训虽然能够在一定程度上增加线下培训、中长期培训和使用单位自有教师的概率，但效果并不显著。可见，这些职业技能培训的软硬件环境并非补贴推动劳动者就业质量提升的作用机制。因此，本书将关注

① 就业补助资金管理办法，http://www.gov.cn/xinwen/2017-11/19/content_5240796.htm.
关于做好职业技能提升行动专账资金使用管理工作的通知，http://www.mohrss.gov.cn/xxgk2020/fdzdgknr/zcfg/gfxwj/rcrs/201912/t20191227_349121.html.

重点从实施培训的外在环境转向培训起效的内在环境，外在环境指与培训过程本身相关的设施、教材和师资等，内在环境则指参加培训过程的主体能够感知到并从中获得内生动力的关系氛围，如培训教师与受训者的互动情况、受训者的家庭支持程度等。

本书分别在单位补贴层面和劳动者补贴层面验证了师生互动性和家庭支持度的中介作用，见表4-14、表4-15和表4-16。实证结果如下。

表4-14　　补贴方式对培训形式、培训时间与教师类型的影响

因变量	线下培训 （线上培训=0）	短期培训 （中长期培训=0）	外聘教师 （单位自有教师=0）
补贴方式（参照组=无补贴）			
间接补贴	0.698 0** (0.288 5)	0.126 1 (0.323 2)	0.434 9 (0.327 8)
直接补贴	-0.130 3 (0.261 8)	-0.114 7 (0.288 1)	-0.443 9 (0.326 8)
双层补贴	0.364 4 (0.284 9)	-0.011 4 (0.320 0)	-0.033 5 (0.320 2)
地区固定效应	已控制	已控制	已控制
控制变量	已控制	已控制	已控制
样本量	5 960	5 960	5 960

注：括号内数据为稳健标准误，** 表示在5%的水平上显著。

表 4-15　　单位层面的补贴对就业质量的中介机制

因变量	师生互动性	就业能力提升		就业状况改善			
		获取证书		工资增加		就业效果	
	列（1）	列（2）	列（3）	列（4）	列（5）	列（6）	列（7）
培训单位是否获得补贴	0.606 8*** (0.210 4)	1.208 8*** (0.307 7)	1.160 7*** (0.307 7)	0.625 0** (0.255 9)	0.496 7** (0.247 8)	0.034 2*** (0.012 6)	0.027 3** (0.011 7)
师生互动性			0.503 2*** (0.128 9)		1.209 4*** (0.101 5)		0.107 4*** (0.005 4)
地区固定效应	已控制	已控制	已控制	已控制	已控制	已控制	已控制
控制变量	已控制	已控制	已控制	已控制	已控制	已控制	已控制
样本量	5 960	5 960	5 960	5 960	5 960	5 960	5 960

注：括号内数据为稳健标准误，**、*** 分别表示在 5%、1% 的水平上显著。

表 4-16 个体层面的补贴对就业质量的中介机制

因变量	家庭支持度	就业能力提升		就业状况改善			
		获取证书		工资增加		就业效果	
	列（1）	列（2）	列（3）	列（4）	列（5）	列（6）	列（7）
个体是否获得补贴	0.700 8*** (0.166 0)	1.441 2*** (0.142 5)	1.433 4*** (0.144 9)	0.701 8*** (0.109 4)	0.656 5*** (0.110 3)	0.039 9*** (0.005 9)	0.034 2*** (0.005 8)
家庭支持度			0.821 2*** (0.198 3)		1.077 5*** (0.181 5)		0.143 1*** (0.009 1)
地区固定效应	已控制	已控制	已控制	已控制	已控制	已控制	已控制
控制变量	已控制	已控制	已控制	已控制	已控制	已控制	已控制
样本量	5 960	5 960	5 960	5 960	5 960	5 960	5 960

注：括号内数据为稳健标准误，*** 表示在 1%的水平上显著。

第一，获得补贴的培训机构和企业能有效提升培训课程中的师生互动性。本书的师生互动性指在培训过程中，劳动者与培训教师进行沟通的状态，这既可能来自参与课程的劳动者主动发起的行为，也可能是获得补贴的单位通过激励教师①，促进了教师主动交流的意愿。张伟平等②和赵必华③的研究也证实了这一机制，师生互动可以有效改善课堂氛围、学习态度，进而显著提高学生的学习效果。其中，这一机制对劳动者收入增加的中介效应最大，占总效应的比重达57.66%，可能因为这种机制能直接作用于技能习得和提升过程，更容易迁移为工作场所的表现；这一机制对就业能力提升的中介效应较弱，仅为8.62%。

第二，个体层面的补贴能显著增加劳动者获得的家庭支持度。家庭支持作为个体社会支持系统中的重要环节，指个人在自己的家庭关系网络中所能获得的、来自亲人的物质和精神上的帮助和支援，已有研究表明其对学生在校的认知表现和社会关系表现上都有显著影响。④ 本书检验了这一机制对劳动者高质量就业的中介作用，其中对主观效果评价的中介效应最强，占总效应比重的28.28%，这可能源于家庭关系网络的支持最能直接影响和塑造个体的主观感受和判断。本书的研究发现了补贴内生作用机制的重要性，在对劳动者就业质量进行干预的过程中，这种隐性机制扮演了比外在环境更为重要的角色，这意味着在推动职业技能提升行动及实施相关补贴策略时，必须将各项工作落到实处，以人为本，以劳动者的关切诉求为中心，才能更好地发挥政策实效。

① 本文所使用的变量“师生互动性”仅报告了互动状态，无法得知互动的发起主体是教师还是劳动者。

② 张伟平，陈梦婷，赵晓娜，等．专递课堂中师生互动对课堂学习效果的影响——以崇阳县小学美术专递课堂为例［J］．电化教育研究，2020（4）．

③ 赵必华．师生互动何以影响大学生学习结果——学业挑战性与学校归属感的中介效应［J］．中国高教研究，2018（4）．

④ 黄亮，赵德成．家庭社会经济文化地位与学生遭受校园欺凌关系的实证研究——家长支持和教师支持的中介作用［J］．教育科学，2018，34（1）：7-13.

六、研究结论与启示

（一）研究结论

公共职业技能培训是以教育为核心的传统人力资本投资研究中鲜少涉及的话题，却是我国落实就业优先战略、人才强国战略的重要举措。本书在我国大力推行的职业技能提升行动（2019—2021 年）背景下，利用 13 个省市的“培训单位-劳动者”匹配调查数据，实证检验了职业技能培训补贴策略对劳动者实现高质量就业的助推作用。结果发现，第一，虽然总的来说个体层面和单位层面的补贴都会显著促进劳动者就业能力提升和就业状况改善，但是不同培训主体中具有比较优势的补贴方式有所不同，培训机构中双层补贴的效果最好，而在企业中直接补贴给劳动者的方式最优，这揭示了补贴在两类主体上发挥的差异化激励效果，其中培训机构需要多重补贴才能为重点群体构建较完善的培训参与和实施路径。第二，对补贴额度实施效果的估计进一步验证了这种差异。虽然，培训机构在推动高质量就业目标的实现上更有“效果”，但是企业组织的培训更具“效率”。与“补贴驱动型”的培训机构不同，“生产导向型”的企业对补贴额度的变化更为敏感；此外，补贴对在岗职工的工资提升效应为倒 U 形，说明其更偏向于推动低技能劳动者的就业状况改善。第三，借助补贴资金在省级层面的分配方案，本书使用工具变量法验证了补贴实施效果的稳健性，同时也探索了不同的资金来源对微观主体的异质性影响。“扶弱”属性的就业补助资金更能撬动个体层面申领补贴的行为，而“培优”属性的专账资金更倾向于提升单位层面获得补贴的概率。第四，本书分别探索了补贴方式在个体动机和行业特征方面的异质性效果，间接补贴和双层补贴对主动培训者就业质量的助推效果显著优于被动培训者；而直接补贴在改善第二产业劳动者就业质量方面发挥的作用要显著优于第三产业，对生产性服务业的就业状况的改善效果也显著优于消费性服务业。第五，本书揭示了补贴影响劳动者就业质量的机制是培训过程中的内在环境而非外在环境，即师生互动性以及家庭支持度。

（二）启示

本书运用全国性调查数据为我国的职业技能培训补贴策略的实施效果提供了较为完整的经验证据，基于此，提出的建议如下。

第一，区分不同主体在公共职业技能培训中的角色和优势，完善职业技能培训的顶层设计。本书的经验证据表明培训机构供给的培训项目具有更强的公共属性，对重点群体的技能扶持有较好的实施效果。但由于其纯粹的补贴导向型的培训设置，即在保持自有利润空间的前提下依据补贴额度来设置培训项目，难以承担起为我国实现高质量发展目标培养高质保量的技能人才的重任。在“十四五”时期职业培训规划和补贴策略的顶层设计上，仍然应该以“企业+个人”为主体，发挥企业在培训针对性和组织效率上的优势，政府作为辅助角色，通过补贴来撬动全社会参与培训的积极性。

第二，在保证普惠性的基础上，进一步提升培训补贴政策的精准性和实效性。本章的异质性研究发现现行补贴策略对培训供给的激励与实践中的培训需求间没有很好匹配，仅按工种而非具体行业设置的补贴目录，不利于高精尖技能培训供给规模的壮大，而制造业技能培训由于成本较高，更需要政府补充两大主体在生产制造业培训供给上的不足。因此需要我们精准施策，围绕制造强国的目标，设计向第二产业倾斜的补贴策略，提升补贴政策对国家总体战略的支撑效果。

第三，在大力推行职业技能提升行动的三年时间中，1 000 亿元的专账资金使用效率有待提高，其中部分原因在于其“培优”属性使得培训补贴资金的供需没能很好匹配，欠发达地区专账资金规模偏小，尚未进行省级统筹。本章的研究还发现来自专账资金的培训补贴更容易惠及培训单位，不利于以直接补贴的方式助力劳动者就业质量提升。而在具体实施过程中，直接补贴是最能提升弱势劳动者（被动培训者、制造业劳动者）就业质量的补贴方式，因此优化补贴资金使用办法，明晰申领细则是提升职业技能补贴资金使用效率、效果的重要手段。

第五章

中国实践：职业技能培训实施效果评估

一、研究背景

（一）引言

我国正处于经济转型升级的关键时期，面对日趋激烈的国际竞争和已经到来的新技术革命，如何有效缓解结构性就业矛盾、提高劳动者素质成为支撑我国未来经济产业持续高质量发展最为关键的环节。一直以来，党中央、国务院都高度重视职业技能培训工作，党的十九大报告明确指出，要大规模开展职业技能培训，注重解决结构性就业矛盾；建设知识型、技能型、创新型劳动者大军。2019 年《政府工作报告》提出实施职业技能提升行动，从失业保险基金结余中拿出 1 000 亿元，用于 1 500 万人次以上的职工技能提升和转岗转业培训。同年，为深入贯彻落实国家决策部署，开展大规模、高质量职业技能培训行动，国务院办公厅印发了《职业技能提升行动方案（2019—2021 年）》，对企业职工、就业重点群体、贫困劳动力等广大劳动群体的职业技能提升行动细则提出相应的指导意见。2019 年底，人力资源社会保障部印发《关于做好职业技能提升行动专账资金使用管理工作的通知》，进一步明确了补贴范围、补贴形式、补贴标准等；2020 年印发《百日免费线上技能培训行动方案》《农民工稳就业职业技能培训计划》《百万青年技能培训行动》，在大规模开展免费线上职业技能培训的同时，重点关注农民工群体及青年群体的就业问题，努力实现将资金利用的“输血”功能转变为“造血”功能，全面促进劳动者就业创业能力的提高。

自职业技能提升行动方案出台以来，中央和地方相继对职业技能提升工作进行探索，纷纷制定相关政策路线和措施，尝试建立适应各地实际情况的实施模式。黑龙江省通过提前拨付补贴资金来对过剩产能企业职工进行职业技能培训，江西省则组织劳务派遣人员进行培训并给予补贴。职业技能提升行动自开展以来，多地不断更新培训方案、加大培训力度，通过一系列扶持政策引导多方主体参与，实现了培训人数的持续增长。但由于种种原因，我国职业技能培训中仍然存在值得改进之处，可见政策实施的效果如何在数量和质量两个维度上进行双重把控仍然是值得深入研究的课题。各地制定的行动举措虽在培训人数上取得了直观成效，却并未对培训质量给予充分关注和评价，而职业技能提升行动能否高质量完成，才是行动方案中国家整体目标实现的重要保证。

综观各地开展的职业技能提升工作，现阶段缺乏对行动模式的效果评价机制，无法衡量行动措施的合理性与有效性。因此，有必要对各地推进职业技能提升行动的实施举措进行归纳整理，深入总结行动模式中的经验和不足，建立一套完整的评估指标体系对各地实践情况所面临的问题和发展趋势等进行分析研判，通过实证研究对实施效果进行测量和评估，提出推进职业技能提升行动实施的意见建议。在厘清各地职业技能提升行动措施和模式的基础上，对实施效果的评估研究有助于各地进行自查更新，实现职业技能培训总体规划的各项目标，对持续推进该项举措，促进充分就业，激发企业活力，推动技术进步、产业升级、经济高质量发展等方面具有重要意义。

（二）国内外相关研究的梳理及研究动态

1. 职业技能培训与评估模型

（1）职业技能培训

在职培训是提高人力资本的主要途径，学者们纷纷从不同维度对其进行探究。当前关于我国职业技能培训的研究主要集中在以下两个方面。第一，集中以农民工作为研究对象。在我国城镇化的过程中，农民工为推动我国经济社会发展做出了巨大贡献①，他们越来越多地期望能够通过参加职业技能培训实现自我发展，并且已从生存需求转为发展需求，但培训参与率较低、培训内容与需求不匹配、培训方式不合适等诸多问题仍旧存在。因此，建立开放化、协作化、轻量化、个性化、趣味化和更以人为本的培训模式②，成为提升农民工职业技能的关键。第二，制度研究较为丰富。当今我国的职业技能培训进入关键发展时期，职业技能需与产业结构、经济体制等多方面进行匹配，更需发挥职业技能培训解决贫困及失业问题的作用，构建终身学习的职业技能培训制度体系。另外，“互联网+”的浪潮席卷全球，职业技能培训结合5G、物联网、人工智能、虚拟现实等技术前沿，增加关于“互联网+职业技能培训”“鼓励参与线上职业技能培训，形成长效机制”等内容，有助于补齐机制和资源短板，提高职业技能培训的管理和服务水平。③

（2）职业技能培训评估理论与模型

随着以公共职业技能培训与企业内部培训为主的职业技能培训的有效开展，国内外很多学者提出了培训效果评估的模型及方法，从模型方面来看，大体可分为主观评价模型与客观评价模型。在主观评价模型中，

① 韩伟静，李红，岳卫丽．农民工职业教育培训评价体系建构［J］．统计与决策，2016（16）．

② 周彦兵．新生代农民工职业核心能力发展探析——基于生命历程理论［J］．职教论坛，2016（23）．

③ 李桃，赵伟．互联网时代终身职业技能培训制度适应性效率研究［J］．中国远程教育，2018（11）：70-78.

柯氏四层次评估模型较为常见。柯克帕特里克（Kirkpatrick）在1959年提出了进行培训效果评估的方法，他认为可以将培训效果评估分为反应层、学习层、行为层以及结果层。反应层重视劳动者对培训项目的看法，通过反应层可衡量出劳动者对培训课程的满意度；学习层重视劳动者对培训内容的领悟和掌握程度；评价层主要用来衡量培训内容在实际工作生活中的应用状况；结果层则主要反映培训效果的改善，如收入的增加、就业状况的改善等。而在客观培训评估模型中，哈雷尔（Harrell）主要将培训效果评估划分为绩效评估、效应评估、成本收益评估和过程评估。其中，效应评估运用最为广泛。效应评估重视劳动者在培训后收入及就业状况是否改善，而这种方法则需要知道劳动者在培训前与培训后的收入及就业状况，进而得到就业与收入的净效应，但同一位劳动者不可能同时处于培训与未培训的状态，因此通常使用实验法或准实验法构建实验组与控制组，从而近似获得劳动者在未培训时就业与收入的情况。但由于本次调研采用单次抽样的方法，所以并未采用此种方法。

2. 职业技能培训效果的相关实证研究

（1）职业技能培训的评价指标与方法

基于主客观评价模型，学者们采取不同的评价指标及方法对职业技能培训效果进行实证研究。由于职业技能培训以提升劳动者技能水平、增强其就业能力与收入水平为主要目的，因此，较多学者以就业与收入为评价职业技能培训效果的重要指标。但由于研究结论会因为研究方法、数据来源、模型设定以及实施对象的不同而存在较大差异，职业技能培训是否能增加个体收入、促进就业尚未得到一致结论。

一方面，部分学者认为参与职业技能培训可以显著提高劳动者的收入、促进其就业。明瑟（Mincer）在2001年应用评价处理效应得出劳动者参与培训后会获得更高收入的结论。此外，伍德里奇（Wooldridge）也进一步使用工具变量法和倾向得分匹配法（PSM）探究培训对收入的影响效果，研究结果表明培训确实可以促进劳动者收入的提高。侯风云在研究中也发现类似结果，即在人力资本投资的多种方式中，专业技能培训的收入效应是最高的。[①] 同时也有学者发现培训的就业效应，如德国学者在评估多个培训项目时发现，职业技能培训会显著提高劳动者的就业率。胡永远、周洋及祁彩静在使用倾向得分匹配消除自选择偏差后，发现公共职业技能培训能显著提高个体就业概率。[②] 吴要武、蔡昉也证明职业技能培训可使得下岗失业人员实现再就业。[③] 同时，有外国学者指出，培训对于劳动者有很强的异质性，培训对女性和长期失业者的影响较大。

另一方面，少部分学者在职业技能培训对就业及收入的影响上有不同观点。在瑞典的研究发现，培训虽然短期增加了失业者的收入，但对失业者长期的收入产生了显著的负面影响。李静、谢丽君及李红的研究表明，技能培训初期所带来的收入增加状态会逐渐呈现出下降趋势。[④] 阿柯维克（Aakvik）在研究培训项目对就业效果的影响时，发现培训收益为负即培训并未对劳动者的再就业起到积极的作用。[⑤] 李锐、熊晓涵的研究表明，培训项目对提高未来就业信心具有显著的负向影响。[⑥] 也有学者认为没有证据表明参加公共职业技能培训会显著减少失业时间或增加就业时间。

除将就业与收入作为评价指标外，也有部分学者将劳动者培训的其他因素作为评价指标。柳劲松为研究农民工职业技能培训效果，采用了“持有职业资格证书人数”“持续工作6个月以上人数”分别作为职业技能培训的评价指标。[⑦] 同时，“是否获得职业资格证书”也是职业技能培

① 侯风云．中国农村人力资本收益率研究［J］．经济研究，2004（12）：75-84.

② 胡永远，周洋，祁彩静．公共培训和私人培训效应的比较分析［J］．中国人口科学，2018，000（1）：95-106.

③ 吴要武，蔡昉．中国城镇劳动力市场政策：覆盖、瞄准与成效——以失业严重地区为例［J］．中国劳动经济学，2009，5（1）：35-65.

④ 李静，谢丽君，李红．农民培训工程的政策效果评估——基于宁夏农户固定观察点数据的实证检验［J］．农业技术经济，2013（3）：26-35.

⑤ AAKVIK A，HECKMAN J J，VYTLACIL E J. Estimating treatment effects for discrete outcomes when responses to treatment vary：an application to Norwegian vocational rehabilitation programs［J］. Journal of Econometrics，2005，125（1-2）：15-51.

⑥ 李锐，熊晓涵．积极就业政策如何影响就业信心？——基于世界银行调查数据的实证研究［J］．中南财经政法大学学报，2020（1）：46-57，159.

⑦ 柳劲松．基于DEA模型的城市圈农民工技能培训效率研究——来自湖北77个区县的数据实证［J］．贵州师范大学学报（社会科学版），2013，181（2）：17-22.

训效果的重要评价变量。史珍珍则以“培训人数”“取证人数”“就业人数”作为评价培训效果的重要指标。①

（2）职业技能培训效果的影响因素

在评估职业技能培训效果的同时，也有学者对其影响因素进行了研究，主要集中在个体特征、培训特征以及其他特征方面。已有研究发现，性别、年龄、受教育年限、种族等个人特征以及个体不可观察变量都会对职业技能培训效果产生影响。例如，女性在培训中所获得的收益显著高于男性②；与受过高等教育的人员相比，初等及中等教育程度的人群培训效果更好；与老年人相比，培训对青年人和中年人的影响更为积极；等等。除此之外，王海港等运用异质性处理效应模型分析了珠江三角洲农村的职业技能培训的相关问题，研究发现农村劳动者的众多不可观察变量会在其决定是否参加培训及收入变化中发挥重要作用。③ 同时，培训时间、培训类型、培训组织单位、培训地点以及是否有资格认证也会影响职业技能培训效果。李实、杨修娜在研究中发现，在户籍地的培训效果要好于在非户籍地的培训效果。④ 同时，毕达宁（Bidani）对沈阳和武汉的相关研究表明，培训的一些特征为培训项目参加者带来了比其他人更成功的结果。培训期较长的项目（30 天以上的培训项目）增加了再就业的前景；个人负担培训费的下岗职工有更高的再就业率；参加政府组织的培训项目的下岗职工比在其他培训机构接受培训的下岗职工的再就业率低。⑤ 曾湘泉、杨玉梅在研究农民工培训问题时发现，3~5 个月的培训及专业性培训更能够提高培训者的工资收入。⑥

① 史珍珍，陈玉杰，李星．我国民办职业技能培训机构培训补贴效果的省际比较研究——基于数据包络法（DEA）的分析［J］．中国劳动，2020（4）：17-34.

②④ 李实，杨修娜．我国农民工培训效果分析［J］．北京师范大学学报（社会科学版），2015（6）：35-47.

③ 王海港，黄少安，李琴，等．职业技能培训对农村居民非农收入的影响［J］．经济研究，2009（9）：128-139.

⑤ BIDANI B，BLUNCH N H，GOH C C，et al. Evaluating Job Training in Two Chinese Cities［J］. Journal of Chinese Economic and Business Studies，2009，7（1）：77-94.

⑥ 杨玉梅，曾湘泉．农民工培训与就业能力提升——基于河南省阳光工程就业效果的实证研究［J］．中国劳动经济学，2011，7（1）：83-110.

除了个体特征以及培训特征外，政府作为公共职业技能培训的主导者，其补贴方案也会对培训效果产生影响。而在两者的关系上，国外学者研究较为成熟。多斯（Dauth）和图默斯（Toomet）分析了德国对低技能员工的进一步培训补贴对个体劳动力市场结果的影响，研究发现培训补贴在短期和中期显著增加了劳动者的累计就业时间和收入。① 多斯（Dauth）与克里斯汀（Christine）研究发现培训补贴显著增加了参加培训人员的累计就业时间和收入，且培训效果在35岁以下的非德国女性员工中尤为明显。② 多斯（Dauth）和图默斯（Toomet）分析了培训补贴对中小企业中45岁以上员工就业时间的影响，研究发现参加补贴培训计划的人就业率有所提高。③ 但也有部分学者认为发放培训券的补贴方式并未对培训效果产生影响。④

3. 简要述评

综上，当前我国职业技能培训评价对象多集中于农民工群体，对企业职工、贫困劳动力等就业重点人群的职业技能培训工作有待加强。在评价方法与指标方面，当前对于职业技能培训效果多采用客观评价体系，使用就业、收入等作为评价培训效果的主要测量指标，对培训效果的收入效应与就业效应研究较为全面，同时，在影响培训效果的因素上均有较为完整的体系，但仍缺乏从多维度构建客观指标的研究。由于数据的可得性，目前已有的研究多从培训需求方的维度分析职业技能培训效果，而未考虑结合培训供给方即培训机构或企业维度综合探究培训效果。基于此，本书将基于已有研究，建立一套完整的评估指标体系并采用多层线性模型将培训需求方与培训供给方相匹配，以求通过实证研究对实施效果进行全面的测量与评估。

①③ DAUTH C, TOOMET O. On Government-Subsidized training programs for older workers [J]. LABOUR, 2016, 30 (4): 371-392.

② DAUTH, CHRISTINE. Regional discontinuities and the effectiveness of further training subsidies for low-skilled employees [J]. Iab Discussion Paper, 2017.

④ ABRAMOVSKY L, BATTISTIN E, FITZSIMONS E, et al. Incentivising employers to train low-skilled workers: evidence from the UK Employer Training Pilots [J]. Journal of Labor Economics.

二、数据与方法

（一）数据与调查情况

1. 数据来源

本书所用数据是由中国劳动和社会保障科学研究院组织开展调查得到的数据。本次调查通过分层抽样的方式成功访问到了覆盖全国13个省市的企业样本、培训机构样本以及劳动者样本。除基本的培训信息外，本次调查还收集了关于国家补贴、培训群体方面的丰富信息，有利于研究者开展多维度、多层次的分析。同时，为了有效检验补贴对于职业技能提升行动的影响，在进行初步匹配后，本书剔除了未与企业或培训机构成功匹配的劳动者样本，最终共获得有效样本5 960个。

2. 调查数据的基本情况

（1）劳动者样本问卷基本情况

劳动者调查样本的性别比例和整体年龄结构较为均衡；学历多集中在大专及高职；非国有企业就业所占比例较高，接近一半；在技能水平方面，高技能人才比例较少，见表5-1。

表5-1　被调查劳动者分布情况　（%）

个体特征变量		比例
性别	男性	44.66
	女性	55.34
年龄	16岁以下	0.02
	16~20岁	4.13
	21~25岁	17.45
	26~30岁	21.01
	31~35岁	20.18
	36~40岁	14.48
	41~45岁	10.44

续表

个体特征变量		比例
年龄	46~50岁	7.61
	51岁及以上	4.68
受教育程度	初中及以下	16.66
	高中（中专、中职）	24.90
	大专（高职）	31.48
	本科	25.48
	硕士及以上	1.48
就业状况	机关事业单位就业	1.81
	国有企业就业	14.95
	非国有企业就业	43.34
	自主创业	3.66
	灵活就业	11.84
	其他形式就业	8.36
	未就业	16.04
职业技能等级	无	45.57
	初级工	21.90
	中级工	14.06
	高级工	9.57
	技师	3.45
	高级技师	1.33
	其他	4.13

（2）培训机构样本基本情况

就培训机构而言，调查样本中民办培训机构样本占比较大，约为86.91%；在培训学员来源方面，大多培训机构面向社会招收学员，而也有三成左右的机构采用了校企合作以及相关单位委托的方式，见表5-2。

表 5-2　　被调查培训机构分布情况　　（%）

培训机构基本特征		比例
机构类型	民办培训机构	86.91
	技工院校	7.63
	就业训练中心	0.43
	公共实训基地	0.58
	其他	4.46
培训学员来源（多选）	面向社会招收学员	84.29
	校企合作	35.29
	相关单位委托	31.29
	其他来源	5.57

（3）企业样本基本情况

在调查样本中，企业有一半以上来自私营个体企业，国企及其他类型企业占比较小；而从企业所属行业来看，被调查企业主要集中在第二产业和第三产业，见表 5-3。

表 5-3　　被调查企业分布情况　　（%）

企业基本特征		比例
企业所属类型	国有企业	17.91
	集体企业	0.60
	私营个体企业	57.91
	外资及港澳台资企业	6.87
	其他企业	16.72
企业所属行业	第一产业	1.17
	第二产业	49.27
	第三产业	49.56

（二）变量选择与实证策略

1. 变量选择与描述性统计

被解释变量。本书的被解释变量为职业技能培训的实施效果，在前期文献梳理的基础上，本书参考王海港等多位学者使用的收入指标以及杨玉梅使用的就业相关指标共同构建了职业技能培训实施效果评价指标体系，并进一步将实施效果细分为就业能力提升以及就业状况改善两个维度，通过熵值法将指标赋予权重并拟合为一个变量，具体方法后文会进行详述，指标体系见表 5-4。

表 5-4　　职业技能培训实施效果评价指标体系

维度	指标	变量定义
就业能力提升	取得职业技能相关证书（u_1）	是=1；不是=0
	技能应用到工作中（u_2）	是=1；不是=0
	工作能力和效率提升（u_3）	很有帮助=1；较大帮助=2；帮助一般=3；帮助较少=4；无帮助=5
	职业素质提升（u_4）	很有帮助=1；较大帮助=2；帮助一般=3；帮助较少=4；无帮助=5
就业状况改善	工资收入增加（u_5）	是=1；不是=0
	工作稳定性（u_6）	很有帮助=1；较大帮助=2；帮助一般=3；帮助较少=4；无帮助=5
	扩大就业选择（u_7）	很有帮助=1；较大帮助=2；帮助一般=3；帮助较少=4；无帮助=5
	未来职业发展信心（u_8）	很有帮助=1；较大帮助=2；帮助一般=3；帮助较少=4；无帮助=5

注：u_1、u_2 与 u_5 为正向指标，其他为负向指标。

解释变量。本书个体层面的解释变量是培训前期投入、培训实施过程，组织层面的核心变量是培训实施主体、培训资金来源。在个体层面，培训前期投入分别包括补贴方式、培训宣传、培训学费三个变量；培训实施过程则由培训时间、培训方式、培训师资以及培训内容变量共同刻画。而在组织层面，培训实施主体包括企业和培训机构两类。因政府的培训补贴可较大程度上弥补组织的培训成本，所以主要通过培训补贴来描述培训资金的来源状况。具体变量基本情况见表 5-5。

表 5-5　核心解释变量基本情况

变量层次	变量维度	变量名称	变量来源	变量解释
个体层面	培训前期投入	补贴方式	您是通过什么方式享受到培训补贴的？	补贴给培训需求方=1；补贴给培训供给方=0
		培训宣传	您最近一次参加职业技能培训是怎样得知培训信息的？	政府部门=1；培训供给方=2；社会网络=3
		培训学费	您最近一次参加职业技能培训时的学费是多少？	连续变量（万元）
	培训实施过程	培训时间	您最近一次获得职业技能培训的时间？	短期培训=1；中期培训=2；长期培训=3
		培训方式	您最近一次参加职业技能培训的方式？	线下培训=1；线上培训=2；多方式结合培训=3
		培训师资	您最近一次参加的职业技能培训是谁担任培训教师的？	政府部门人员=1；高校科研人员=2；培训供给方=3
		培训内容	您最近一次参加的职业技能培训类别？	职业技能类=1；技能提升类=2；就业创业类=3

续表

变量层次	变量维度	变量名称	变量来源	变量解释
组织层面	培训实施主体	培训供给方	您所在的企业或培训机构的类型为？	培训机构=1；企业=0
	培训资金来源	培训补贴	贵机构是否获得政府的培训补贴？或贵企业在职业技能培训方面得到过政府资助和支持的形式？	是=1；否=0

控制变量。参考已有文献的主要结论与数据结构，本书控制了性别、年龄、受教育程度、婚姻状况、就业状况等个体特征以及地区变量。主要变量的描述性统计见表5-6。

表5-6　　主要变量的描述性统计

变量维度	变量名称	变量类别	频数（均值）	比例（标准差）
被解释变量	职业技能培训实施效果		0.74	0.19
解释变量	补贴方式	补贴给培训供给方	3 200	69.82
		补贴给培训需求方	1 383	30.18
	培训宣传	政府部门	1 048	21.17
		培训供给方	2 970	59.99
		社会网络	933	18.84
	培训学费		0.07	0.13
	培训时间	短期培训	3 099	62.47
		中期培训	1 558	31.40
		长期培训	304	6.13

续表

变量维度	变量名称	变量类别	频数（均值）	比例（标准差）
解释变量	培训方式	线下培训	3 245	66. 39
		线上培训	833	17. 04
		多方式结合培训	810	16. 57
	培训师资	政府部门人员	184	3. 75
		高校科研人员	300	6. 12
		培训供给方	4 420	90. 13
	培训内容	职业技能类	2 783	57. 75
		技能提升类	1 759	36. 50
		就业创业类	277	5. 75
	培训供给方	培训机构	2 527	57. 60
		企业	3 433	42. 40
	培训补贴	是	4 104	68. 86
		否	1 856	31. 14
控制变量	性别	男	2 655	44. 66
		女	3 290	55. 34
	年龄		33. 40	9. 07
	受教育程度	初中及以下	988	16. 66
		高中（中专、中职）	1 477	24. 90
		大专	1 867	31. 48
		本科	1 511	25. 48
		硕士及以上	88	1. 48
	婚姻状况	未婚	1 875	31. 79
		已婚、离婚或丧偶	4 023	68. 21

续表

变量维度	变量名称	变量类别	频数（均值）	比例（标准差）
控制变量	就业状况	体制内	992	16.75
		体制外	3 979	67.20
		未就业	950	16.04
	省市地区	东部	2 000	36.65
		中部	1 253	22.96
		西部	2 204	40.39

2. 实证策略

（1）概念框架与计量方法

由于本书数据为多层次嵌套数据，受训者个体嵌套在培训供给方（企业或培训机构）中，因此，本书使用多层线性模型进行分析。概念框架如图 5-1 所示，本书从个体和组织两个层面的多种因素考察其对职业技能培训实施效果的影响。

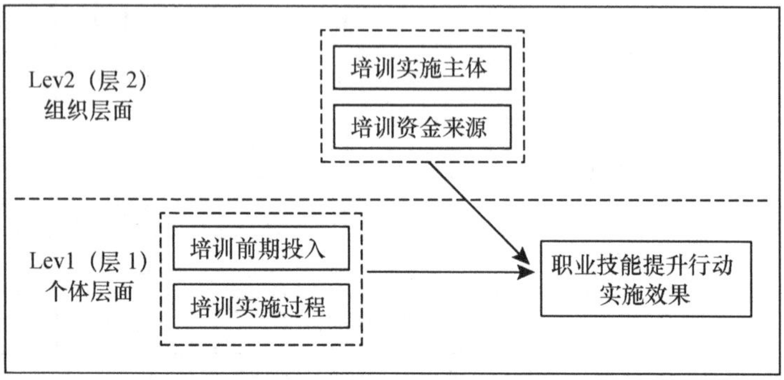

图 5-1　概念框架

个体层面模型：

$$S_{ij} = \beta_0 + \beta_{1j}(feature_{ij}) + \beta_{2j}(trainer_{ij}) + \beta_{3j}(investment_{ij}) + \beta_{4j}(process_{ij}) + \gamma_{ij}$$

式中，β_0 为个体层面的截距，γ_{ij} 为随机效应，$\beta_{1j}(feature_{ij})$、β_{2j}

$(trainer_{ij})$、$\beta_{3j}(investment_{ij})$、$\beta_{4j}(process_{ij})$ 分别是个体特征、培训实施主体、培训前期投入、培训实施过程对影响的偏回归系数。

组织层面模型：

$$\beta = \gamma_{00} + \gamma_{01}(subsidy_j) + \mu_{0j}$$

$$\beta_{1j} = \gamma_{10} + \mu_{1j}$$

$$\beta_{2j} = \gamma_{20} + \mu_{2j}$$

$$\beta_{3j} = \gamma_{30} + \mu_{3j}$$

$$\beta_{4j} = \gamma_{40} + \mu_{4j}$$

式中，γ_{00} 是个体层面截距在组织层面中的固定效应，μ_{0j} 表示组织层面的随机效应，$\gamma_{01}(subsidy_j)$ 表示组织层面的培训资金来源对影响的偏回归系数。

γ_{10} 表示组织层面的因素对 β_{1j} 的影响系数，μ_{1j} 表示 β_{1j} 在组织层面的随机效应；γ_{20}、γ_{30}、γ_{40} 同理，μ_{2j}、μ_{3j}、μ_{4j} 同理，此次不再赘述。

（2）构建职业技能培训实施效果评价指标体系

职业技能培训实施效果是对实施效果评价指标体系中全部具体指标进行综合评价后，以个体为单位，将各具体指标的分值加总，进而得到实施效果的总分值。首先，确定具体的指标体系见表 5-4。其次，建立实施效果水平指数 S_i，其中 i 代表个体样本：

$$S_i = \varphi_{u_1}u_{1i} + \varphi_{u_2}u_{2i} + \varphi_{u_3}u_{3i} + \varphi_{u_4}u_{4i} + \varphi_{u_5}u_{5i} + \varphi_{u_6}u_{6i} + \varphi_{u_7}u_{7i} + \varphi_{u_8}u_{8i}$$

最后，利用熵值法确定职业技能培训实施效果评价指标体系具体 8 个指标的权重。熵值法避免人为主观影响，使指标赋权更为科学。

三、职业技能培训实施效果评估

（一）零模型检验

劳动者的培训效果除了受到个人特征以及个体层面因素的影响，还可能会受到组织层面变量的影响。因此，为了验证组织层面的变量对个体培训效果是否存在影响，本书利用多层线性模型的零模型进行诊断性检验，即在模型中不放入个体层面和组织层面的任何特征变量，从而检验组织层面截距项的残差变异显著性。

如表 5-7 所示，截距为 0.735，p 值为 0.000。培训效果在组织层面差异显著的前提下，其方差分解为组间方差和组内方差两部分，需进一步计算组织层面变量对培训效果的跨级相关系数。计算组内相关系数公式如下：

$$ICC(1)=\tau_0^2(\text{组间方差})/[\tau_0^2(\text{组间方差})+\sigma_0^2(\text{组内方差})]$$

经计算 ICC (1) = 0.449，说明劳动者的培训效果有 44.9%受到组织层面变量的影响。因此，需要使用多层线性模型进行进一步分析。

表 5-7　　零模型结果

变量	固定效应		随机效应		
	总截距项	p 值	方差成分		组内相关系数（ICC）
培训效果	0.735	0.000	组内方差（σ_0^2）	0.140	0.449
			组间方差（τ_0^2）	0.126	

（二）职业技能培训实施效果分析

本书基于零模型的检验，构建随机截距模型分析职业技能培训实施效果。如表 5-8 所示，模型 1 在控制个体特征因素以及省市固定效应后加入培训前期投入的相关变量，模型 2 进一步加入培训实施过程的相关变量，模型 3 加入组织层面的培训实施主体以及培训资金来源的相关变量。

从培训前期投入方面来看，补贴方式对劳动者的培训效果具有显著的影响，研究结果表明将补贴给予培训需求方即劳动者会比给予培训供给方即企业或培训机构更能够提高劳动者的培训效果。对于劳动者来说，直接给予其补贴可以在很大程度上弥补劳动者的培训成本，进而促进劳动者参加培训的积极性，从而对培训效果产生正向影响。而从劳动者获取培训信息的角度来说，与从培训供给方或媒体网络、熟人告知等社会网络的方式相比，从职业技能提升行动的发起者政府部门中获得信息，

表 5-8　　职业技能培训实施效果分析

		模型 1	模型 2	模型 3
组织层面				
培训前期投入	补贴方式	0.028 0*** (0.007 5)	0.032 3*** (0.007 7)	0.030 7*** (0.007 6)
	培训宣传（参照组=政府部门）			
	培训供给方	−0.031 3*** (0.008 8)	−0.023 7** (0.009 3)	−0.018 2** (0.009 2)
	社会网络	−0.031 0*** (0.010 6)	−0.021 5* (0.011 0)	−0.022 8** (0.010 9)
	培训学费	0.080 4*** (0.026 2)	0.053 0** (0.026 9)	0.042 7 (0.026 8)
培训实施过程	培训时间（参照组=短期培训）			
	中期培训		0.023 1*** (0.007 5)	0.021 9*** (0.007 5)
	长期培训		0.013 7 (0.013 6)	0.015 6 (0.013 5)
	培训方式（参照组=线下培训）			
	线上培训		−0.031 6*** (0.009 4)	−0.025 5*** (0.009 3)
	多方式结合培训		0.018 5** (0.009 1)	0.017 0* (0.009 0)
	培训师资（参照组=政府部门人员）			
	高校科研人员		−0.009 2 (0.019 7)	−0.013 1 (0.019 6)
	培训供给方		−0.044 9*** (0.016 0)	−0.048 3*** (0.015 9)

续表

		模型 1	模型 2	模型 3
培训实施过程	培训内容（参考组=职业技能类）			
	技能提升类		-0.001 0 (0.006 8)	0.001 4 (0.006 7)
	就业创业类		-0.017 4 (0.014 8)	-0.022 4 (0.014 7)
个体层面				
培训实施主体	培训供给方			0.083 5*** (0.012 9)
培训资金来源	培训补贴			0.025 1** (0.012 6)
常数项		0.728 6*** (0.024 3)	0.768 8*** (0.029 2)	0.713 0*** (0.030 8)
省份固定效应		已控制	已控制	已控制
其他控制变量		已控制	已控制	已控制
样本量		3 350	3 064	3 064

注：括号内为标准误；*、**、*** 分别代表在 10%、5%、1%的水平上显著。

会使得劳动者的培训效果更好。这可能是因为劳动者更倾向于获得官方权威信息，对其更有依赖性。与此同时，在考虑组织层面因素对培训效果的影响后，培训学费并未对培训效果产生显著影响。

从培训实施过程来看，培训时间、培训方式以及培训师资都会对劳动者的培训效果产生显著的影响。15~90 天的中期培训的培训效果会显著高于 15 天以内的短期培训的培训效果。这与毕达宁（Bidani）的研究结果类似。从培训方式来看，线下培训效果明显好于线上培训效果。线上培训虽然具有学习时间地点灵活、学习方式可自主选择、学习资源可共享等优点，但与传统的线下培训模式相比，线上培训也具有教师与学员之间缺少面对面交流的缺点。① 而对于培训师资来说，相对于培训供给方即企业或培训机构的自有教师，来自政府部门的人员来担任教师会使培训效果更好。但从培训的具体内容来说，不论是职业技能类培训、技能提升类培训或就业创业类培训都未对培训效果产生显著的影响。但因企业和培训机构侧重的培训内容不同，需在后文进一步分析。

从组织层面的培训实施主体以及培训资金来源来看，培训机构的培训效果是显著高于企业的，这可以用实际现状来进行解释。企业作为技能人才培养的主体，其作用一直并未得到发挥，且大多数职业培训主要在培训机构中进行，企业总体参与职业培训的积极性有待提高。② 而从培训资金来源情况来看，给予培训补贴的培训效果会显著高于不给予培训补贴的培训效果。有外国学者指出，培训成本与收益的不平衡是制约培训主体提供职业技能培训的主要因素。但通过给予培训供给方补贴可以在一定程度上弥补培训方的培训成本，提高培训的质量与积极性。同时，政府补贴也可刺激供给方增加其在职业技能培训上的投入，进而在一定程度上促进培训效果的提升。

（三）职业技能培训实施效果的异质性分析

基于已有分析结果可以看出，在组织层面不同的培训实施主体对劳动者的培训效果有所区别，且不同培训群体的培训效果是职业技能培训实施效果所关注的重点问题。因此，本部分将进一步对样本进行区分，从而在多维度对培训效果进行探究。

1. 不同培训供给方职业技能培训实施效果分析

表 5-9 具体分析了全样本、来自机构的劳动者样本以及来自企业的劳动者样本的培训效果。从来自机构的劳动者样本来看，培训前期投入并未对劳动者的实际培训效果产生较大的影响，补贴方式、培训宣传以

① 邬大光，李文．我国高校大规模线上教学的阶段性特征——基于对学生、教师、教务人员问卷调查的实证研究［J］．华东师范大学学报（教育科学版），2020（7）．

② 张晓珊．商业银行核心员工培训激励对策分析［J］．中国外资，2019（24）：87-88.

及培训学费都未有显著性影响。而在培训实施过程中，培训时间以及培训师资产生了较大的影响。在培训时间方面，与全样本结果相同，中期培训与短期培训相比会获得更好的培训效果。在培训师资方面，与来自培训机构的教师相比，来自政府部门的培训教师会带来更好的培训效果，这与全样本结果类似。而在组织层面可以看到，给予培训机构补贴可以很好地提升劳动者的培训效果，这可能是因为培训机构的主要工作内容就是给予劳动者职业技能培训，补贴可以在一定程度上弥补其培训成本，可以鼓励培训机构进行基础设施建设、提高教师教学质量。

而在企业样本中可以看到，培训前期投入对劳动者的培训效果具有较大的影响，与给予企业补贴相比，给予劳动者补贴可以显著地影响培训效果，使得培训效果更好。这可能是因为补贴可以在一定程度上弥补劳动者的培训成本，激发其培训的积极性。而从培训宣传方面，企业中参加培训的劳动者更加倾向于来自政府部门的培训宣传，且学费越高，劳动者的培训效果越好。而在培训实施过程方面，与全样本结果类似，中期培训、线下培训、来自政府部门人员来担任教师都更能促进劳动者取得良好的培训效果。而值得说明的是，与全样本以及来自机构的样本不同，在企业中，职业技能类的培训与就业创业类的培训相比更能够带来良好的培训效果。这可能是因为就业创业类培训更多的是针对就业重点群体，因此，在企业中，职业技能类培训会有更好的培训效果。

表 5-9　不同培训供给方职业技能培训实施效果

		模型 4 全样本	模型 5 机构样本	模型 6 企业样本
培训前期投入	补贴方式	0.030 7*** (0.007 6)	0.013 6 (0.010 1)	0.050 7*** (0.011 9)
	培训宣传（参照组=政府部门）			
	培训供给方	−0.018 2** (0.009 2)	−0.013 4 (0.011 0)	−0.027 3* (0.016 0)

续表

		模型 4 全样本	模型 5 机构样本	模型 6 企业样本
培训前期投入	社会网络	−0.022 8** (0.010 9)	−0.009 9 (0.012 0)	−0.052 4** (0.022 6)
	培训学费	0.042 7 (0.026 8)	−0.004 5 (0.034 1)	0.095 1** (0.044 4)
培训实施过程	培训时间（参照组=短期培训）			
	中期培训	0.021 9*** (0.007 5)	0.019 4** (0.009 7)	0.019 7* (0.011 9)
	长期培训	0.015 6 (0.013 5)	0.017 1 (0.016 5)	0.019 3 (0.022 2)
	培训方式（参照组=线下培训）			
	线上培训	−0.025 5*** (0.009 3)	−0.018 5 (0.014 2)	−0.025 2* (0.012 9)
	多方式结合培训	0.017 0* (0.009 0)	0.015 9 (0.011 6)	0.019 0 (0.014 4)
	培训师资（参照组=政府部门人员）			
	高校科研人员	−0.013 1 (0.019 6)	−0.024 3 (0.029 3)	−0.003 8 (0.027 5)
	培训供给方	−0.048 3*** (0.015 9)	−0.063 7** (0.025 2)	−0.037 7* (0.021 2)
	培训内容（参考组=职业技能类）			
	技能提升类	0.001 4 (0.006 7)	−0.002 6 (0.009 2)	0.002 5 (0.009 9)
	就业创业类	−0.022 4 (0.014 7)	−0.006 0 (0.016 1)	−0.080 4** (0.031 3)

续表

		模型 4 全样本	模型 5 机构样本	模型 6 企业样本
培训实施主体	培训供给方	0.083 5*** (0.012 9)		
培训资金来源	培训补贴	0.025 1** (0.012 6)	0.054 5*** (0.017 4)	-0.010 5 (0.018 0)
常数项		0.713 0*** (0.030 8)	0.797 2*** (0.041 4)	0.743 0*** (0.047 5)
省份固定效应		已控制	已控制	已控制
其他控制变量		已控制	已控制	已控制
样本量		3 064	1 717	1 347

注：括号内为标准误；*、**、*** 分别代表在 10%、5%、1%的水平上显著。

2. **培训机构中不同群体的培训效果差异**

在具体分析来自企业的劳动者样本与来自培训机构的劳动者样本后可以看出，影响企业与培训机构培训效果的因素有所不同，那么在企业与培训机构进行职业技能培训的不同群体的培训效果又有何差异呢？本部分将更深一步探究，重点关注不同群体所带来的培训效果的差异。表 5-10 展示了培训机构中不同群体的培训效果，模型 7~模型 11 分别为城镇登记失业人员、离校未就业高校毕业生、农村转移就业劳动力、贫困劳动力和贫困家庭子女，以及包含退役军人、残疾人等其他各类人员样本的培训效果分析。

在城镇登记失业人员样本中，来自培训机构的培训信息会比政府部门的培训信息带来更好的培训效果。且对于城镇登记失业人员，培训学费越低，其培训效果越好。这可能是因为失业人员有资金约束，免费的培训能够更好地提高其积极性。在培训时间以及方式方面，采取线下培训的方式，进行短期培训会有更好的培训效果。而从培训内容来看，相比于就业创业类培训，职业技能类培训所带来的培训效果更好。这可能

表 5-10　　培训机构中不同群体培训效果对比

		模型 7 城镇登记失业人员	模型 8 离校未就业高校毕业生	模型 9 农村转移就业劳动力	模型 10 贫困劳动力和贫困家庭子女	模型 11 其他各类人员
培训前期投入	补贴方式	−0.029 4 (0.035 6)	−0.128 1*** (0.028 7)	0.100 0** (0.041 2)	−0.069 1 (0.079 0)	0.239 5 (0.247 6)
	培训宣传（参照组=政府部门）					
	培训供给方	0.101 7** (0.045 6)	−0.000 6 (0.061 2)	−0.060 6 (0.037 9)	0.105 4 (0.085 9)	0.719 1*** (0.001 3)
	社会网络	−0.176 4*** (0.040 6)	0.103 6* (0.060 6)	0.192 7*** (0.044 1)	0.119 8 (0.117 1)	0.558 9* (0.304 0)
	培训学费	−0.149 1** (0.060 7)	0.314 7** (0.155 8)	0.196 9 (0.142 0)	−0.016 4 (0.050 6)	−0.026 2*** (0.004 6)
培训实施过程	培训时间（参照组=短期培训）					
	中期培训	−0.129 4*** (0.037 9)	0.074 1 (0.049 8)	−0.242 4*** (0.028 3)	−0.116 5*** (0.011 9)	0.969 6*** (0.159 8)
	长期培训	−0.235 3** (0.095 3)	0.117 9* (0.061 3)	−0.029 2 (0.047 5)	−0.093 3 (0.118 7)	0.126 1*** (0.000 1)
	培训方式（参照组=线下培训）					
	线上培训	−0.234 7** (0.113 7)	0.080 0 (0.051 9)	−0.134 5*** (0.044 6)	−0.228 5*** (0.080 1)	0.688 4*** (0.241 5)
	多方式结合培训	0.093 0 (0.057 8)	0.083 1 (0.110 5)	−0.009 4 (0.032 9)	0.091 2*** (0.011 1)	0.158 3 (0.458 6)
	培训师资（参照组=政府部门人员）					
	高校科研人员	−0.188 5 (0.191 1)		0.376 6*** (0.125 1)		

续表

		模型7 城镇登记失业人员	模型8 离校未就业高校毕业生	模型9 农村转移就业劳动力	模型10 贫困劳动力和贫困家庭子女	模型11 其他各类人员
培训实施过程	培训供给方	−0.265 9*** (0.066 0)	−0.158 9 (0.221 3)	0.249 7** (0.116 9)	−0.036 1 (0.102 4)	−0.482 5 (0.469 9)
	培训内容（参考组=职业技能类）					
	技能提升类	0.084 3 (0.057 1)	0.082 9* (0.049 7)	0.070 4** (0.034 1)	−0.061 0*** (0.006 8)	−0.334 3** (0.159 8)
	就业创业类	−0.080 4** (0.033 6)	0.016 8 (0.039 0)	−0.048 6 (0.046 8)	−0.193 1** (0.079 7)	0.353 0** (0.159 8)
培训资金来源	培训补贴	0.103 2 (0.135 3)	−0.051 4 (0.094 5)	−0.052 0 (0.129 3)	−0.186 8 (0.159 5)	0.267 2 (0.274 9)
常数项		0.787 3** (0.319 5)	1.069 3*** (0.277 8)	0.887 2*** (0.282 4)	1.158 0*** (0.234 4)	−1.599 4*** (0.293 0)
省份固定效应		已控制	已控制	已控制	已控制	已控制
其他控制变量		已控制	已控制	已控制	已控制	已控制
样本量		60	61	75	46	42

注：括号内为标准误；*、**、*** 分别代表在10%、5%、1%的水平上显著。

是因为职业技能类培训能够使劳动者掌握技能，使其在劳动力市场上拥有找寻工作的资本，因而劳动者培训效果更好。

在离校未就业高校毕业生中，给予机构补贴会比给予劳动者补贴带来更好的培训效果，且花费学费越高的劳动者的培训效果也越好。在获取培训信息的途径上，与政府部门的宣传相比，劳动者从社会网络途径获取信息的培训效果更好。培训时间、培训方式以及培训师资对培训效果并未有较为显著的影响，但技能提升类的培训效果却显著好于单纯的职业技能类培训。

在农村转移就业劳动力中，相比于将补贴给予培训机构，劳动者获得补贴会获得更好的培训效果。同时，这些劳动者从社会网络获取信息的培训效果更好。从培训实施过程来看，采取线下培训的方式，进行短期的培训会使得劳动者的培训效果更好。在培训师资方面，高校科研人员以及培训机构教师的培训效果都显著好于政府部门人员，且劳动者技能提升类的培训效果更好。

对于贫困劳动力和贫困家庭子女来说，培训前期投入并未对培训效果产生较大影响，但短期培训、线下培训或多方式结合培训会显著地正向影响培训效果。而从培训内容来看，职业技能类培训的培训效果最好。

在包含退役军人、残疾人等其他各类人员的样本中，学费越低、培训信息来源于培训机构会使其培训效果越好，与其他各类人员不同的是，中长期的培训以及线上培训的方式更能够给其带来更好的培训效果。

3. 企业培训人员的培训效果差异

在前文重点分析培训机构中不同群体的培训效果后，结合企业的现实情况，本部分将企业样本分为技能岗位人员、专业技术人员以及行政管理人员三类，分别从对其的培训效果展开不同的分析，具体结果见表 5-11 的模型 12~模型 14。

在技能岗位人员中，中期培训与短期培训相比会获得更好的培训效果，且培训师资来自高校科研人员或培训供给方的培训效果会更好。而对于专业技术人员来说，将补贴给予劳动者的培训效果会显著好于将补贴给予企业。同时，短期培训、从政府部门获取培训信息进行培训的培训效果会显著好于其他方式，与其他样本结果相同，线下培训的培训效果要好于线上培训、多方式结合培训。实证结果也显示来自培训供给方的培训效果会好于其他方式的培训效果。

在一般的行政管理人员中，他们的培训效果不仅会受到补贴方式的影响，同时也会受到获取培训信息方式的影响。给予劳动者补贴会比给予企业补贴带来更好的培训效果。同时，来自政府部门的宣传方式更能

表 5-11　　培训机构中不同群体培训效果对比

		模型 12 技能岗位人员	模型 13 专业技术人员	模型 14 行政管理人员
培训前期投入	补贴方式	0.002 0 (0.035 9)	0.076 7** (0.035 6)	0.131 1** (0.060 2)
	培训宣传（参照组=政府部门）			
	培训供给方	0.021 0 (0.049 3)	−0.006 5 (0.050 3)	−0.320 8*** (0.050 8)
	社会网络	0.006 0 (0.078 1)	−0.155 1** (0.063 1)	−0.445 0*** (0.116 6)
	培训学费	0.294 6 (0.187 4)	0.212 3 (0.160 3)	0.138 4 (0.334 0)
培训实施过程	培训时间（参照组=短期培训）			
	中期培训	0.066 6* (0.034 7)	−0.092 8** (0.045 9)	0.041 5 (0.041 0)
	长期培训	−0.008 4 (0.064 0)	0.021 2 (0.086 7)	
	培训方式（参照组=线下培训）			
	线上培训	−0.060 3 (0.037 3)	−0.183 6*** (0.056 4)	−0.176 9*** (0.050 0)
	多方式结合培训	−0.037 0 (0.056 2)	−0.131 2** (0.065 1)	0.169 9*** (0.049 2)
	培训师资（参照组=政府部门人员）			
	高校科研人员	0.244 3** (0.117 7)		−0.188 1* (0.096 9)
	培训供给方	0.179 6** (0.080 5)	0.231 1*** (0.059 9)	0.075 8 (0.079 3)

续表

		模型 12 技能岗位人员	模型 13 专业技术人员	模型 14 行政管理人员
培训实施过程	培训内容（参考组=职业技能类）			
	技能提升类	0.029 7 (0.032 4)	0.020 9 (0.036 6)	0.064 3** (0.026 3)
	就业创业类	−0.095 0 (0.210 0)		
培训资金来源	培训补贴	0.038 7 (0.044 3)	0.043 7 (0.039 1)	−0.093 4 (0.078 6)
常数项		0.546 1*** (0.136 7)	0.555 3*** (0.120 4)	0.533 8*** (0.144 9)
省份固定效应		已控制	已控制	已控制
其他控制变量		已控制	已控制	已控制
样本量		130	49	39

注：括号内为标准误；*、**、*** 分别代表在 10%、5%、1%的水平上显著。

够使得培训效果更好。从培训实施过程来看，线下培训以及多方式结合的培训方式、来自政府部门人员的培训师资以及技能提升类的培训都可以使得企业中行政管理人员的培训效果更好。

四、小结与讨论

本书基于职业技能提升行动的调查数据，对数据情况进行基本分析后，将劳动者问卷、企业问卷以及培训机构问卷进行匹配。利用熵值法以及多层线性模型实证分析了职业技能培训的实施效果，同时进一步将样本细分进行异质性分析，最终得出以下主要结论。

第一，培训机构的培训效果显著优于企业的培训效果，且培训补贴对培训效果影响较大。在组织层面，从培训资金来源角度来看，与不给予补贴相比，给予培训供给方培训补贴会显著影响个体层面劳动者的培训效果。这种影响在培训机构样本中尤为显著。同时，从个体层面角度来看，将补贴给予培训需求方即劳动者与给予培训供给方相比，给予劳动者会显著提高劳动者的培训效果，这种影响在企业样本中较为显著。

第二，线下培训效果明显优于线上培训的方式，中期培训的培训时间更能使得培训效果提高。从培训实施过程角度分析，中期培训与短期、长期培训相比，其能够带来更好的培训效果。基于“互联网+”的线上培训并未带来较好的培训效果，反之，传统的线下培训的培训效果更好。同时，来自政府部门的师资会带来更好的培训效果。

第三，职业技能培训中的重点群体培训效果各不相同。在对培训机构以及企业中的群体分析中可以看出，不同群体具有较强的异质性与特点，因此，需对不同群体因地制宜地开展培训。

本书在通过多层线性模型对职业技能培训的实施效果进行实证分析后，评估了不同培训供给方、不同培训群体的培训效果。基于系统评估后，本书将针对当前实证分析结果并结合国际实践，提出政策优化路径，以期能够更好地开展我国的职业技能培训。

第六章

国际实践：德澳日的职业技能人才培养体系及借鉴

随着世界经济和科学技术的迅速发展，变革的市场环境对劳动者素质的要求不断提高。在国际上，职业教育发展呈现人本化、综合化、普通化、高水平化的趋势，即注重学生个人职业发展、职业思维、综合技术能力的培养，职业教育不再是“低层次”，而是层次上移，培养高层次职业技术教育人才。德国以严谨精准的国民性格著称，作为一个老牌工业强国，“德国工业”“德国制造”也早已是全球认可的高水准高质量的代名词。这样的成就由不断发展进步的工业技术研究、优质且充足的专业技能劳动力、合理的薪资及工作条件标准等因素推动而成，而这些都离不开历史悠久且高效的职业教育培训体系发挥作用。澳大利亚是教育高度产业化、国际化的发达国家，其职业教育系统不仅为本国培养出充足的高素质高技能的职业人才，推动了国民素质的提高、国家经济的发展，每年还吸引全球无数学生前往进修学习，足以见其作用效果和可持续发展性。日本是近代亚洲唯一实现“近代化”的国家，也是当代现代化程度最高的国家之一。历史上，日本与中国同样曾以被西方侵略叩开国门的方式被迫进入现代舞台，现如今，日本的工业产业链发达完整，“匠人精神”也逐渐成为其国家标签。日本不但是“后发型赶超”的代表，其更提供了陷入“赶超后陷阱”的实例。以上三个国家的职业技能培训都较为成熟且各有特色，对于在现代化道路上加速奔跑的我国来说，学习和借鉴它们的经验教训非常必要。

一、德国基于“工业 4.0”的职业教育培训体系

德国的职业教育培训体系采取“双元制”（duel education system），即学生在正式参加工作前，既需要接受职业院校的职业教育，也需要接受企业的学徒培训，多以每周 3 天高校+2 天企业的方式学习。这一制度自中世纪萌芽至今，不断探索发展，形成了现在注重专业人员岗前培训，特别是以企业为主体，根据其用人需求，培养相应数量、质量劳动力的完善的职业教育培养体系。结构完善、办学形式灵活多样、人才培养高效、国际声誉良好的双元制体系为德国的经济腾飞做出了不可磨灭的贡献，对保证德国劳动者的高素质、产品的高质量以及国民经济在国际上的持久竞争力发挥了重要作用，被誉为战后德国经济腾飞的“秘密武器”。

（一）德国职业教育的现状

1. 基于“工业 4.0”的职业教育新战略

新的科技革命和产业变革在很大程度上对国际产业分工格局起到了重塑作用，各国都致力于在新的产业变革中占据全球竞争的制高点，技术创新由此上升到了国家战略层面。2011 年，德国在汉诺威工业博览会上首次提出了“工业 4.0”这一概念，2013 年，又将其纳入国家“高科技战略”框架，上升为德国的国家战略。其后，这一概念在全球范围内被广泛接受，标志着人类社会告别了机械化、流水线生产和自动化，正式进入了第四次工业革命的初期阶段。

“工业 4.0”时代的重大标志是数字化和信息化。而德国“职业教育

4.0”因专注于教育和培训的数字化转型，被认为承担了为第四次工业革命输送知识和人才的教育职责，其特征主要表现在以下两个方面。

（1）数字化技能是各行各业员工的必备能力

根据联合国教科文组织的定义，数字化技能指的是使用数字设备、通信应用程序和利用网络查找、管理信息的一系列能力。① 数字化技能使我们能够创建和分享数字化的内容，相互交流协作，以及用更高效、更有创造力的方式解决生活、学习、工作和整个社会活动中的问题，完成自我实现。随着数字化时代的到来，各行各业正经历着“数字革命”。新技术、新产品和新服务通过网络和数字相互联系管理，越来越多的职业和岗位需要数字化流程的新知识，例如，商人需要懂电子商务，农民需要懂农业自动化，木工需要会用电脑操控木锯，等等。工作环境的数字化和智能化对从业者提出了更高的能力要求，劳动力市场对适应数字化生产的员工需求也相应增多。

（2）数字化媒体能力是职业教育和培训的主要方向

数字化媒体技术，是数字化背景下对媒体的革新升级，它遍布娱乐、技术、电子商务、健康、体育、教育、电视、出版、市场营销与广告等各个行业，在动画、网站与移动应用、增强现实、虚拟现实等许多产品上都发挥着重要作用。举例来说，数字化媒体技术的魅力体现在能够实现声音动作人机交互的体感游戏上、医院里协助检测的超声成像设备上等，数字化媒体技术能使产品说明书在美观的基础上更加简洁易懂，能以多媒体声光结合且更具创意的广告推广产品并赢得潜在消费者的好感，能帮助医务工作者以更直观清晰的方式呈现检测结果以提高医疗效率且减少误诊。在德国“工业 4.0”持续推进的背景下，各行各业的数字化媒体技术升级对员工的计算机能力、创新创造力都有着比以往更高的要求。职业教育和培训机构须做出相应改革以培养出具备良好数字化媒体能力的人才。

① https://uis.unesco.org/sites/default/files/documents/ip-5/-globalframework-reference-digital-literacy-skills-2018-en.pdf.

2. **新冠肺炎疫情期间职业教育面临的新挑战**

德国自2020年3月以后的两三年时间内，一直笼罩在新冠肺炎疫情之下，疫情不仅对德国的经济发展与社会生活产生了巨大影响，对整个欧洲的经济互通都造成了不便。在这样的经济形势下，德国的职业教育与劳动力市场也面临着新的挑战。

（1）不断攀升的失业率

2018年6月至2020年1月，德国的失业率虽有波动，但整体处于下降趋势，2019年7月、8月甚至不超过3%，可以说十分接近充分就业。然而从2020年1月起，德国的失业率迅速上升，仅仅6个月的时间，从3.4%升至4.2%。劳动力流动受限导致供给不足，政府公共医疗支出增多，贸易伙伴受疫情影响销售与购买规模均有所缩减，国家的生产与需求都遭受了严重冲击，这些均导致疫情下德国失业率的增长。

（2）陷入困境的企业和员工

疫情下，德国的自由职业者和企业雇员均面临收入下降的问题。众多企业因疫情带来的不确定性，无法规划未来的生产目标，只得实行短时工作①（Kurzarbeit）或推迟新员工入职，有些甚至不得不裁员，走向申请破产的局面。

（3）增加的职业教育申请者与缩减的企业招收名额之间形成矛盾

德国的双元制职业教育培训体系，以职业院校的技术培训同市场对劳动力的需求紧密结合为特点。参加培训的学员在入学时就会与企业、学校签订学徒合同，一般情况下，他们与未来企业中的工作岗位是“一个萝卜一个坑”的关系。由于疫情期间的居家限制，市场对劳动力需求的结构发生变化。例如，为限制人员流动、聚集，降低疾病传染风险，餐厅关门歇业，国内国际航班、铁路班次减少，这使得市场对厨师、导游等烹饪、旅游行业的劳动力需求下降；政府要求国民尽可能居家，于是线上的打卡签到、办公、上课系统，以及“云逛展”“云旅游”等功能的需求量增加，市场对信息技术产业的劳动力需求提升。

① 短时工作是一种在经济困难时期，不解雇员工，而是减少雇员正常工作时间，但仍支付大部分先前工资的社会保险的聘用形式。

根据联邦职业教育和培训研究所（BIBB）的统计预测，2020 年双元制学员申请人数最多达 98 700 人，比 2019 年多 16 000 人。然而联邦职业教育和培训研究所于 2020 年 5 月底发表的另一项研究则表示，2020 年签订的学徒合同预计将比 2019 年减少约 25 000 份。这给政府带来了潜在失业人群和失业率增加的风险，即在企业招收名额缩减的情况下，仅拥有或未拥有初中毕业学历的申请者，能否接受职业教育并随后成功就业，成为政府在当时面临的一项新挑战。

（二）变革环境下德国职业教育与培训的应对策略

1. 普及、提升各行业员工的数字化资格和技能

联邦教育与研究部（BMBF）和联邦职业教育和培训研究所共同资助了“未来数字化资格认证与工作技能”（Fachkräftequalifikation und Kompetenzenfür die digitalisierte Arbeit von morgen）研究计划，对选定的 14 种职业进行个案、系统相结合的考察，研究数字化对工人工作流程、积极性、资格要求的影响与变化。该计划的分析样本十分多元，包括了农业服务专家、数字印刷媒体设计师、公共卫生以及供暖与空调机械方面的技术人员等。计划希望通过一系列研究的结果，制定出相应的员工培训规划项目，以帮助培训师、学徒、企业三方都能顺利完成数字化转型。

同时，联邦教育与研究部还资助支持了国家项目（JOBSTARTER+），通过改善区域培训结构和试验性创新培训政策，解决培训市场面临的问题。该项目中的一个重要任务就是为中小企业提供外部支持和建议，使其进一步发展教育和培训，提高员工的信息化素养，适应工作环境的数字化和自动化。以下为该项目的相关子项目想要达成的目标：

第一，现有区域数字化措施的支持资金透明化；

第二，开发建立针对培训和继续教育的特殊咨询服务；

第三，向职业培训师提供方法和教学建议；

第四，发展附加资质证明体系；

第五，发起支持组织化的联合培训；

第六，帮助中小型企业建立部门区域化网络。

政府以专项资金、国家项目的方式帮助中小企业提升员工数字化能力，提高劳动力素质，解决新时代技能熟练工人供给不足的问题，使员工与企业适应“工业4.0”时代的要求，实现产业升级，适应自动化、数字化的经济挑战。

2. 强调数字媒体在职业培训中的重要性

职业教育中的数字媒体是联邦教育与研究部对“职业教育4.0”进行资助的重要计划之一，旨在促进和推广数字媒体在职业教育和培训中的应用，从而提升德国职业教育的竞争力。在该框架下，联邦教育与研究部的支持工作和项目分为两方面：一是明晰以需求为基础的教学和学习概念，用于职业培训和资格认证过程；二是加强教师和学生的媒体素养。整个资助计划从2012年持续到2019年，资助金额高达1.52亿欧元（含欧洲社会基金共同融资）。为提升员工或学生的数字化媒体能力，联邦教育与研究部还通过企业职业培训中心（ÜBS）计划加速企业员工培训过程的数字化，包括先进数字化设备的资助，如工业机器人、3D打印机、平板电脑及交互式触摸屏等，以及新的基于数字的职业教育概念的开发和测试。

3. 奖励疫情期间继续提供学徒培训的企业

受疫情影响，德国企业及其欧洲贸易伙伴的经济利润大幅下降，出于节约成本考虑，许多实施双元制的企业减少了学徒招聘名额，劳动力市场需求缩减，使得一部分申请人无法加入职业教育体系，出现无法就业的问题。对此，德国政府提供学徒岗位保障计划，投入5亿欧元避免企业职业教育崩盘，其核心便是提供职业培训奖金。对于在新冠肺炎疫情中依然保持学徒岗位数量稳定，甚至提高培训岗位数量的中小企业，政府将给予2 000~3 000欧元的额外奖励。该计划表示，必须阻止新冠肺炎疫情演变成一场引发年轻人未来就业困境和无法确保专业人才供应的危机。该计划的落实不仅起到了稳定职业培训市场的作用，也降低了疫情对于双元制职业教育的负面影响，有利于德国这一特色职业教育培训体系的长期发展。

（三）疫情期间德国职业教育与培训的典型特征

1. 以“职业教育4.0”为纲，针对疫情灵活快速地调整、补充政策措施

联邦职业教育和培训研究所在研究报告中认为，新冠肺炎疫情带来的最大危机并不是前所未见的新挑战，而是加剧了双元制学徒申请人数大于企业提供名额的矛盾，加之“工业4.0”进程中产业升级但熟练技术工人短缺的现实问题，劳动力供需出现不平衡的状况。面对这一挑战，政府从“工业4.0”“职业教育4.0”的角度出发，发布相关政策，强调媒体技术在职业教育培训中的重要性，同时普及并加强各行业员工的数字化、信息化能力。例如，JOBSTARTER+项目根据培训市场的需要，提供侧重于外部培训管理方面的支持。

（1）促进区域间流动

职业培训面临着培训名额与申请人地区分布不均的问题。例如，农村地区的企业因环境问题而缺少学徒，年轻人因不愿意离开家乡使得跨区域申请培训的人员短缺。为鼓励人才的区域流动，JOBSTARTER+提供了若干子项目：向青年与企业宣传支持服务（如青年住房支持）；支持企业跨区域招收学徒并帮助企业和学徒融入当地社会环境；提高培训企业跨区域招聘的宣传能力；向青年提供其他地区的培训信息；鼓励中小企业进行跨区域联合等。这些项目帮助企业开辟了更广阔的招聘渠道以成功找到符合他们要求的年轻人，让年轻人通过跨区域教育和培训拓展社交与职业视野，获得自信，变得成熟且更具行动力和流动性。

（2）解决产业和群体的局限性

在德国，部分产业与群体由于自身特征，有着职业培训教育、职业劳动力供需上的局限性。例如，物流从业者、专职驾驶员这样的职业人群，存在着“不体面”“没文化”等形象上的刻板印象，愿意从事这些职业的劳动者较少；与产品的销售商相比，供应商的知名度普遍较低，劳动者就职时往往会忽略这些就业机会；高度专业化或规模很小的企业无法提供广泛的培训内容，在培训内容上存在短板。这些特征均使得企

业对职业教育申请者的吸引力小，学徒名额空缺严重。对此，JOBSTARTER+提供子项目：提高相关企业的受关注度、吸引力、培训质量；同中小企业共同策划实施行业与职业的宣传活动；组织适合的公司进行联合培训等，以消除大众对此类企业的偏见，通过改善其形象，提升对申请者的吸引力，进而解决学徒紧缺的问题。

新冠肺炎疫情再一次证明了产业升级、灵活流动的职业培训制度的重要性。未雨绸缪才能步调不乱，从而增强未来抵抗风险的能力。

2. 政府支持资金充足，奖励直接，见效快

德国《亮点》周刊于2020年9月9日报道了德国酒店餐饮业联合会（Dehoga）对7 200家餐馆和酒店的调查结果。调查显示，在新冠肺炎疫情暴发期间，德国22.2万家酒店、餐饮企业与约240万名员工遭受了第二次世界大战以来的“最大危机”：2020年3—8月的行业销售额同比下降55.8%，即使是7月、8月旅游旺季，销售额也同比下降了40%以上。61.6%的受访酒店、餐馆表示疫情使他们生意惨淡，他们非常担心生计。

新冠肺炎疫情冲击到了各类人群，而政府相应地提出了支持政策：对于因为疫情陷入危机的餐厅、咖啡厅、酒吧，德国政府决定自2020年9月至2021年6月30日，定向将餐饮行业的增值税下调至7%；对于实行短时工作的学徒，政府于2020年3月13日通过一项法律，放宽短时工作的规定限制，为学徒提供获得短期津贴的资格；对于不得不实行短时工作制的企业职员，德国政府于4月22日在柏林召开会议决定，无子女的雇员可领取工资损失（正常工资收入与实际收入差值）60%的补贴，有子女的雇员可获得67%的补贴；对于疫情期间难以找到新工作，也无法在短时间内获得学习进修机会的求职者，若在2020年5月1日至2020年12月31日失业金领取时限到期，可自动延长3个月，即可以再领3个月的失业金。2020年3月，政府通过了预算总额达500亿欧元的对个体经营者和小微企业的紧急补贴（Sofort-Hilfe），其中每个企业免返还的补贴金额上限达15 000欧元。6月21日，政府又出台了第二轮最高达250亿欧元的振兴经济援助计划（Konjukturpaket），其中包含针对中小企业的补贴项目“过渡援助”方案，补贴金无需返还。8月，过渡援助的申请日期又从原来的2020年8月31日延长到了9月30日。由此可以看出，德国不仅在调整供需、加速产业升级上推行根本性政策，更是及时给予困难企业及个人充足的资金补助，及时高效地控制住了劳动力市场供大于需、失业率上升等问题，快速地稳定了经济及社会运行。

3. 保证市场劳动力培训供给的按部就班

（1）保障疫情期间双元制学徒的教学与结业

新冠肺炎疫情期间，德国展开了各种行动以保持职业教育和培训制度的稳定。政府以安全与健康为首要任务，鼓励双元制企业调整培训时间表、为学徒安排转行转岗、分配能够居家完成的任务，同时要求企业必须提供防疫措施，为在企业工作的学徒提供足够的空间和防护。

2020年夏季，德国约有40万名接受职业教育的学生完成职业培训。疫情环境下的期末考试在学生、职工安全第一的前提下进行。全国范围内的期末考试比原定计划推迟5~6周，于6月中旬进行。双元制合同提前期满的少数学员，商会同意其延期参加期末考试。这些措施保证了疫情期间的教学与结业，稳定了劳动力供给。

（2）出台法令政策以稳定学徒名额

德国政府2020年1月1日对《职业培训法》的修正加强了非全日制双元制职业培训的建设，提出兼职的职业培训应“向更多的人开放，同时使之更具吸引力”。2018年签订的培训合同中，仅0.4%是兼职合同，尽管政府评估表示，由于家庭负担等因素，兼职合同的终止、中断风险更高，但根据统计，对于坚持到了期末考试的学员，通过率高达92%，可以说兼职培训是“非常成功”的。联邦职业教育和培训研究所总裁弗里德里希·休伯特·艾瑟（Friedrich Hubert Esser）强调：“由于各种因素的影响，全日制培训或许是不现实的选择，而非全日制培训为人们提供了获得专业资格认可的机会，《职业培训法》修正案扩大了这些机会。有了适当的支持措施，非全日制培训在将来能为减少未完成职业培训的成年人比例和增加潜在熟练工人数量上做出重大贡献。”

二、澳大利亚精准高效的职业教育培养体系

澳大利亚是一个典型的移民国家，它被社会学家喻为“民族的拼盘”，其多民族形成的多元文化是澳大利亚社会的一个显著特征。澳大利亚拥有技术精湛的劳动力及极具竞争力的强大经济实力。它的教育产业化成就令人瞩目，完善的教育制度使其就学率在全球名列前茅。其教育体制大致承袭英国，由普通教育（Schools Education）、职业教育与培训（Vocational Education and Training，VET）和高等教育（High Education/University）三个子系统构成。职业教育与培训提供了工作所需知识技能的培训，推动了澳大利亚经济与社会的发展，是一种国际上公认的较为成功的职业教育模式。

（一）澳大利亚职业教育的框架内容与组织结构

澳大利亚学生大都在接受义务教育后（完成中等教育，即高中毕业），选择进入大学攻读学位或接受职业教育与培训。职业教育与培训旨在将学员培养成为符合雇主和国家要求的技能人才，学员达到能力标准即可获得由注册培训机构（Registered Training Organization，RTO）颁发的行业资格证书。由于澳大利亚部分岗位要求持有上岗证书，所以一些大学生也会参加职业教育与培训，以获得相应的资格证书，从而上岗就业。总体上看，澳大利亚职业教育的国家培训框架体系由三个部分构成：国家资格框架（Australian Qualified Framework，AQF）、培训包（Training Package，TP）、国家培训质量框架（Australian Quality Training Framework，AQTF）。

1. 国家资格框架

国家资格框架由政府工业部管理，它规定了普通教育之后，含高等教育、职业教育与培训在内的全国统一的教育资格标准，具有很强的连贯性和灵活性，具体内容见表6-1。

国家资格框架贯通了澳大利亚普通教育、职业教育与培训、高等教育这三大教育体系，规定了统一可“换算”沟通的学历文凭资格标准。

例如，在职业教育与培训获得文凭和高级文凭的学生，可以很方便地进入大学继续攻读学士学位。澳大利亚联邦政府通过国家资格框架体系对学生人生各阶段的学习成果给予认证，贯彻终身学习的理念。

表 6-1　　澳大利亚国家资格框架（AQF）

普通教育	职业教育与培训	高等教育
		博士学位
		硕士学位
	职业研究生证明	硕士文凭
	职业研究生资格	研究生资格证明
		学士学位
	高级文凭	高级文凭
	文凭	文凭
	职业资格 4 级	
	职业资格 3 级	
职业资格 2 级	职业资格 2 级	
职业资格 1 级	职业资格 1 级	

资料来源：AQF. Implementation Handbook 2007（Fourth Edition）. http://www.aqf.edu.au./Portals/0/Documents/Handbook/AQF_Handbook_07.pdf.

2. 培训包

如果说国家资格框架是一种教育结果认证标准，那么培训包就是一种教学实施标准。培训包也被称为培训指南，它决定了专业设置和课程开发的问题。培训包由两部分组成：一是国家认证，包含能力标准、资格框架、评估指南；二是辅助材料，即非认证内容，包含学习策略、评估材料、专业发展材料。各州职业技术教育（Technical And Further Education，TAFE）学院的专业设置和课程开发的标准、基础、素材都必须按照全国统一颁布的培训包进行。

3. 国家培训质量框架

国家培训质量框架，即澳大利亚职业教育的质量保障框架，由一系列职业教育的制度和标准组成，它在澳大利亚得到共同的认可和遵守。国家培训质量框架规定了职业教育院校和培训机构必须达到的 9 个注册条件和 3 个标准，注册条件包括：（1）签署声明确保依照国家培训质量框架标准经营；（2）与其他国家培训质量框架注册机构建立互动机制；（3）遵守立法要求；（4）加入完整的保险计划；（5）财务管理体系透明；（6）具备相应的职业资格证书、学习证明的颁发资格；（7）承认框架内其他机构颁发的职业资格；（8）市场营销符合项目的实际质量，确保诚实、准确；（9）持有的培训课程包（含修订包）及认证课程均在有效期内。注册标准包括：（1）提供符合质量的培训和评估；（2）坚持准入和公平原则，并使顾客收益最大化；（3）管理制度能够对顾客、员工和有关机构的人员以及注册培训机构运转环境的需求进行及时调整。

在澳大利亚，参加职业教育与培训的学员在达到能力标准后可获得由注册培训机构颁发的资格证书和学历文凭。而只有在国家培训质量框架注册并严格遵守其要求的注册培训机构，才有资格教授、考核、颁发培训包及资格证书和学历文凭。国家培训质量框架确保了培训机构的专业可靠，使得全国的注册培训机构都能为学员提供行业真正需要的职业知识和技能教学。

总的来说，以国家资格框架为核心的国家培训框架具有权威、统一、便捷、灵活的特点。国家资格框架、培训包、国家培训质量框架三部分，分别从结果控制、培训实施、过程管理的角度，为不同培训机构、不同州的学生提供了行业认可的统一学习成果鉴定标准，方便其在全国灵活就职，也方便雇主对跨州的雇员进行评估，避免了重复的培训、考核，实现了培训、管理、就业标准的一致。三者各司其职又相互协作，为澳大利亚这一联邦制国家的学生、就业者提供了便利，它将普通教育以及之后的职业教育与培训、高等教育体系清晰明确地互通起来，给学员提供了更丰富、更适合自己的选择，为社会贯彻终身学习的理念打下基础。

（二）澳大利亚职业教育与培训体系的典型特征优势

1. 拥有国家统一的证书、文凭和学位框架

澳大利亚职业教育与培训体系完善，国家资格框架作为职业资历、学分转换的主要参照系，为各类教育提供了灵活的衔接方式。由于实行了学分互认，职业技术教育学院成为上挂大学、下连普通教育，直接面对劳动力市场就业需求的综合体，具有了多功能、全方位、灵活多样的特点。普通高中的学生可以选择考取适合自己的证书，进入职业技术教育学院后继续学习。职业技术教育学院的毕业生既可直接就业，也可以直接升入大学，进而获得更高级别的资格证书。

2. 培养目标以能力为本、实践为主、需求为重

澳大利亚各职业教育与培训机构都有明确的培养目标、能力要求、就业岗位等，并根据培训包的要求设置课程，组织实际教学工作，消除了学用脱节的现象。教学侧重训练学生的实际工作能力，并严格按照职业资格证书认证标准对学习结果进行考核。学生毕业后可以立即上岗工作。以工作能力和职业资格证书为导向，真正让学生获得在企业现场所要求的工作能力，从而培养出适应社会需要的高素质劳动者。

3. 树立以就业为导向的终身教育理念

澳大利亚的职业教育与培训建立在终身教育理念的基础之上，突破了传统的一次性教育的局限，帮助学生在任何阶段都能根据人力资源市场供需情况的变化以及自我兴趣特长来规划自己的职业生涯。职业技术教育学院采取实践技术与继续教育相结合、学历教育与岗位培训相结合，实行柔性的教育培训方式等措施。据统计，职业技术教育学院接受学生的年龄从 14 岁到 65 岁不等，社会已经形成学习—工作—再学习—再工作的良好机制。可以说，澳大利亚职业教育与培训创造了独特的终身教育体系。

（三）新冠肺炎疫情期间澳大利亚职业教育与培训面临的新挑战

1. 新冠肺炎疫情对职业教育与培训制度的影响

突如其来的全球新冠肺炎疫情给世界各国政府及不同行业带来了前

所未有的压力。几乎所有的社会部门都受到了重击，职业教育与培训系统更是受到了特殊的影响——不仅在于培训机构需要思考目前如何提供培训，更在于整个职业教育行业都不得不预测并适应未来几个月甚至几年内劳动力市场的重大变化。疫情期间，全球范围内绝大多数的学校被关闭，影响了从学前教育到高等教育近 16 亿名（占入学人数 90%以上）学生。[①] 许多国家迅速搭建了数字教学平台并取得教学上的成效，然而像是学徒制这样基于实操的学习项目却难以远距离在线上授课和考核。

（1）职业教育与培训的中断

面对线下教育的紧急中断，高等教育学校纷纷将丰富的网课资源公开发布以帮助学生继续完成课程。然而职业教育与培训却因其注重现场实践的性质，面临着根本没有类似的视频课可供学生线上学习的现实问题。职业教育与培训的设计没有考虑到类似新冠肺炎疫情这样的突发事件可能带来的变化。而线上职业教育也有着无法教学、无法评估的问题——学生无法获得实地观察、动手操作的知识，医学院甚至被建议降低培训强度[②]；许多教学要素根本无法转化为在线学习。

（2）学徒名额的削减

疫情带来的经济衰退表现在市场对服务业的需求降到最低，相关工作岗位缩减。这不仅意味着对这些行业的学徒培训需求相应减少，也意味着培训机构由于经济来源的短缺，无法维持原有水平的学徒名额。2019 年，职业教育与培训体系内容纳了超过 283 000 名国际留学生。[③] 然而疫情期间，联邦总理莫里森（Morrison）称，“他们（留学生）可以选择回到他们的国家”，因而强调政府要将帮助放在澳大利亚国民身上。[④] 而对于国际留学生，政府不提供援助。失去留学生学费，对职业技术教

① https://en.unesco.org/covid19/educationresponse/.

② https://www.aamc.org/news-insights/what-we-do-academic-medicine-mobilizes-prepare-covid-19.

③ https://internationaleducation.gov.au/research/International-StudentData/Documents/MONTHLY%20SUMMARIES/2019/December%202019%20End%20of%20year%20summary.pdf.

④ https://www.abc.net.au/news/2020-04-03/coronavirus-pm-tells-international-students-time-to-go-to-home/12119568.

育学院来说意味着失去一个非常重要的收入来源。

2. 政府多方面资金支援的应对措施

受疫情影响，2020 年 5 月 29 日，澳大利亚全国联合会改革委员会（National Federation Reform Council，NFRC）取代了澳大利亚政府理事会（the Council of Australian Governments，COAG），负责组织联邦政府与州政府、地方政府的沟通，创造就业机会以应对疫情冲击。2020 年 3 月，澳大利亚联邦政府宣布为符合条件的中小型企业提供一定时期的留用学徒工资补贴（supporting apprentices and trainees wage subsidy），补贴额达学徒工资的 50%。2020 年 7 月，补贴范围扩大并延长至 2021 年 3 月 31 日。任何规模的企业，包括团体培训组织，如果重新雇用从符合资格的中小企业离职的学徒也能获得工资补贴。政策在全国范围内援助了近 90 000 家企业、约 180 000 名学徒，为保障学徒生活、完成学业提供帮助，确保在未来能为劳动力市场提供持续充足的熟练技术工人。①

联邦也与地方政府合作，建立了一个金额达 10 亿澳元的就业培训基金（Job Trainer Fund）。联邦根据地方政府捐款，在 2020—2021 年提供 5 亿澳元的补助，用于为求职者和年轻人提供多达 340 700 个免费或低收费培训名额。基金的设立旨在通过提供教育培训来提高申请者的能力技术水平，同时延迟入职时间，缓解失业问题。②

各州也各自制定了相应的补贴政策。新南威尔士州提供疫情期间的免费职业技术教育课程；维多利亚州设立维多利亚州工作项目基金，帮助雇主雇员信息匹配，同时完成就职和招聘，并对因疫情失去工作、雇佣机会的留学生（包括大学、职业技术教育学院、培训组织等）提供每人 1 100 澳元的一次性补贴；南澳大利亚州建立社区与就业支持基金，包括 3 亿澳元商业和就业支持基金以及 2.5 亿澳元社区与就业支持基金，以及对工资和土地的税费减免、对酒类经营费的免除等。③

① https://www.employment.gov.au/newsroom/support-businesses-retain-apprentices-and-trainees.

② https://www.dese.gov.au/jobtrainer-fund.

③ https://www.voced.edu.au/focus-impact-covid-19-education-and-training.

联邦与地方政府共同设立了8 000万澳元疫情防控培训基金用以培训零售、旅游、接待、清洁、安保、运输和物流以及老年人和残疾人护理、相关从业人员卫生清洁知识技能，以帮助这些服务业尽快且安全地复工。防控短期课程是澳大利亚工业技能应急小组委员会为应对新冠肺炎疫情开发的第一批全国性培训课程，于2020年5月发布。培训技能包括：保持手部卫生、有效的表面清洁、个人防护设备的使用、污染废弃物的处理、识别控制报告危害、对突发事件的权衡及反应、感染与传播的基础知识。①

三、日本紧密围绕产业的多元化职业教育体系

1951年，日本制定《产业教育振兴法》，规定产业教育是发展产业经济及提高国民生活水平的基础，法令通过产业教育，确立国民对劳动的正确观念，传授产业技术，同时培养具有能力、能对经济自立做出贡献的有为国民。法令鼓励地方公共团体和企业发展职业技术教育，并规定国家在该方面采取经费补助政策。自1871年东京“工学寮”建立后，日本就进入了现代职业教育阶段。一个多世纪以来，日本职业教育取得了长足发展，特色突出，发挥了国家经济腾飞“助推器”的作用。

（一）日本职业教育制度体系现状

日本的职业教育可以分为三种形式，第一种是在学校进行的各种职业教育。例如，初中的技术、家政课教育，普通高中的综合课程教育，专修学校教育，高等专门学校教育，短期大学教育等。第二种是在企业等培训机构进行的职业技术培训。例如，企业针对新入职人员和在职人员开展职业培训，使新入职人员更快更好地进入工作状态，使在职人员的职业技术水平进一步得到提高，培训的内容包括技术教育、技能训练、经营教育等。第三种是公共职业训练，是社会上开办的职业教育。根据文部科学省颁布的《职业能力开发促进法》，日本各县均设立了职业培训

① https://www.dese.gov.au/news/subsidised-infection-control-training-fast-tracked-re-opening-businesses.

机构，培训内容包括基本素质训练、提高训练、能力再开发训练、对残疾人的职业训练以及对职业训练指导员的训练等。

1. **在学校进行的各种职业教育**

职业技术教育在日本的学校教育中占有重要地位，它为日本培养出大批优秀的技术人才和熟练劳动力，促进了日本经济的高速发展。在日本，除了幼儿园和小学，各级各类的学校都设有职业技术学科，对学生进行职业技术方面的教育。日本已经形成多层次、多类型、较完整的职业技术教育网，水平高低不同、时间长短不一，灵活多样、互为补充、互相促进。日本现行学校制度如图 6-1 所示。

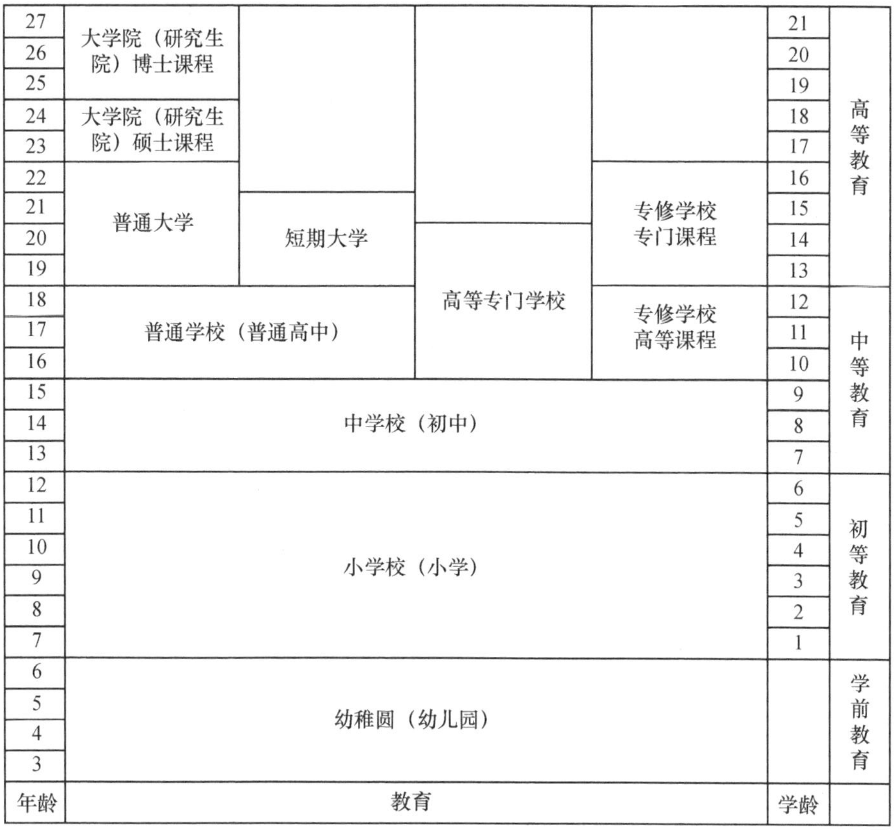

图 6-1　日本现行学校制度

资料来源：日本文部科学省。

日本现行的学校制度为六三三四制，即初等教育阶段，小学 6 年；中等教育阶段（前期、后期），初中 3 年，高中 3 年；高等教育阶段①，大学 4 年。其中一到九年级为义务教育阶段，完成义务教育、初中毕业后，学生可以选择继续接受普通教育，为升入大学做准备；或是接受职业教育，准备就业。也就是说，日本自中等教育后期，即高中阶段，便为学生提供了职业教育的选择。日本的职业教育可以按照中等、高等两个阶段进行划分。

中等教育阶段的职业教育开始于高中阶段。依据《教育基本法》规定的教育目的，日本的高中分为普通学校、职业学校和综合学校三类：

（1）普通学校以普通教育为主，学生以升入大学为目标；

（2）职业学校以职业教育为主，相当于国内的职业高中，学生以毕业后的就业为目标，职业学科繁多，涵盖工业、农业、商业、水产、家庭、信息、福利、护理等 30 余种；

（3）综合学校以选修方式同时进行普通教育及职业教育，兼顾升学与就业两方面，适应学生的性格、能力、兴趣、特长等，为学生提供更多样的选择。

高等教育机构按照其办学形式，大致可分为高等专门学校、专修学校、短期大学、普通大学（本科）、研究生院这五种，其中高等专门学校、专修学校、短期大学提供职业教育。

（1）高等专门学校

高等专门学校制度是 20 世纪五六十年代，在日本经济高速增长时期，出于科技进步对于技术人才的需要而创设的制度。高等专门学校（国立为主）是五年一贯制职业学校，招生对象为初中毕业生，是一种包含后期中等教育的高等教育机构，整体课程相当于中专三年加大专两年，学生毕业时可获得副学士学位。学校坚持实践型技术者的培养目标，培养面向制造业的“中坚技术者”。高等专门学校开设的课程主要以工学为主，其中机械工学专业的学生最多，约占学生总人数的 1/6。大量专业性

① 需要说明的是，高等教育阶段除大学外，再往上就是五年的研究生教育阶段（硕士 2 年，博士 3 年），在此不讨论。

实践教育如制图、实习和实验使得高等专门学校的学生能够获得系统而精深的专业技术知识，尤其是拥有能够马上进入工作的动手能力，这也是高等专门学校在高等教育体系中占据独特地位的根本原因。

（2）专修学校

专修学校一般以职业教育为主，多为私立，学制两年，几乎涵盖了社会需要的所有学科。以往，专修学校学生大都是选择职业教育的高中应届毕业生，而现在，许多普通大学、短期大学的在校生、毕业生，以及已经参加工作的人，也会选择到专修学校学习。专修学校开设的专业以技术性专业为主，如图 6-2 所示，2019 年在读学生最多的是医疗相关领域，其中护理专业人数最多，之后依次为美容、作业疗法（occupational therapy）等；排名第二的是文化及基础课程相关领域。

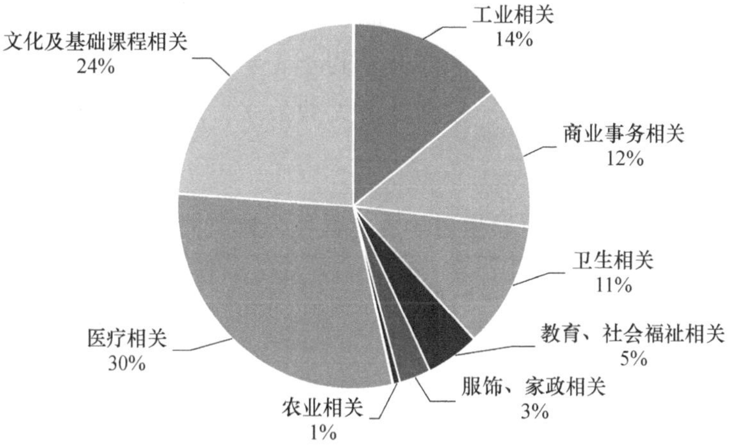

图 6-2　2019 年专修学校各类专业学生人数

资料来源：日本总务省统计局发布的《日本の統計 2019》。

为更好地服务于社会，日本专修学校创设“专门士”学位称号，授予毕业生短期高等教育学历。学生毕业后通过规定的考试，即可获得由日本文部科学省大臣颁发的“专门士”资格证书，学习四年以上的学生还可获得“高度专门士①”的称号。此外，日本政府还鼓励“专门士”

① 2013 年日本公布的教育学名词，即修满四年及以上，从国家认定的专门课程的专修学校毕业生所获得的称号。

继续深造，两年以上的学科毕业生可以插班进入普通大学学习，四年以上的学科毕业生可以进入研究生学院学习。

（3）短期大学

日本短期大学是一种学制为两到三年的高等教育机构。短期大学招生数量不多，培养目标明确，即从企业需要出发，对学生进行专门的职业教育，培养学生就职时所必需的知识和技能，使其具备就业和实际生活所必需的能力。短期大学主要是为了满足第二次世界大战后的经济发展需要而设立的，它由厚生劳动省和企业双重领导，文部科学省只规定最低学习时长及实习时长等，其余的均由企业、学校自行管理，十分灵活、个性化。其教育方针偏重实务技能的学习，以取得各类资格证书为目标，力求发挥各科目的特色。报考者需高中毕业或有同等学力，毕业后可获得副学士学位。对于与四年制大学签订协议的短期大学，其毕业生还可以插班就读于四年制大学并获得学士学位。如表 6-2 所示，2019 年短期大学的各个专业中，教育专业人数最多，之后为家政、社会学专业等。

表 6-2 历年各专业学生占学生总数百分比（短期大学） （%）

年份	共计	人文	社会学	基础课程	工业	农业	保健	家政	教育	艺术	其他
2009	100.0	12.4	11.9	1.4	3.1	0.9	8.0	20.5	29.6	4.4	7.8
2014	100.0	9.3	9.1	1.9	2.6	1.0	9.7	18.6	37.4	3.3	7.0
2015	100.0	9.3	8.7	2.0	2.6	1.0	9.8	18.5	37.8	3.4	7.0
2016	100.0	9.4	8.9	2.1	2.5	0.9	9.7	18.5	37.6	3.4	7.0
2017	100.0	9.8	9.0	2.0	2.4	0.7	9.4	18.4	37.4	3.6	7.3
2018	100.0	9.9	9.6	2.1	2.3	0.5	9.1	18.0	37.1	3.8	7.6
2019	100.0	10.0	10.3	1.6	2.5	0.6	8.9	17.6	36.3	4.0	8.0

资料来源：日本总务省统计局发布的《日本の統計 2019》。

2. 在企业等培训机构进行的职业技术培训

日本政府特别重视不同社会部门间的合作，强调教育部门与劳动部门和产业界的合作，并通过职业教育立法的形式，明确了各教育管理部门的具体职责和管理权限，实现全过程管理。企业的职业训练是日本职业教育的一大特色，是日本企业提高员工素质、保持企业竞争力的重要举措。日本企业职工按照工作性质可分为普通工人、技术人员和管理人员三类，每一类人员都有相应的培训内容和具体要求，企业职工从录用到退休的整个职业生涯始终在接受企业化的职业训练和教育，真正意义上实现了全员培训。日本的企业教育培训与其终身雇佣、年功序列的企业文化有着密切联系，其最终目的在于充分挖掘企业员工的潜能，提高企业的经济效益和社会效益，实现员工与企业之间的相互信任，共同发展。

3. 公共职业训练

日本职业教育除学校办教育和企业办教育外，还有社会办的公共职业训练，也由厚生劳动省主管，目的在于对求职人员进行职业技能训练或对转岗人员进行职业能力开发和技能提升的训练。根据日本 1985 年制定的《职业能力开发促进法》，公共职业训练课程主要有五种：基本素质训练、提高训练、能力再开发训练、对残疾人的职业训练、对职业训练指导员的训练。实施机构有专修职业训练学校、高等职业训练学校、职业训练短期大学、身心残缺者职业训练学校和职业训练大学等。社会形式的教育虽不是日本职业技术教育的主体，但它与学校教育和企业教育相互补充配合，为国民的终身教育提供了重要保障。

（二）日本职业教育特点及其对产业发展的促进作用

1. 重视职业教育立法，为职业教育发展保驾护航

日本职业教育以及职业教育立法几乎与日本经济的发展是同步进行的。1903 年，明治政府颁布了《专门学校令》，确保振兴职业教育的方针得以顺利实施。1933 年，日本政府成立了由产业界、政界和教育界的代表共同组成的实业教育振兴委员会，使职业教育呈现出多样化发展的局面。1947 年，日本政府制定了《职业安定法》，使职业辅导事业处于国家的指导、监督与援助之下。1951 年，日本政府颁布了《产业教育振

兴法》，这是战后日本比较全面的职业教育立法。1958 年，日本政府颁布了《职业训练法》，这是日本职业教育的基本法，主要目的是培训社会迫切需要的技术人才。随着产业结构的变化和经济社会及职业教育的发展需要，日本还陆续出台了其他诸多相关法律，始终保障着职业教育的持续发展。在这一系列法律的保障下，日本职业教育迅速发展并保持着世界领先水平。

2. 职业教育体系完善，专业设置契合产业发展需求

20 世纪初，日本的职业学校已达 500 余所，在校生 75 000 余人，这为日本工业崛起提供了技术人才支持。20 世纪 70 年代日本的重化工业受到世界石油危机的严重冲击，80 年代便进行结构调整，走技术立国的经济发展战略，产业结构由重化工业、制造业向金融、电子通信、生物工程、医药保健、新能源等产业转换，各职业教育学校相应开设相关专业，同时综合学科分解为若干小学科，如商业学科细分为了经理科、事务科、信息处理科、秘书科、营业科、贸易科等。1966—1978 年，学科种类从 218 种发展到了 251 种，仅工业学科就达到了 117 种。每年新专业的开设数量从 1985 年的 67 个增加到 1991 年的 247 个，每年旧专业的废止数量从 1980 年的 88 个增加到 1991 年的 230 个。日本职业学校以私立学校为主，一般规模在 800 人以下，但其办学的灵活性与多样性、课程设置的实践性和针对性以及严谨的治学精神，使得培养的学生很好地契合了当地产业的发展，为产业界输送了各类有能力的技术人才。

3. 重视企业内部职业教育发展，为产业发展提供原动力

日本职业教育办学主体多样，除了职业学校外，企业非常重视根据自身需求进行职业教育。日本的《职业能力开发促进法》规定了企业不管是对劳动者自发的还是有计划的能力开发均负有积极支持的责任和义务。日本企业对员工职业教育的投入很大。企业对员工进行职业规划，支持员工参加各种职业教育培训，以提高员工的生产技能和管理水平。这种企业职业教育是受企业和产业需求驱动而形成的一种职业教育模式，极大地提高了日本的社会劳动生产率，促进了日本经济的发展。

4. 产学紧密合作，实现产业界和学校的互利互惠

产学合作是日本职业教育的典型特点，日本通过此方式培养出了大批高级应用型人才，对经济恢复和振兴发挥了重要作用。日本出台了《大学技术转让促进法》，对高等专门学校研究成果如何尽快地向企业转化，促使日本产业结构的调整做出了详尽的规定。日本企业为了获得所需的技术人才和科研服务，积极与学校合作，而职业学校为了提高就业率、办好教学，也加强与企业的联系，这样最终形成了企业和学校互利互惠的良性循环。产业界与学校在人才培养上充分合作，一方面，企业为学生提供奖学金，学生毕业后到企业工作，而企业也选派员工到学校参加进修和培训，再返回企业工作；另一方面，企业人员可以受聘于学校，进行讲学或实验指导，学校的老师也兼任企业的相关职位，对企业发展提供智力支持。此外，日本还设立了学术振兴资金、科研费补助金等，对产学合作项目给予一定的资助，学校可接受企业的委托或与企业一起从事相关项目的研究工作，并快速、便捷地将科研成果转化为生产力。

5. 构建终身职业教育理念，使员工更好地适应产业的发展

高等专门学校的学生在完成职业学习后可以获得副学士学位；专修学校的学生结业并通过考试后，可以获得短期高等教育的学历，如“专门士”“高度专门士”的学位以及相应专业的“专门士”资格证书。日本的职业资格认证体系将专业学科细化，分别设置对应的资格考试、结业考试，给予学员职称、学历认可，提高职业教育的社会认可度，营造学历平等、职业平等的氛围。职业教育与普通教育等值发展的教育体系建设，从根本上提升了职业教育的地位，鼓励支持选择职业教育的年轻人，鼓励发展终身职业教育事业。日本也是世界上最早提出终身教育理念的国家之一，注重从学校进入社会后的教育与培训，如通过企业主办的职业教育、社会主办的职业教育、通信教育（函授）、自发的学习会或研究会等来更新知识和技能。这种职业教育多由企业提供，从初级培训到提升培训，分为不同的等级，以保证员工素质不断提高，满足新技术的应用和企业发展的要求。

（三）疫情带来的用工挑战及日本政府的应对措施

1. 资金补助仅解一时之渴的现实问题

同全球许多国家一样，新冠肺炎疫情带来的经济下行给日本带来了失业风险，日本政府也及时放宽雇佣调整补贴制度①，将补贴对象扩大至最近1个月营业额或生产量比去年同期下降5%以上的企业。② 然而，有日本学者认为，稳就业还应着眼长远。日本庆应大学教授土居丈朗指出，政策虽然防止了疫情期间出现大量失业的情况，但部分企业、行业的发展前景本就不容乐观，疫情过去，补贴停止发放后，这些企业仍可能破产，员工也不可避免地会失业。因此，政府应重视创造新的就业岗位，将劳动力引导向就业规模扩张的领域。③《日本经济新闻》社论也称，考虑到财政负担，资金补贴方式具有局限性。帮助失业者提高就业能力尤为重要，政府应加大职业培训力度，培养更多信息技术等新兴行业人才。④

2. 积极探索并实践“共享用工”模式

受疫情影响较大的日本旅游行业，大批员工处于待业状态。而时值农作物收获季，许多农场却面临“用工荒”。日本的地方政府与企业积极探索员工的转岗与共享。新用工企业按工作时间支付工资，待原企业工作恢复后，员工再返回原岗位继续工作。北海道经济产业局牵线搭桥，让赋闲的旅游业从业人员参与农业生产。截至2020年7月31日，北海道共有26家企业实行该制度。⑤ 渔业发达的宫城县因外国务工人员无法入境，招募暂时待业的其他行业员工参与渔业工作；位于首都圈，经济发达人口众多，国内生产总值排名常年位于日本第三的神奈川县横滨市，

① 雇佣调整补贴制度始于20世纪70年代，是对3个月内营业额或生产量下降10%以上的申请企业，每位员工每日最高补贴8 370日元，一年最多申请100天，3年最多申请150天的补贴政策。

② https://www.mhlw.go.jp/stf/seisakunitsuite/bunya/koyou_roudou/koyou/kyufukin/pageL07.html.

③ https://news.yahoo.co.jp/byline/takerodoi/20200310-00166996/.

④ https://www.nikkei.com/article/DGXMZO61254030X00C20A7SHF000/.

⑤ https://prtimes.jp/main/html/rd/p/000000022.000036175.html.

由于疫情居家隔离，快递外卖业务激增，政府便与店铺一同，设立快递、外卖员招募通道，鼓励待业求职人群疫情期间再就业。①

3. 加速教育信息化的推进

教育信息化是日本21世纪基础教育改革的基本方向。日本政府在“未来投资战略2018”中提出，以教育信息化促进教育改革，培养应对人工智能时代经济社会发展的可用人才是日本教育改革的当务之急。新冠肺炎疫情暴发后，日本文部科学省为提高学习效率，加速推进教育信息化基础设施建设，将原计划2023年底实现的全国中小学生人手一台电脑终端计划提前到2020年完成，有效利用信息技术支持学生线上线下混合式学习。为此，日本文部科学省紧急调整“千兆学校计划”专项预算，新增2 763亿日元为每台终端提供4.5万日元补贴，为贫困家庭学生提供信息通信费用补助，确保每一名学生拥有包括居家学习在内的稳定学习环境。②

4. 加快推进教育免费化

2019年10月，为减轻家长负担，鼓励生育，提高人口出生率，日本政府宣布幼儿教育全面免费化。2020年4月，受疫情影响，日本政府加速推进并正式实施了高等教育免费化。高等教育免费化的实施依据是《大学等高等教育机构支援相关法》（以下简称《大学免费法》）。该法案主要面向低收入家庭，用于提供奖学金的政府财政预算将从2019年10月消费税的增加部分抽取。日本文部科学省称，《大学免费法》覆盖范围为所有高等教育机构。不仅包括大学，同样包括职业教育部分的短期大学、高等专门学校、专修学校。学生家庭的总收入为判断是否适用《大学免费法》的标准之一。符合条件的大学生将减免学费、入学金等费用，除此之外还会发放相当于生活费的无须偿还型的“补助型奖学金”。③

① https://www.kanto.meti.go.jp/kansensho/kansensho_bestpractice.html.

② http://www.jyb.cn/rmtzgjyb/202009/t20200918_359610.html.

③ https://www.mhlw.go.jp/content/12201000/000484804.pdf#search=%272020%E6%95%99%E8%82%B2%E7%84%A1%E5%84%9F%E5%8C%96%27.

四、借鉴与讨论

（一）德国职业教育与培训体系的经验启示

1. 开放非全日制职业教育，改善职业教育形式单一问题

目前我国的职业教育主要以全日制的中高等教育为主，而对想要学习新领域职业技能或提高现有职业技能水平的社会人员，却鲜有相应的机会。职业教育形式的单一为择业人群的转岗带来了障碍，不利于提高择业的自由度和灵活度，无法支持择业人群自我提升的需求。而德国双元制职业教育与培训只需年满 16 周岁、身体健康、无犯罪记录，以及满足 10 年基础教育这几项条件就可以申请。学员年龄、工作时间的多样化有助于彼此交流技术经验，提高教育效率，这样的政策也向劳动力市场传递了职业教育具有申请门槛低、教育效果显著、教育效率高等信号，有助于培养终身学习的社会氛围。

2. 加强职业教育与企业的联系，提高职业教育的实用性

目前行业企业所需要的是掌握不同专业知识与能力的技术人才，这样的人才才能够应对当前新技术迅猛发展下产业转型升级所带来的各种挑战，这一培养目标决定了中高等职业院校在进行人才培养的全过程中应做好与行业企业的沟通。目前，我国职业教育中的企业参与还存在不足之处，产教融合的程度比较有限。主要是企业多从眼下利益多寡的角度出发，没有充分认识到参与职业教育工作的重要价值，参与职业教育的动力不足。

德国双元制职业教育培训体系的特点是以企业为中心，职业教育的设置目的与培训目标皆为企业人才需求服务。相较于课堂，企业提供的教学时间甚至更长，学生的期末考试、课程结业、资格证考试也都由企业负责并颁发证书，企业在职业培训中参与度极高。目前仅靠理论教学难以再培养出素质强、符合市场需求的人才，因而我国应构建组合型、多进程的专业课程结构，提升企业在职业教育中的参与度，培养出能更快实现学生—员工身份转变、更好地适应职业工作、更理解企业需求、

更学以致用的人才。这于个人，能提高他们的教育效率，避免学而无用的困惑，他们通过接受职业教育能够找到适合的工作；于企业，能获得更符合要求的员工，提高生产效率，同时节约招聘成本与员工培训成本；于社会，让大众了解职业教育不仅时间短、效果好，能学到真本事，有助于找到合适的工作，还能够丰富学生升学时的选择，是从业者自我提高的途径，满足对职业规划有需求的学生的教育期望。

（二）澳大利亚职业教育与培训体系的经验启示

1. 建设统一贯通的教育文凭体系

目前我国的整体升学录取体系仍存在一些问题，职业高级中学、高等职业院校的专科毕业生没有学位文凭，技能资格认证体系尚不完善，就业竞争力弱。职业教育学校的生源只有初高中毕业生，这些学生往往并非出于自身兴趣、特长而选择职业教育，存在学习职业技能积极性差的问题。

澳大利亚的国家资格框架内部贯通，文凭一体化，使完成义务教育的学生能够根据自身偏好在职业教育和文化教育间灵活选择，且对职业教育体系的学生也给予文凭认可。若在我国同样建立将职业教育、高等教育容纳在一起的教育体系，帮助政府部门从体系视角对教育进行统一规划，可以有效提高职业教育的教育质量和学生质量，改善目前“长文化短技术”，高等教育与职业教育规模、质量水平极不平衡的现状。

2. 提高职业教育体系内的教师素质

目前我国职业教育学校教师存在专业知识水平偏低、教育知识发展水平偏低、课程教学知识和实践性知识不足等问题。

澳大利亚各个职业教育学校都需要接受职业教育与培训体系的考核和审查才能拥有培训教学资质，因而师资水平、课程质量得以保证。正是因为拥有高素质的师资队伍，澳大利亚的职业教育行业才能从容面对挑战，及时转变教学方式。建立课程标准、制定监管体系，才能提高教师及教学机构的资质信誉，提升学生的素质能力和职业素养，进而提高就业竞争力，改变社会对职业教育的负面看法。

（三）日本职业教育体系的经验启示

日本在第二次世界大战以后，仅用短短几十年，便创造了欧美国家百余年的工业产业成果，经济实力能力有目共睹，是典型的“后发型赶超”国家。从新中国成立至今，我国经济稳步发展，如今在经济全球化的浪潮下，外有愈加激烈的国际竞争压力，内有即将面临的人口老龄化挑战，如何以教育为踏板，降低教育成本，提高教育服务就业的效率，提高劳动者能力素质，实现产业升级，将我国人口优势导向技术能力优势，在工业生产上有所突破，日本的经验值得借鉴。

1. 改变企业招工只看文凭的现状

目前我国企业在招生时存在先通过学校排名、学历等级进行淘汰筛选的现象。用硬文凭筛选人才虽然是一种效率相对较高的筛选方式，但长此以往，给了劳动力市场学历导向而非能力导向的信号，造成劳动者盲目追求高学历的现象。日本企业在招聘时更加重视通过学生参与过的社团组织、实习经历、考取的资格证明来考察其个人技能和工作能力，考察方式更综合。我们可以完善专业技能资格考核体系，引导企业转变观念，以考察资格、个人能力为主，而不仅仅通过学历来招聘，这样更能节约员工入职后的培训成本，合理控制员工流动率，也更利于企业的发展。

2. 增加升级国内职业教育设置的科目

根据我国教育部职业教育与成人教育司公布的信息，我国目前职业教育的学科设置与大学学科设置相似。这样设置虽然有利于职业教育学生向大学本科、硕士过渡转换，但对于职业教育学校来说，缺乏职业教育的特色。日本职业教育中的专业设置有家政、工业技术这样大学专业设置中不具备的科目，也有专业相似的科目，如医疗相关专业，职业教育专业设置有护理照护、保健士、助产士等，比起大学的看护学，专业更细致具体、方向明确，更加重视实践操作而非理论研究。日本医疗行业人才培养基本形成“大学培养医生、学者，专门学校培养护士等专门人才”的局面，学生能根据自己想要成为医生还是护士或是保健士等，选择进入大学或是接受职业教育，而非先进入大学，然后再考虑就业，更具自主性和目的性。日本的职业教育与普通教育学科设置是互补的而非可相互替代的，这就使得大学与职业教育学校各具价值和特色。若在我国也能为职业教育学校增加特色项目，同时提高教学水平，将教学内容更加具体化、更具目的性，同时提高师资实力，定能发挥职业教育的功能，帮助学生找到最适合的职业发展路径。

第七章
“十四五”时期我国职业技能培训发展战略及政策选择

一、现实困境

虽然近年来，我国职业技能开发事业已取得了显著成效，初步建立了职业能力建设政策体系，启动了国家高技能人才振兴计划，组织开展了多项职业培训活动，推动了技工院校改革创新，完善了激励表彰和竞赛机制等。但无论在体制、规模还是质量上都存在着与社会经济发展、产业结构调整和劳动者就业需求不能很好适应之处。例如，政策法规还不健全，技能人才培养供需脱节的问题依然存在，职业培训层次和质量普遍不高，技工教育投入不足、基础设施不完善，各类教育培训资源的整合、协调机制不完善，职业资格评价体系仍需健全等。

（一）法律法规缺失，缺乏法律保障，政策执行仍需强化

职业技能培训工作涉及职业分类、职业标准、培训主体、培训师资、

职业技能鉴定与评价、职业技能竞赛、技能人才需求监测预测等一系列内容。我国目前仍缺乏一部针对职业技能培训事业的专门法律，这也成为制约我国职业能力建设工作改革发展的主要障碍之一。职业技能培训工作主要是依靠《劳动法》《职业教育法》《就业促进法》，虽然这三部法律对政府、企业和国民在职业技能培训等方面的权利、义务和责任做出了相应规定，但在实际工作中相应的规定过于原则化，缺乏系统性和可操作性。首先，对政府部门的管理组织责任要求较为笼统，监督职责难以落实，导致无法对劳动者技能提升、职业发展权利形成有力的保障，对企业主体地位及参与义务没有基于法律的硬性要求，例如，培训经费的筹集和使用，培训体系的构成及服务对象、培训与就业的衔接、政府支持企业培训的义务和责任、技能鉴定和技能竞赛工作等都缺乏详细、具体的说明。其次，公共实训基地和高技能人才培训基地建设及考核评价的政策等都还不尽完善，政策制定存在一定程度的滞后性。最后，已出台的培训政策落实尚不到位，制度建设有所缺失。

当今发达国家无不把职业技能开发作为振兴制造业的重要手段，且大都拥有健全的职业技能开发法律体系，如德国的《职业培训法》、英国的《产业培训法》与《就业和培训法》、日本的《职业训练法》和《职业能力开发促进法》、韩国的《职业训练法》等。我国应为职业技能开发设立专门法律，这能够使上述权利义务不清晰、责任主体不明确和工作落实不到位等突出问题得到“一揽子”解决，为技能人才发展奠定坚实的法律基础。

（二）培养体系不健全、培养质量不高，不适应劳动者终身职业技能培训的需要

1. 培养体系不健全、培养质量不高

我国自 1995 年开始构建职业技能开发体系，历经 20 余年发展取得了显著成效，形成了包括职业技能开发法律法规、国家职业技能标准、职业资格证书制度、职业培训制度、职业技能培训宏观调控等制度要素，以及政府部门、职业培训机构、企业、技能人才等主体要素在内的职业

技能开发体系。但该体系的运行效果距离人才强国的发展目标仍存在相当差距，尤其需要重点补齐现有体系在能力建设上存在的短板：一是缺乏科学、客观的技能人才统计监测及规划制度，技能人才需求无法快速有效传递到培训市场；二是各业务条线各自为战，缺乏顶层设计和总体规划；三是制度间在运行上缺少配合与衔接，评估改进机制有待完善；四是培训供给能力不足。

目前我国技能人才培养的主体有技工院校等职业院校、就业训练中心、民办培训机构、中外合作培训机构以及企业培训中心等。技工院校等职业院校主要培养在校生，难以覆盖广大的劳动者群体；社会培训机构的质量参差不齐，且普遍是场地、设备等硬件较完善，但课程、师资等软件不足。培训内容和专业设置滞后等培训能力的不足也影响了劳动者参加培训的积极性。最主要的是企业技能人才培养的主体作用并未发挥，除了有实力的大型企业、行业龙头企业注重技能人才培养之外，中小型企业用人则是拿来主义，以“挖人”为主。职业技能培训的主要目标是解决就业，较少关注劳动者职业生涯的能力开发和培养，技能人才培养体系不适应劳动者终身职业技能培训的需要。

2. 职业技能培训的针对性、有效性有待提高

职业技能培训的规模、质量和水平与实现高质量就业还有差距。“供给主导”的职业技能培训体系使得培训内容与就业市场需求的结合不够紧密，与企业生产和产业发展的实际需求还存在差距。目前，政府补贴培训绝大部分为初级工、中级工培训，培训层次和水平都较低。培训内容与企业和社会需求脱节，培训模式比较单一，培训专业与劳动者多样性、多层次的需求还有差距。培训服务供给同产业升级、科技进步的需求存在较大差距，培训针对性不强，培训效果不是很明显，不仅满足不了企业的用工需求，对劳动者本身也缺乏吸引力。

另外，政府组织的职业技能培训缺乏对劳动者培训意愿和接受培训能力的考察，使得很多劳动者进入培训班后，发现培训课程的内容并不是自己想学的，或者要学的内容根本学不会。参加培训的内容与现在的工作无关，这在一定程度上反映了补贴培训的针对性不强，浪费了培训资源，花出去的补贴资金并没有完全为培养未来产业工人、技能人才服务。

（三）技能人才评价体系亟须完善

在人才开发体系中，人才评价发挥着“指挥棒”的作用。技能人才评价是技能人才开发管理和使用的前提，在技能人才队伍建设工作中发挥引领作用。人力资源社会保障部于 2019 年印发《关于改革完善技能人才评价制度的意见》，深化推进建立科学的技能人才评价制度。该领域目前主要有如下四方面突出问题亟待解决。

1. 国家资历框架尚未建立

构建统一的国家资历框架，打通学历教育和职业教育、培训的界限，实现各类教育培训成果互认，是构建适应新时代高质量发展的劳动者终身职业技能培训制度的客观要求。由于管理体制的条块分割、用人机制的身份限制、重学历轻技能观念的束缚和相关法律的缺失等原因，我国至今未实现国家资历框架的整合。这十分不利于劳动者职业发展，不利于多途径培养人才和人力资源跨地区、跨行业的流动与配置，造成技能人才很难实现职业转换、职业通道受限、创新创造能力被抑制并进一步掣肘技能人力资本积累。

2. 职业标准体系建设滞后

目前技能人才评价制度建设正处于改革关键阶段，原有职业资格标准体系存在的不足突出表现为标准固化、内涵不清和更新迟缓；现有职业技能标准具有“封闭性”，职业间相同的技术内容无法实现评价标准互认；部分职业标准内涵有待深入研究并予以明晰（如职业道德，尤其是工匠精神有关内容）；现行部分职业标准内容远远落后于科学技术发展水平和企业生产实践，不能满足企业选人用人需要。

3. 评价技术滞后

现行技能人才评价方式主要是“纸笔+实操”模式，对于“技术技能型”“复合技能型”“知识技能型”等高层次技能人才所必备的创新能力、工匠精神等深层职业素质，缺乏有效的评估考核手段。

4. 企业主体参与自主评价积极性不足

伴随技能人才企业自主评价改革试点工作的逐步深入，在取得较大进展的同时，也暴露出一定问题及背后的体制机制短板，其中最突出的是企业参与自主评价积极性不高。深入分析深层原因，主要有两方面：第一，与具备完善的人才开发制度和较强技术实力的大型企业相比，众多民营、中小型企业出于自身能力所限以及对管理成本、生产经营成本等因素的考虑，其参与自主评价工作的动力不足；第二，现有职业标准范围尚无法全面覆盖企业生产一线职业（工种）类别，部分行业协会组织①未能充分发挥其应有职能，也造成企业缺乏参与意愿。

（四）职业教育和职业技能培训体制改革进展缓慢

1. 技能人才供需结构适配性有待加强

自我国进行经济体制改革以来，作为教育体制改革的一部分，职业教育体制改革成为国家战略性任务之一②，职业教育取得长足进步，但其人才培养结构与人力资源市场沟通机制尚不健全，导致技能人才供给与人力资源市场需求存在错位现象。改善这一状况既需要政府部门进一步增强人才需求信息收集、分析、发布工作的实效性，为技能人才教育结构调整提供更高效的公共服务，同时有必要建立职业教育培训体系与人力资源市场的对接机制。

2. 学历教育与职业教育和职业技能培训发展不平衡

第一，学习成果不能互认。我国已建立较为成熟的国内外学历资格互认机制，但职业教育和职业技能培训作为工业化和生产社会化、现代化的重要支柱，其学习成果——技能资格尚不能与学历资格实现融通互

① 行业协会组织是同行业之间，为了避免不正当竞争，维护共同利益，进行自我调节、自我约束、自我管理，以自愿形式组成的非营利性社会团体，它作为政府和企业的桥梁和纽带，担负组织协调、服务咨询、自律监督、权益维护等职能。以德国为例，在其国家资质框架（DQR）、双元制职业培训等技能人才评价、培训开发工作的实施过程中，行业协会组织全程参与技能人才培训及评价标准制定、培训及评价单位资质认定与组织实施等一系列工作。

② 《中共中央关于经济体制改革的决定》明确指出，随着经济体制的改革，科技体制和教育体制的改革越来越成为迫切需要解决的战略性任务。

认，缺乏“等值”机制，影响技能人才职业发展、晋升及待遇。第二，技工院校经费不足。职业院校，尤其是技工院校普遍教育经费不足，中西部地区普遍存在技工院校规模较小、师资力量不足、基础设施较差等问题，导致教职工待遇不高、软硬件教学体系建设不足，不利于技能人才教育教学质量提升。第三，招生存在“待遇差异”。由于招生管理体制限制，全国技工院校尚未全部纳入统一招生平台；在统一招生平台中技工院校最末批次录取，个别地方仍存在生源封锁问题。技工院校招生录取批次落后导致生源质量无法得到保障，不利于培养高素质技能人才队伍。

3. 民办培训机构发展不充分

作为公办职业教育的有益补充，民办培训机构日益成为推动技能人才发展的重要力量，以灵活宽泛的用人机制、合理的分配与激励制度、高度的办学自主性等优势在技能人才队伍建设和经济社会发展中发挥着越来越重要的作用。2019年国务院印发《国家职业教育改革实施方案》，明确指出，支持和规范社会力量兴办职业教育培训，鼓励发展股份制、混合所有制等职业院校和各类职业培训机构。但目前我国民办培训机构仍面临不少问题。第一，制度不健全，政策落实不到位。现行法律法规、政策对民办职业教育及培训机构有适用性，但还不够健全，民办培训机构办学的合理回报还没有明确标准和操作规范。第二，办学经费来源渠道单一。民办培训机构资金来源主要依靠举办人出资和学生缴纳的学费，甚至有的办学经费中学费占比达到70%以上，这将导致民办培训机构的公益性大打折扣，影响学校的办学质量和办学水平。第三，部分民办培训机构内部管理薄弱，规范性差。受办学经费所限，部分民办培训机构重经济效益轻教育投入，重规模扩张轻内涵提高，尽可能地压缩和节约办学成本；个别机构内部管理不规范，甚至出现“地毯式宣传、传销式招生、粗放式办学、流动式就业”的现象。第四，教师身份不明晰。民办培训机构的教师与公办学校教师拥有相同的任职资格，履行相同的工作职责，但平均工资大约是后者的2/3，教师退休时不能享受公办教师待遇，而是以私营企业工人身份退休，退休金与同等资历公办职业教育教师的退休金数额差距可达两倍以上；在社会保障、医疗服务、职称评定、评优评先等方面与公办职业教育教师都存在较大差距。

4. 企业参与职业技能培训动力不足

《国务院关于加快发展现代职业教育的决定》提出，要“深化产教融合、校企合作”，明确并强化了企业在职业教育培训改革与发展中的重要地位和所应发挥的重要作用。但我国职业技能培训主要在职业培训机构中进行，企业参与职业技能培训动力不足，积极性不高。这一问题的成因来自多方面，由于现有培训标准未与企业生产技术标准做到真正对接，学生所学专业知识与生产实践脱节，上岗前必须进行专门培训，这无形中增加了企业的雇佣成本，从成本角度考虑，企业更倾向于使用“现成”人才或通过内部培训的方式实现自身人力资本提升。另外，缺少确保企业介入职业技能培训获得收益（切实满足企业用人需求）的长效机制，也造成企业参与职业技能培训的动力不足。

（五）政府职能和政策体系有待进一步完善

当前需进一步明晰政府部门在职业技能培训和技能人才培养中的职能定位，确保各项政策精准发力。政府在技能人才开发领域的职能主要有统筹规划、信息服务、经费投入、监督检查四个方面。

1. 动态监测与统筹规划有待加强

对技能人才队伍规模、质量、结构的监测力度不够，缺少与国家经济产业发展战略紧密结合的评估预测。

2. 技能人才供求信息服务水平有待提高

现有技能人才数据信息化建设尚无法充分满足技能人才建设工作需要，主要短板体现为：职业培训实名制信息统计制度尚需完善，无法对技能人才发展趋势进行精准的研判；未建立分地区、分行业的技能人才数据信息分类体系，不利于制定精细的地区、行业发展规划和差异化政策措施；全国联网的职业技能等级信息系统不够完善，影响了人力资本测算的精度。

3. 经费投入不足与激励机制缺位

当前职业技能开发领域的经费投入主要包括四个部分：公办技工院校的财政资金；重点建设项目资金，如高技能人才培训基地建设项目、技能大师工作室建设项目等；就业补助资金中的职业培训补贴资金；企业计提职工教育经费。在这四类资金中，与教育部门所属的职业院校相比，技工院校获得的经费非常少，部分技工院校无法享受到同层次职业院校生均经费、教育费附加等资金支持。重点项目建设资金并非普惠性的，多数企业、院校和民办培训机构是无法享受的。职业培训补贴资金的投入也偏低，近年来培训资金虽然不断增长，但占就业专项资金的比重并未增加。企业计提职工教育经费为非强制性计提，部分企业并未计提或足额计提，且计提之后并未真正用于一线员工培训。因此，在职业能力建设领域，与需求相比资金投入严重不足，且资金统筹集约使用不够，激励社会投入的政策也不完善，使得劳动者培训需求难以满足，培训规模和质量难以有较大提升。

4. 监督检查机制有待完善

相关部门职业技能培训工作的运行及监督检查“各自为战”，相互间缺少协调与配合。另外，由于职业技能开发工作领域尚无专门法律规范，导致有关监督检查工作缺少依据、力度不足。为使技能人才发展各项政策措施切实得到落地执行并确保实施效果，需要结合技能人才开发法制化建设，对现行监督检查机制予以全面整合与完善。

（六）技能劳动者社会地位不高，技能成才的人文涵养体系有待培育

在社会环境氛围方面，技能就业成才对青年和学生吸引力不够强，企业职工和青年学生学习技能的积极性还有待提高。从全社会看，“重学历、轻能力，重装备、轻技工，重理论、轻操作”的观念还没有从根本上得到扭转。某招聘机构对 2019 年大学生就业景气情况分析发现，在不同职业的就业景气度中排名第一的是技工/操作工，景气指数为 17.60，

呈现出“用工荒”的局面。① 某机构的研究数据也显示，2018 届大学毕业生就业比例下降较多的行业是“机械设备制造业”“交通运输设备制造业”以及“电子电气设备制造业”②，而这些行业正是《中国制造 2025》要重点发展的行业。一些企业对职工培训认识不足、职责承担不够，主体作用没有充分发挥，主动性、积极性需要进一步调动。在培训中劳动者的选择权、参与权并没有得到充分体现和保障，更多的是政府组织为主，劳动者被动接受，影响了劳动者参加政府补贴培训的积极性。部分劳动者特别是外来务工人员没有明确的职业发展规划，对参加培训的积极性不高。

二、形势与挑战

我国已进入中国特色社会主义新时代，社会主要矛盾已经转化为人民日益增长的美好生活需要和不平衡不充分的发展之间的矛盾。社会主要矛盾的变化对方方面面工作提出了许多新的要求，职业能力建设工作也需要着力解决好发展不平衡不充分的问题，大力提升职业技能培训的质量和效益，提供更加优质公平的技工教育，更加注重劳动者职业发展。

当前是我国经济社会实现重大转型发展的关键时期。其主要趋势表现为：一是经济增长方式加快向以内需驱动转变，加速城镇化步伐，持续淘汰落后产能，推动产业升级，扩大消费，培育以服务业和其他新兴产业为主的新经济增长点不仅已成为不可回避的重大战略性任务，还成为不可逆转的发展趋势；二是提高劳动者职业技能水平、提高就业质量、改善收入分配状况成为重大战略性任务。从国际环境来看，世界多极化、经济全球化深入发展，科技进步日新月异，整体社会形态向以第四次产业革命为引领的后工业化时代加速转化，人才竞争日趋激烈，劳动力资源规模和质量方面的竞争成为国家间发展竞争的主要领域，整体人力资本水平决定着国家发展前景、在国际产业分工中的角色以及政治经济舞台上的地位。

① 智联招聘．2019 年大学生求职指南．http://www.sohu.com/a/317780423_115588.

② 麦可思．2019 年就业蓝皮书．http://www.myzaker.com/article/5cff0ec68e9f0909e92a5953/.

（一）党和国家高度重视职业教育和技能人才培养工作

习近平总书记高度重视技能人才工作，他指出，“作为一个制造业大国，我们的人才基础应该是技工”“工业强国都是技师技工的大国，我们要有很强的技术工人队伍”，要求“大力培育支撑中国制造、中国创造的高技能人才队伍”。2017 年 2 月，中央全面深化改革领导小组会议讨论通过了《新时期产业工人队伍建设改革方案》，把加强技能人才工作提升到新高度，赋予其新的历史使命和时代内涵。

党的十九大报告提出，建设知识型、技能型、创新型劳动者大军，弘扬劳模精神和工匠精神，营造劳动光荣的社会风尚和精益求精的敬业风气；大规模开展职业技能培训，注重解决结构性就业矛盾；破除妨碍劳动力、人才社会性流动的体制机制弊端。这些都给职业能力建设工作指明了方向。

党的二十大报告进一步指出，要坚持教育优先发展、科技自立自强、人才引领驱动，加快建设教育强国、科技强国、人才强国，坚持为党育人、为国育才，全面提高人才自主培养质量，着力造就拔尖创新人才，聚天下英才而用之。

（二）新技术革命对劳动者素质提出全新要求

本轮技术革命以信息技术的突破性应用为主导驱动社会生产力变革，以信息（数据）为核心投入要素提高社会经济运行效率，以智能制造为先导构造现代产业体系。当今恰逢我国进入工业化中后期，经济增长新旧动能加快转换，人力资本投资与发展方式面临颠覆性的转型与变革，给我国劳动力市场带来全新需求，也对技能人才的培养提出了全新要求。

从人类发展角度看，技术进步是不断地用机器将人类解放出来的过程，以往历次技术革命均是将人类从繁重的体力劳动中解放出来，而本轮以人工智能、万物互联等为代表的技术革命，则是通过技术创新取代常规性和重复性工作（现有人工）来提高生产率，甚至将人类从重复的劳动中解放出来。这会造成常规性和重复性工作机会大幅减少，例如，以人工智能为基础的智能制造，将使相当数量的熟练技能工人面临着技能升级与技能重塑。但与此同时，新的职业和就业岗位也会在技术升级过程中不断地创造出来。2019 年 4 月，人力资源社会保障部、国家市场监督管理总局、国家统计局正式向社会发布了工业机器人系统操作员、工业机器人系统运维员、人工智能工程技术人员、物联网工程技术人员、大数据工程技术人员等 13 个新职业信息，其中大都是技术和产业结构升级催生的高端技术新职业。总体来看，如果劳动力素质不能适应新时代、新岗位的需要，很可能在短期内出现就业问题，同时也不利于经济的持续稳健发展。这需要深入研究如何适应科技迭代进程和产业变革需要，建设一支规模宏大、素质过硬、结构合理的技能人才队伍，助力我国由人口大国转变为人才强国，由制造大国成为制造强国。

新技术的发展推动职业技能培训领域思维发生转变，促进新技术与职业技能培训工作的融合发展，提升工作的覆盖面，从而推动工作理念、方向、目标、内容和方法的改革创新。

一是培训教学内容需调整。新技术的运用使得岗位结构发生变化。技术发明、创意设计、产品研发、咨询管理等智力劳动增多，机器操控、数码编程等技术技能岗位增加，工程师、文创人员、管理咨询师、程序员、技术工人等已经或即将成为热门职业。与此相反，流程性、重复性、易被数字信息编码所替代的简单劳动岗位数量将快速减少，一线操作工、人工接线员、银行柜员、行政助理等职业需求将减少甚至消失，厨师、园艺师等非程序化岗位也可能被有限替代。这意味着劳动力市场中智力密集型、技能密集型岗位将进一步增多，这就需要我们调整技能人才培养的中心，根据需求不断地完善培训教材，调整培训教学内容。

二是培训教学资源需要重新组织。在传统技能人才培养教学中，课堂、实训室、工作岗位三者在时间、空间上相互独立，因此，对教学资源进行配置时，也倾向于使其相互独立。在“互联网+”时代，集课堂、实训室以及工作岗位三者于一体，涉及的软硬件、各个教学环节的辅助资源，都需要重新安排组织，以便更好地服务于各种技能教学环节。

（三）深化供给侧结构性改革、推动经济高质量发展亟须补齐劳动力技能短板

我国已经进入新时代，经济增长由资源投入型增长向效率和创新型增长转变，这已成为高质量发展的核心。

一方面，经济社会发展对技能人才的需求增加。经济结构优化升级，经济发展提质增效，迫切需要全面提高劳动者素质，与经济发展需求相适应。产业结构调整是推进经济结构战略性调整的主要着力点和加快转变经济发展方式的重点任务。以服务业为主体的第三产业已成为国民经济中占比最高的产业，作为第二产业重要支柱的制造业也正在从中低端向中高端迈进。同时，高技术产业和现代装备制造业增速加快，电子商务等新产业、新业态、新产品的纷纷涌现，对技能人才特别是高技能人才产生新的更大需求。经济增长方式的转变，实际上是向人才驱动转变，推动我国从经济大国向经济强国转变，从制造业大国向制造业强国转变，实现“中国制造”走向“优质制造”“精品制造”，都需要庞大的技能人才队伍作支撑。

另一方面，在迎来新机遇的同时，也面临诸多新情况、新矛盾和新问题，“落后的社会生产”问题、“不平衡不充分的发展”问题等，都是“供求矛盾”作为社会基本矛盾的新体现形式，背后很关键的一个症结就是当前内生技术进步和人力资本积累对经济发展的贡献度总体不高，特别是由于技能劳动者总体素质不高、创新创造能力不足、结构性短缺造成的劳动力技能要素供给乏力，这成了限制新动能转换的人力资本瓶颈。以经济和产业转型升级的核心——制造业①为例，2015 年中国制造业于全球占比已达 22%，稳居世界第一，但受成本快速上升、部分制造业外移等因素影响，近年来我国制造业增加值占国内生产总值比重与美、英、日、德等国相比，呈现过早过快下降特征，“大而不强”的问题突出，其主要原因除了缺乏核心技术，最突出的就是劳动生产率偏低，只有美国

① 《中国制造 2025》指出“制造业是立国之本、兴国之器、强国之基”。

的 7.39%。①

本书近期研究结果显示，以技能人才队伍为载体的技能资本，能够显著促进我国产业结构质量提升，这说明技能人才在我国经济和产业发展中的重要作用。我国生产部门尤其是制造业部门，提高劳动生产率和综合要素生产率的要求十分迫切，如何通过进一步提升技能人才队伍整体素质和创新创造能力来增强技能资本要素有效供给，已成为当前劳动力供给侧改革亟待解决的问题，这也是发展智能制造、实现《中国制造2025》目标的必经之路。

（四）把就业优先置于宏观政策层面，对提高劳动者素质、优化人力资源结构的需求迫切

2019 年《政府工作报告》提出将就业优先政策置于宏观政策层面，强化各方面重视就业、支持就业的导向。当前和今后一个时期，我国就业总量压力不减、结构性矛盾凸显，新的影响因素还在增加，必须把就业摆在更加突出的位置，稳增长首要是为保就业。努力实现更加充分、更高质量的就业需大力加强劳动者职业素质、提升劳动者技能水平。

在产业结构调整升级的大背景下，当前和今后一段时期，我国就业形势依然十分严峻，就业总量压力不减，结构性矛盾突出。一方面，大量过剩产能将面临淘汰，某些传统行业的就业规模将有所缩小，在这些行业产业就业的劳动者将大量重回劳动力市场，寻求在其他行业和产业就业的机会；另一方面，一些传统产业的转型和调整，也迫切要求对从业人员进行新技术、新技能、新工艺的培训，不断提高他们适应现有岗位和适应新职业的工作能力，从而为产业结构调整和转型升级创造条件。

结构性矛盾主要体现在招工难、技工短缺、高校毕业生供求不匹配等方面。一是企业普遍反映技工数量不足，技能水平不够，技能劳动者特别是高技能人才面临着巨大缺口，需要大力提高技能劳动者供给数量。

① 国家统计局国际统计信息中心. 国际比较表明我国劳动生产率增长较快. http://www.stats.gov.cn/tjsj/sjjd/201609/t20160901_1395572.html.

二是科技进步日新月异，互联网、人工智能蓬勃发展，“机器换人”速度加快，低技能就业将快速减少，这需要高度重视技能劳动者供给质量，优化结构。三是重点群体就业任务艰巨，高校毕业生、新生代农民工、去产能分流职工、大龄就业困难人员等群体需要职业培训工作量和质同步提升。这迫切要求把建立就业市场需求导向，服务就业创业群体作为发展职业能力建设工作的出发点和落脚点，提高培训的针对性和有效性，以缓解就业结构性矛盾的压力。

此外，人口老龄化加剧以及劳动者对体面就业要求的提高，使得劳动者对提升和丰富职业技能的需求也日益增加。上述要求涉及产业政策、人才发展规划、财政政策、人才评价制度、教育培训制度、企业人力资源开发以及法律法规体系等多个业务领域，以及政策措施、体制机制、法制建设等多维管理层面，需结合国家经济产业发展战略予以综合分析，提出科学、可行的应对措施，避免陷入“低技能、低增长”双低循环陷阱。①

当前也是我国技能人才队伍从规模、质量、结构上得到全面提升的机遇期。党和国家高度重视技能人才发展事业。《中国制造2025》《技能人才队伍建设工作实施方案（2018—2020年）》《职业技能提升行动方案（2019—2021年）》《关于改革完善技能人才评价制度的意见》等一系列政策的出台，为技能人才发展提供了新的战略指向，使技能人才评价、职业教育培训与产业发展之间实现更紧密的衔接，助力全方位劳动力资源配置。

（五）人民群众日益增长的多样化学习需求要求职业技能培训提供终身、多元、丰富的学习机会

党的十九大报告提出，我国社会主要矛盾已经转化为人民日益增长

① 经济学者阿西莫格鲁（Acemoglu）和奥托（Autor）发现有些国家发展因缺乏高技能劳动力导致无法扩大投资、升级生产，连带导致工人收入降低、缺乏再培训和提升技能的动力，形成“低技能、低增长”双低循环陷阱。参见：ACEMOGLU D，AUTOR D. Skills，tasks and technologies：implications for employment and earnings［J］. Handbook of Labor Economics，2011，4b（16082）：1043-1171.

的美好生活需要和不平衡不充分发展之间的矛盾。职业技能培训领域也面临这一矛盾，职业培训在区域间、城乡间发展的不平衡、不充分，特别是培训内容、培训方式乃至培训补贴标准的不平衡、不充分，都致使职业技能培训难以满足人民群众对高品质教育的诉求，难以满足人民群众对多元化发展和技能成才的追求。在未来社会，职业技能培训的理念应从就业导向过渡到全面发展导向。职业技能培训的功能应不仅限于帮助人们获得就业岗位，还要不断满足人们发展和高质量生活的需求。

努力办好人民满意的教育，是未来中国教育事业改革发展的方向。建设学习型社会，推行终身职业技能培训制度，要求职业技能培训提供多样化的学习机会，丰富教育内容，提高培训质量，满足人民群众的多样化和个性化教育培训需求。特别是在人口老龄化程度不断提高、新就业形态不断涌现、就业结构性矛盾日益突出的形势下，大力推动职业技能培训，建立全方位、终身制的大职业技能培训体系，加强技能人才评价功能，为各类人群提供接受教育和学习的机会，是未来职业技能培训改革发展的重要任务。

（六）国内经济大循环迫切需要加大劳动者职业技能开发力度，挖掘劳动要素的潜力

从出口导向的经济发展，即国际经济大循环，转变为国内国际双循环、以内循环为主的战略是我国经济变革的内在规律性要求。综观当今的发达国家，没有一个是靠外向型经济成为强国的，而是把内需作为根本，吸引各国与之发生关系，从而奠定强国基础。我国的贸易顺差本质上是国内居民消费不足和企业部门投资不足导致的，因此，以内循环为主的发展战略要以扩大内需为基础，刺激国内消费需求、改善收入分配制度。这中间就存在劳动者的实际工资增长与企业生产率和盈利能力之间的关系，若劳动者实际工资增长快于企业生产率和盈利能力的提高速度，则会挤压企业生产发展空间，削弱企业发展后劲；若劳动者实际工资增长慢于企业生产率和盈利能力的提高速度，则劳动者就会消费能力不足。二者之间互为因果的良性循环对内循环战略至关重要。而实现二

者良性循环的重要保障就是劳动者的职业素质和技能水平的持续提高，由劳动生产率的提高带动工资的增长和企业盈利能力的提高。同时，内循环也要求各类要素市场充分发育，在人口老龄化和新增人口下滑的趋势下，提高劳动者技能水平，培养新时代产业工人、挖掘劳动要素的潜力。

三、完善职业技能培训的政策建议

习近平总书记强调，劳动者素质对一个国家、一个民族发展至关重要。技术工人队伍是支撑中国制造、中国创造的重要基础，对推动经济高质量发展具有重要作用。要健全技能人才培养、使用、评价、激励制度，大力发展技工教育，大规模开展职业技能培训，加快培养大批高素质劳动者和技术技能人才。[①] 我国是世界第一人口大国，就业总量压力将长期存在。随着经济发展方式转变、产业结构调整、城镇化进程的加快和技术革新，劳动者技能水平与岗位需求不匹配的结构性矛盾越来越突出。“十四五”时期职业技能培训工作应聚焦紧密围绕国家产业结构调整和升级要求，以建立规模宏大、质量过硬、结构合理的技能人才队伍为目标，助力制造强国、人才强国战略的实现。

（一）供需协调机制建设

1. 提高培训供给方的主体责任意识，实现高质量就业

（1）发挥企业和培训机构的主体责任，加强针对性培训

企业和培训机构作为技能培训中的培训供给方，需充分发挥主体力量，给予劳动者高质量培训以促进劳动者实现技能就业、稳定就业。一方面，培训机构要充分利用自身教学资源和教师优势，积极主动面向社会开展职业技能提升服务，尤其针对重点产业、重点项目和本地当前紧缺岗位，扩大职业技能培训规模。同时，培训机构除了要完善自身职业技能提升体系和培训政策外，也要主动寻求和企业的合作，开始订单式

① 习近平对我国选手在世界技能大赛取得佳绩作出重要指示［N］. 人民日报海外版，2019-9-24.

培训。另一方面，企业作为职业技能的供给方，应当配合培训机构制订培训计划，积极与培训机构进行培训合作，实地调研本企业员工所需的培训重点，积极与培训机构进行交流，为培训机构提供培训需求，使培训内容与企业文化与技能相匹配，从而在培训过程中提高本企业员工的技能素质。

（2）实时追踪培训对象的现实需求，对劳动力市场持续调研

首先，坚持需求导向，对培训对象的培训意愿、培训内容进行定期或不定期的抽查，紧密地联系市场需求，构建针对当下劳动者的职业技能培训体系。从培训教师的角度来说，要关注随科技发展出现的新技能并及时传授给学生，为学生提供高质量的技能培训。同时，职业技能补贴类型应与现实需求紧密结合。初步考察掌握培训对象的背景、自身条件以及所需掌握的技能诉求，相应制定针对性补贴方案。例如，在聚焦残疾人职业技能培训补贴时，考虑其自身身体状况的同时应注意听取残疾人自身的就业意愿和规划，在尊重个体意愿的基础上，选择适合其发展的职业技能进行培训，增强其在社会中的竞争力，降低其职业技能的可替代性。其次，注重因地制宜制定适合当地发展的职业技能培训制度。由于各地产业结构和生产方式存在很大的差异，因此结合未来本地产业结构的发展方向，重点培养适宜产业发展的紧缺人才，例如，商业物流、人工智能以及现代服务业等方向的技能培训，增强培训对象的社会适应力和自身实力。最后，社会保障类服务业的职业技能培训也是必不可少的。各部门应积极推进养老产业、护理护工以及家政类型的培训，在提高就业质量的同时完善社会保障体系。

2. 改善培训供给能力，聚焦重点领域开展培训

目前，政府补贴培训绝大部分为初级工、中级工培训，培训层次和水平都较低。培训内容、方式比较陈旧，培训的针对性、有效性不强，培训服务供给同产业升级、科技进步的需求存在较大差距。培训基础能力建设薄弱，对培训机构能力建设投入少，师资教材建设没有专门的经费支持，中小企业未按规定提取和使用职工教育培训经费的问题普遍，监管能力不足，资金安全问题不容忽视。

(1) 加强公共职业技能培训供给，形成政府主导、社会力量参与的多中心供给体制

现阶段可以采取以政府投资为主、逐渐培育社会力量的方式建设公共职业技能培训机构。例如，一个区域内，在财政条件允许、有建设需求的情况下，可以由政府单独出资，或者选择有实力的职业院校投资改建或联合新建一所综合性、示范性、面向社会开放、发挥高端带动作用的职业技能实训基地，突出“高端职业和技能、新兴职业和技能、长周期技能开发、前瞻性技能开发”，重点开展院校、企业和培训机构无法开展的技能培训，如企业产业发展急需、设备价格昂贵、培训周期长、缺乏国家职业标准的技能培训。对区域内部分重点院校和企业，根据其优势和专业特色，可以通过政府补贴的方式，帮助其改善实训条件、增强特色专业实训能力，以此形成以特色专业为代表的专业型技能实训基地。对区域内其他院校、企业和培训机构，主要通过政府引导、补贴培训等方式促进其发展，为学生、企业员工等提供基础的、通用型技能培训。

长期来看，应逐步构建公共职业技能培训云服务体系，形成政府主导、社会力量参与的多中心供给体制。该体制由三个部分构成：一是政府主导建设的培训服务网络，是面向全社会开放的服务系统；二是由政府牵头，整合现有公共资源，以公办职业院校实训基地为补充的培训服务网络，是主要实现区域内开放的服务系统；三是政府引导，重点扶植社会力量参与的实训服务网络，是面向行业内开放的服务系统。三个子网络之间通过制度设计互联起来，实现技能人才尤其是高技能人才能力提升服务的社会化云服务。

(2) 创新公共职业技能培训共建的投入模式

创新公共职业技能培训共建的投入模式，鼓励共建各方以资金、人员、设备、技术等各种要素投入共建。一是共同投入模式，共建方参与基地建设，包括培训设备设施的维护保养、培训软件的更新升级、培训项目的开发、培训课程的开发等。二是培训项目投入模式，培训机构每年对外公布培训项目开发招标计划，吸引符合条件的共建方以培训项目的方式进行投入，机构负责提供场地和后勤保障，共建方提供设备、资

金、师资和技术，双方合作开展人才培养、技术服务、生产加工等活动。三是股份制合作投入模式，即由政府、企业、职业院校、培训机构等本着共同发展、优势互补、互惠互利的原则，共同投资，按股份制合作投入的建设模式，各种生产要素均可按股份进行投入，用法律合同的形式规定各方的权利和义务。

（3）建立数字化职业技能培训体系

引导公共职业技能培训基础平台与国家“金保工程”二期、全国产业工人网络学习平台对接。推动公共职业技能培训服务向移动智能终端、自助终端延伸，在公共职业技能培训基础平台上实施全天候的职业技能培训，线上线下融合，不断提高职业技能培训的便利性。推动虚拟现实和人工智能等新技术在职业技能培训领域的应用。加强大数据技术的应用，多渠道整合培训资源，鼓励共建共享。突出“短平快”等特点，探索推行“互联网+”培训模式，通过智慧课堂、移动App（应用程序）、线上线下相结合等，开展碎片化、灵活性、实时性培训。鼓励培训机构通过“企业学区”“移动教室”“大篷车”等方式，把培训送到车间和群众家门口。

（4）满足市场需求，聚焦重点领域开展培训

针对《中国制造2025》规划要求和新技术革命趋势等，对高端产业升级领域技能人才给予高度重视和政策倾斜，特别是新一代信息技术产业、高档数控机床和机器人、航空航天装备、海洋工程装备及高技术船舶、先进轨道交通装备、节能与新能源汽车、电力装备、农机装备、新材料、生物医药及高性能医疗器械十大重点领域，要扩大院校招生规模及职业技能培训的规模，加大力度培养新一代高素质技能人才，确保满足国家重点发展领域的用人需求。同时兼顾弱势群体，开展技能扶贫。

（5）职业培训要关注复合技能和数字素养

随着信息化、自动化的发展，技术进步正在也必将进一步改变劳动力市场的格局，这需要我们重新审视技能人才培养制度。职业技能培训的重心要从单一操作技能到复合技能培养。数字时代的技能人才培养应更重视高级认知技能（如解决复杂问题的能力）、社会行为技能（如团队协作能力）和数字素养。

3. 发挥培训需求方的主观能动性，提高自身就业能力

（1）劳动者应培养主动意识，提出培训方面的诉求

劳动者作为培训的需求方，应当认清职业技能培训的必要性与重要性，积极与用人单位交流自己在技能培训方面的诉求，此外，当用人单位开展培训规划时，应当积极参与，在技能培训过程中更新知识技能，为将来更好地发展做铺垫。人力资本积累是创新的源泉，是扩大就业与稳定就业的重要途径，技能培训是提升人力资本的重要渠道，劳动者要抓住劳动技能补贴的机遇，在提升自己的同时也为用人单位及整个社会做出积极贡献。而作为未就业的潜在劳动者，要积极接受与职业挂钩的培训，多进行实操，储备将来就业的技能与知识，更新自己的就业能量，提高自己在就业市场的竞争力，实现未来的高质量就业。

（2）企业应切实了解培训需求，制订员工职业技能提升计划

企业既是培训的供给方，也是培训的需求方。企业积极开展培训也是在为本企业积累技能经验。积极利用校企合作的激励机制，与学校展开高质量合作，在吸收更好资源的同时，提升员工的技能水平。企业作为吸纳劳动力的主要单位，要充分发挥主体作用，制订员工职业技能提升计划，并纳入企业的总体发展规划中。同时，积极开展企业内部培训，可借鉴西方发达国家企业学徒制的经验，推行企业新型学徒制、现代学徒制培训，开展适应岗位需求和发展需要的技能培训，支持岗位员工成才。合理利用职工教育经费和政府补贴，建立企业职工培训中心，探索和完善相关工作办法，和政府开展的自主培训与补贴性培训有机结合，增强企业培训能力。

（二）三方激励机制建设

1. 提高劳动者的职业技能培训意识

要提高劳动者参与职业技能培训的积极性，首先要提高劳动者的培训意识，加大培训宣传力度。[①] 加强职业技能培训的前期指导，提高培训

① 杨东梅，沈有禄. 农民工职业技能培训供需状况调查研究［J］. 中国职业技术教育，2019，21：70-79.

的针对性和有效性。政府举办的职业培训机构，一方面，要帮助劳动者明确自己的职业定位，在劳动者不明确职业定位的情况下，给予其必要的引导，使他们清楚自己将要从事的工作，使其确定自身是否有能力和兴趣把这项职业作为一项长期工作来从事；另一方面，要制作培训项目宣传册，介绍各培训项目的内容、培训时间、课程安排、培训后可掌握的技能、培训后的就业方向、未来职业发展等内容。帮助劳动者选择合适的培训机构以及感兴趣的培训项目进行学习，只有这样，劳动者才可能发自内心地接受职业技能培训，培训才能真正有效。

2. 压实培训机构职业技能培训的主体责任

（1）加强职业技能培训师资队伍建设

师资队伍在职业技能培训工作中起到核心作用，教师人数直接影响培训人数，师资水平直接决定培训质量。因此，加强职业技能培训的师资队伍建设对于提升培训人数、改善培训质量具有重要意义。首先，根据市场需求和当前形势制定师资队伍建设的长远规划，同时结合各地区、各行业的特点制定符合自身需求的短期规划，逐步落实。其次，激励教师不断提升自身能力，如建立向优秀教师倾斜的激励评价制度，定期组织教师进行教学交流，根据教师需求提供有针对性的活动等。再次，聘请相关院校的教师、相关企业的专家担任兼职教师，提升教学水平，同时，也可以为培训机构内教师提供到专业院校或相关企业学习锻炼的机会，不断提升教师的专业水平，这对培训机构提供高质量的职业技能培训具有重要意义。最后，充分利用和培养现有的教师资源，鼓励教师积极参与各项专业技术培训，根据教师的特点和擅长领域，合理安排教学岗位，使教师的实力得到充分发挥。①

（2）对接市场需求，开展有针对性的高质量培训

充分了解培训需求是开展培训的第一步，也是决定培训数量和培训质量问题的关键一步。培训机构在开展培训前应对接市场需求，根据需求开设培训项目、设定培训课程。在培训实施过程中要对培训情况进行

① 张建才，闫威. 关于加强农机职业技能培训师资队伍建设的几点认识［J］. 江苏农机化，2020（5）.

实时监督和调查，了解参加培训人员的学习状况、教师的教学情况等，发现培训中可能存在问题，及时调整培训内容或教学方式，以达到更好的培训效果。在基本的理论课程之后，设置技能实操课程，提高培训学员的实践动手能力，真正做到理论与实践相结合，培养适应市场需求的人才。同时增加就业观念方面的培训内容，使培训人员树立正确的择业观和合理的就业期望，提高其完成培训之后的工作搜寻积极性。

(3) 创新培训方式，大力推广“互联网+”职业技能培训

培训方式是影响培训质量的重要因素，适当的培训方式不仅可以提高培训人员的学习积极性和课堂参与度，也可以激发教师的教学热情。首先，机构应根据培训人员的特点和学习状况选取合适的培训方式，并根据培训实施过程中的培训效果及时转变培训方式。其次，鼓励教师创新培训方式，定期举办教师交流、教学比拼等活动，不断改进培训方式，并实行激励制度。最后，大力推广“慕课”等“互联网+”职业技能培训模式。① 前文的分析结果表明，对于新冠肺炎疫情防控期间采取的线上培训，从培训效果来看，视频直播的线上培训方式培训效果最好，而语音直播培训效果最差，因此，机构在进行线上培训时可以多采用视频直播的方式。同时，开发开放式在线培训课程资源，增强培训的广泛性，方便劳动者根据自己的时间和学习需求自主选择参加培训。

(4) 开展技能类培训和短期培训

前文的实证分析结果表明，与就业类培训（如创业指导培训、失业再就业培训等）相比，技能类培训更受劳动者的青睐。从培训时间来看，7天内的短时间培训更能提高劳动者的参与积极性，增加劳动者的参与次数。因此，在培训内容方面，培训机构可以合理调整各类培训的数量，适当增加技能类培训的数量；在培训时间方面，尽可能将培训控制在7天内。

3. 压实企业职业技能培训的主体责任

(1) 重视职业技能培训

对企业而言，职业技能培训不仅会增强员工对企业的认可度和忠诚

① 陈玉杰，职业技能培训这些年 [J]. 中国人力资源社会保障，2020 (4)：26-28.

度，也有助于企业整体效率的提升和长远健康的发展。因此，企业应当激励员工积极参与职业技能培训。要想真正激励员工参与职业技能培训，企业首先要对职业技能培训给予充分的重视。① 企业应从人本管理和资源再造的高度来认识培训，把培训作为企业战略决策、企业成长过程的一个重要元素。与此同时，企业也要重视培训激励机制的构建，良好的激励机制可以更好地激发员工参加培训的热情。

（2）充分了解员工需求，提高培训内容的实用性、针对性和有效性

在培训实施前，企业应充分了解员工的培训需求，避免出现培训项目课程与员工需求不符或难以满足员工实际需求的问题。与需求不符的培训内容，不仅浪费员工的时间和精力，也浪费了企业的资金和资源，因此选取合适的培训内容至关重要。首先，采用问卷和访谈相结合的方式深入了解员工在当前阶段最迫切需要解决的问题，并判断该问题是否可以通过培训得到解决，进而确定培训需求。其次，与专业院校教师、科研院所专家和企业内部资深员工沟通，确定具体的、实用的、有针对性的培训内容，以更有效地解决企业员工面临的问题，满足员工的实际需求。最后，在培训实施后，根据培训员工和培训教师的反馈，总结此次培训内容方面的问题，如哪些方面可以更深入探讨、哪些方面可以与实践相结合等，提高后续培训内容的实用性、针对性和有效性。

（3）创新培训方式，推广线上培训

合适的培训方式不仅可以提高培训员工的学习热情，也可以激发教师的教学热情。因此，企业应根据员工的特点和专业技术水平选取合适的培训方式，并根据培训实施过程中的培训反馈及时调整培训方式以达到最好的培训效果。同时，培训方式也是影响员工决定是否参加培训和保证培训质量的重要因素。许多员工存在工学矛盾，工作和培训时间的冲突使得员工不得不放弃宝贵的培训机会。面对此类问题，企业可以采用线上培训的方式，既不会影响员工的正常办公，也为员工提供了自主选择的权利。前文的实证分析结果也表明，新冠肺炎疫情防控期间企业

① 韩泉．石油企业技能培训激励及其运作机制研究［J］．成人教育，2008（11）：76-77.

开展的线上职业技能培训具有较高的培训质量，83.39%的企业认为线上职业技能培训对于改善员工的工作状态有较大帮助，73.56%的企业认为线上职业技能培训对于提升企业业绩发展具有较大帮助。因此，企业可以大力推广“互联网+”职业技能培训的模式，既可以满足员工的培训需求，增加培训人数，也保证了培训质量。

（4）注重培训效果评估

培训效果评估，也是培训的一个重要环节。首先，通过培训效果评估可以直接了解培训员工对于培训项目的想法，如培训内容的深度和广度是否符合需求、培训方式是否易接受等。其次，培训效果评估也可以了解培训员工在培训前后技能的提高程度。最后，从组织层面来看，培训效果评估可以让企业了解到培训是否提高了员工整体的工作效率和工作质量，进而判断培训对组织整体的贡献。企业可以根据培训效果评估结果调整培训项目，对于员工认可度高、成效好的项目可以继续保留，对于员工不认可、没有效果的项目可以取消，一些效果不明显的项目可以进行重新设计和调整，同时根据员工新的需求，新增培训项目。注重培训效果评估，一方面能够为员工提供更高质量的培训，另一方面也可以提高企业的培训收益。

4. 健全技能人才激励机制，提高技能人才待遇

（1）深化要素分配制度改革，强化技能价值激励导向

完善国有企业工资总额管理，鼓励国有企业积极探索对关键技术岗位、紧缺技能人才工资分配制度的改革创新。鼓励开展技能人才工资集体协商，进一步提高工资集体协商质效，推动企业建立健全反映劳动力市场供求关系和企业经济效益的工资决定及正常增长机制。健全技能人才参与创新成果转化收益分配、岗位分红和股权激励机制。尽快出台企业技术工人技能要素和创新成果按贡献参与分配的办法，引导技能人才积极参与创新创造。

（2）提高技能人才社会待遇

结合各层次技能竞赛、高技能人才表彰，以物质与非物质方式予以奖励，包括奖金、在职深造、授予荣誉称号、疗养、住房、就医、子女

入学等方面的优待和鼓励。扩大高技能领军人才评选范围，使政府表彰和提高政治待遇、社会待遇的优惠政策更多惠及非公企业。完善相关政策，适当扩大技能人才在各级各类代表大会中的比例，完善技能大师工作室制度，在企业推广设立首席技师制度。鼓励企业通过各种制度安排让技术工人参与企业管理、技术革新和经营决策活动。

（三）精准施策的政策建议

1. 建立多元职业技能培训投入机制

（1）完善财政补贴激励机制，提升培训补贴额度

长期以来，政府更加重视的是普通教育的发展，财政经费也一直向普通教育倾斜，虽然近年开始重视技能人才队伍的建设，但普通教育和职业教育的经费投入仍存在一定差距。因此，政府应适当调整财政经费的分配结构，加大对职业教育、公共技能培训的投入。同时，对开展公共职业技能培训的企业给予金融支持、税收减免、财政补助等优惠政策，并确保各地有关部门落实好优惠扶持政策。

加强职业技能培训财政资金激励，主要可以从以下四个方面推进。第一，将财政资金定向集中于重点人群，鼓励他们参与职业技能培训，提高对重点人群职业技能培训的个人直接补贴。同时对重点人群和主要技能人员的范围加以扩展，并向人社部门报备。第二，发挥财政资金的杠杆作用，优化企业培训补贴。将企业培训补贴方式规范化、标准化，在合理控制补贴额度的基础上，集中补贴于政府协议培训项目、定向培训项目以及培训券试点项目。充分发挥市场优势，形成良性竞争，激励各培训机构开展高技能培训和新兴人才培训，为高技能人才的培养提供良好的市场环境。第三，增强职业技能培训补贴的跨界合作。政府各部门应加大对企业、职业院校以及培训机构的扶持力度，大力支持技工院校建设、高技能人才实训基地建设和技能大师工作室建设等。同时完善校企联合制度，形成一体化发展的培养模式，通过金融扶持和财政补贴，不断壮大培训机构和企业的规模，培养高质量科技人才后备军。第四，逐步形成按需分配的职业技能培训补贴制度。综合考虑现行劳动力市场

对高科技人才的需求、职业技能培训的成本、物价水平等方面，在对职业市场进行充分调查和分析的基础上，充分掌握市场的培训成本，关注重点行业和重点技能，在中央统一战略目标的引导下，各地人社部门分别制定适合当地基本情况、具有针对性的职业技能培训补贴制度。在此背景下，按照不同行业、部门、工作性质和工作类型对补贴金额展开具体划分。在已有调查结果中，将补贴金额向紧缺行业和紧缺技能倾斜，并且稳步提高培训补贴额度，吸引更多优质企业和机构加入。

（2）整合各项补贴资金，提高资金使用效率

一是建议整合当前各项相关培训资金，如就业补助资金、地方人才经费等，将其合并为一个整体的职业技能培训账户，避免出现多项补贴资金来源所造成的补贴资金不敢花、怕花错等现象。二是加强对各项补贴资金的管理。一方面，应强化企业内部的监督制约机制，对教育经费的计提和使用情况，以厂务公开的方式接受企业职工监督；另一方面，还应强化政府部门对其的监督检查职能，并制定相应的处罚措施。三是加大对政府培训补贴使用情况的监督。可采取一些较为实用的措施，如建立“职业培训补贴管理信息系统”，使人社部门可以实时查询补贴的使用情况，包括使用方向、使用对象、使用进度和使用效果等，在有限的资金范围内，实现劳动者培训效益的最大化，以实现更高质量和更充分的就业。

（3）适当改变补贴方式，加强职业技能培训过程补贴

根据当前补贴对象的不同可基本将补贴方式划分为直接补贴、间接补贴、双层补贴与无补贴。为此，一是尽可能扩大中央财政补贴的范围，有针对性地对关键培训人群及普通劳动者给予补贴，扩大补贴覆盖群体，减少因为无补贴造成培训积极性较弱、不愿进行多次技能培训的现象。二是针对有地方特色的职业技能培训项目给予大力扶持，设立职业技能培训特色补贴项目经费，同时根据各地培训时间、培训内容以及培训类型等因素，鼓励地方制定符合各地实际情况的补贴政策。三是加强对职业技能培训的过程补贴。根据政策探究及实际调研，当前对劳动者给予补贴的方式为结果导向型补贴，即大部分劳动者需获得职业技能培训相

关证书后，国家才给予补贴，忽略了真正需要培训，但因技能水平较弱而没有能力取得证书的群体。因此，要深入劳动者的培训过程，深入低技能人群进行补贴，真正发挥补贴的价值。

（4）加大补贴政策宣传力度，培育良好社会培训氛围

调查发现，政府部门的宣传，特别是人社部门的宣传对劳动者参加培训有显著的影响，但劳动者对培训政策的知晓度并不高。各地人社部门要搭建职业技能培训信息发布、共享平台，将最新政策、培训机构名录和培训项目情况、培训补贴职业（工种）目录、培训补贴标准，以及人力资源市场供求状况、各职业不同技能等级市场调查工资等信息在网上发布，或者制作培训项目宣传册，介绍各培训项目的内容、培训时间、课程安排、培训后可掌握的技能、培训后就业方向、未来职业发展等内容。同时，要充分利用报刊、广播、电视、门户网站、政务微博、政务微信、手机客户端等平台和载体，定期开展内容丰富、形式灵活多样的宣传活动，树立“尊重劳动、尊重知识、尊重人才”的思想观念，大力宣传政府的资助扶持政策，增强政策的知晓度。

2. 加强法制化建设

相对一般性的文件和政策，法律法规具有更高的权威性和强制性。推进职业能力建设工作的法制化、构建完善的法律体系是保证人才培养体系高效良性运转的首要因素。例如，日本《职业能力开发促进法》明确规定了雇主和政府的职责。雇主应当为其雇员提供必要的职业训练，提供最大程度的帮助，确保雇员获得在岗职业训练或职业技能鉴定的机会。政府应竭力支持和促进由雇主或其他相关人员实施的职业技能培训和职业能力鉴定，确保雇员有机会自愿接受在职培训或职业能力鉴定，并为期望更换工作的雇员及为提高职业能力需要特殊指导的雇员提供职业训练。

因此，从长远来看，我国应出台专门的《职业培训法》或《职业技能开发法》，加快建立健全覆盖城乡全体劳动者，贯穿劳动者从学习到工作的各个阶段，适应劳动者多样化、差异化需求的职业技能开发体系，同时，也可以研究制定《职业技能等级认定工作管理条例》《职业技能竞

赛工作规定》等。从近期来看，应进一步完善《劳动法》《就业促进法》《职业教育法》，对相关企业、员工、学校及其他社会组织和机构开展和参与职业能力开发的责任和义务、激励和约束措施做出更具体的规定。近期，已有部分地区在此方面有所突破，如河南省、天津市分别出台了《职业培训条例》，宁波市制定了《宁波市职业技能培训条例》。

3. 强化政府的服务、激励、监督功能

（1）完善公共服务，建立健全技能人才培养公共服务平台

政府首先应发挥自身在职业能力开发服务中主导者的优势，建立有效的信息收集、发布、传递、反馈机制，搭建信息发布平台。及时发布职业技能培训和技能人才培养政策、企业技能人才需求和培训机构基本情况信息等。依托人力资源市场信息系统，健全技能人才需求动态监测分析体系，定期发布技能人才市场供求信息，引导院校和培训机构有针对性地开展培训，促进技能人才合理流动，实现人才资源优化配置。定期发布技能人才工资指导价位，指导企业合理确定技能人才的工资水平，指导企业建立技能人才工资激励分配制度。将培训机构培训信息（涉及培训项目、培训课程、培训效果、培训价格、培训时间、培训师资、培训机构信誉等）及时汇总公布给劳动者和企业，以便为劳动者、培训机构和企业各方提供必要的信息服务和指导。同时，也要不断完善职业技能培训实名制管理系统，逐步实现对职业技能培训的数据统计、信息跟踪、过程监督、效果评价、资金拨付等功能，提高职业技能培训基础信息的准确性，提升培训科学化服务水平。

（2）加强监督评估，确保职业培训质量

一是加强监督管理，对政府部门、企业、劳动者及其他相关主体在技能人才评价、职业技能培训等工作中的责任、权利、义务等进行监督，配合有关法律法规的出台并将其纳入执法范畴。二是健全职业技能培训监督评价体系。从我国的情况来看，健全公共职业技能培训监督评价体系的重点是健全定点培训机构的评审选择制度、培训项目的招标制度、培训过程监控机制和培训成果验收机制。核心是建立量化的考核指标体系和相应的定量分析方法。对指标内涵、赋值方式、评价指标数据的采

集与获取、评价指标的汇总和综合测算建立完整方法。同时明确各相关机构和部门的责任分工。在培训监督评价指标体系设计中，首先，要充分考虑目前影响公共职业技能培训工作效率和质量的关键环节和关键因素；其次，评价体系的设计还要兼顾未来发展，着眼于我国产业及经济社会发展趋势，使评价体系具有前瞻性；再次，评价体系的设计还应具有动态性，即从指标体系的结构到体系的内容都应是动态的，即伴随培训组织管理体系、内容和方式的变动，指标体系的结构和内容应不断变化和改进；最后，评价体系涉及的分析方法和工作机制、流程和相关各主体的工作责任必须既具有科学性、规范性，又具有可操作性和工作便利性，能够真正发挥提高工作效率、提升培训质量和效果的作用。

4. 构建多元化终身职业培训体系

"十四五"时期要强化"终身培训"的理念，构建以公共职业技能培训为基础、企业培训为重点、劳动者自主参与的多元培训体系。

（1）健全公共职业技能培训管理政策，提高职业培训质量

第一，进一步完善相关政策，通过政策激励、资金支持、不同地区对口支援、创新培训模式等方式促进公共职业技能培训资源的均等化，促进弱势地区和群体享受到更多的公共职业技能培训服务。第二，加强统筹协调，制定统一、规范、科学的管理办法，提高公共职业技能培训资源的集约化管理和使用，提高培训资源的使用效率。当前公共职业技能培训项目多头管理、多头运作、资金分散、质量不高的问题长期得不到有效解决，成为掣肘培训资源使用效率和培训质量提升的重要因素。为有效解决这一问题，应在国家层面建立由政府部门、社会团体参与的公共职业技能培训联席会议制度，统一整合培训计划和资金，合理有序地安排培训项目。同时，应制定公共职业技能培训实施相关条例，对培训项目选择、过程监控和质量评价做出统一规定，实现从市场的实际需求出发确定培训项目、内容和方式，加强项目实施过程监督和成果评价。第三，根据培训需求设定培训课程，由外部专家，主要包括行政部门、教育培训机构、行业协会、专业人士等共同审查和认定课程设置。按照培训人员的学习状况进行指导，在培训实施过程中对培训情况进行跟踪

调查。根据培训中发现的问题、培训的效果，以及培训人员的学习情况等及时调整。

(2) 大力支持以企业培训为重点的职后培训

企业培训是全社会人力资源开发体系（教育体系）的重要组成部分，在提升劳动者职业技能、改善就业质量方面应发挥关键作用，注重在职培训，特别是推动企业培训，是构建劳动者终身职业培训体系的关键环节。因此，必须从税收、补贴、社会保障等多方面完善政策措施，鼓励企业开展职业培训。对于中小企业来说，可以成立由政府、大企业、学校、行业协会、工会等组成的职业技能培训集团，或设立中小企业培训服务联盟，为中小企业开展职业技能培训提供支持。充分发挥龙头企业的带头作用，激发企业参与职业技能培训的积极性，鼓励产教融合、企业兴办技工院校，引导企业承担社会培训职责。

(3) 鼓励劳动者积极主动参与职业能力开发

近年来，随着经济的发展，劳动力市场的流动性逐渐增加，特别是新经济、新业态的发展，使得劳动者逐渐从寻找工作单位转向寻找工作岗位，劳动力流动和职业转换的需求增加。因此，鼓励劳动者基于个人职业生涯发展需求，积极主动参加培训、提高技能水平至关重要。从全社会人力资源开发的角度考虑，政府有必要对劳动者职业能力的形成予以支持，包括对教育培训课程部分费用的补贴以及参加教育培训课程所产生的经济负担进行援助等。

5. 健全技能人才评价体系

进一步深化技能人才评价体制改革，充分发挥其在技能人才开发中的“指挥棒”作用。统一评价标准，建立国家资质框架，彻底贯通管理人才及技能人才的职业发展通道。

(1) 完善职业标准体系

由人力资源社会保障部牵头，完善职业标准体系。对于已有职业标准的职业，应逐步进行修改完善，与企业和市场需求对接。对于尚未有职业标准的职业，应尽快制定职业标准，为人才培养评价提供参考和依据。职业标准制定应以职业分类为基础、以职业活动为导向，以知识、技能、能力为核心要素；坚持以德为先、全面发展，坚持一体化设计，突出职业标准的等级性、连贯性和一致性。

（2）建立国家资历框架

探索建立国家资历框架，实现不同类别教育及培训体系内部学分的转换、学习成果的互认、学历和技能等级的互通，实现各级各类教育及培训体系内部协调贯通，为劳动者终身职业技能培训体系建设建立基础。资历框架的建立要由教育部门和人社部门牵头，吸纳行业企业、院校等共同参与，确保框架内标准统一，满足劳动者实现其在普通教育、职业教育和培训间的横向衔接，为包括技能人才在内的各类人才成长构建灵活、弹性、贯通的进阶结构和上升渠道。

（3）推动职业技能等级认定工作

对于具有良好技能人才培养和评价工作基础的中央管理企业或国有企业，经各级人社部门备案后，可对本企业职工开展技能人才培养和评价工作。对于一直从事技能人才培养和评价工作的优质技工院校，经各级人社部门备案后，可对本校学生或社会人员开展技能人才培养和评价工作。对于经各级人社部门备案后的第三方评价机构，则可面向中小企业员工、社会人员开展技能等级评价。建议所有经备案的第三方评价机构只能从事技能等级评价工作，不能开展相关职业技能培训，否则将存在考培不分的风险，会对监管及证书公信力带来比较大的风险。

6. 加强师资能力建设，深化教师职称制度改革

教师是培养高质量技能人才、推动职业技能培训事业发展不可或缺的力量。“十四五”时期要加强师资能力建设，培养“双师型”教师，健全完善符合职业院校及培训机构教师职业特点的职称制度，畅通职业院校及培训机构教师职业发展通道。

（1）加强“双师型”教师队伍建设

建设分层分类的教师专业标准体系，推进以“双师素质”为导向的新教师准入制度改革，构建以职业技术师范院校为主体、产教融合的多元培养培训格局，完善“固定岗+流动岗”的教师资源配置新机制，建设由“国家工匠之师”引领的高层次人才队伍，创建高水平结构化教师教学创新团队，聚焦职业技能等级证书制度开展教师全员培训，建立校企人员双向交流协作共同体，深化突出“双师型”导向的教师考核评价改革，落实权益保障和激励机制，提升教师的社会地位。

制定和实施更加切实可行的师资培育规划和行业企业兼职教师参与培训与管理的政策，加快高水平专职、兼职结合的专业带头人和技能型教师的培养。一是加大对现有师资的培训，如派遣优秀教师进入一流企业脱产学习或挂职锻炼，提高教师的技能水平。二是逐步开展人才库的建设，以社会上具有高级工以上职业技能等级，有丰富教学、工作经验的人员为基础，建立人才库。三是成立专门的培养和培训“双师型”教师的机构或依托现有机构成立师资研修中心，根据职业种类分别授予理论教师和实操教师证书。

破除不合理规定，为技工院校招聘教师“松绑”。一是放宽技工院校招聘生产实习指导教师的学历限制，侧重其生产实践和动手操作能力，岗位条件可设置为相应专业专科毕业生或技工院校高级工班毕业生，大学本科毕业生或预备技师（技师）班毕业生。二是为高技能领军人才到技工院校任职开辟绿色通道。对获得中华技能大奖、全国技术能手荣誉称号或省级技能大奖、技术能手荣誉称号的人才，享受国务院或省政府特殊津贴的专家，国家级或省级技能大师工作室带头人，获得省部级以上劳动模范表彰的高技能人才，以及世界技能大赛国家集训选手和中国技能大赛优秀选手，可按国家有关规定直接通过考察的方式公开招聘到技工院校相关的岗位任教。

（2）深化教师职称制度改革

遵循教师成长规律，突出职业特点，引导教师提高能力素质，促进其职业发展。在统一的教师职称制度下，根据文化课教师、技术理论课教师和生产实习课指导教师的不同特点，分类管理。一是健全制度体系。完善技工院校和培训机构教师职称层级，将技工院校教师职称设置到正高级，拓展教师职业发展空间。促进技工院校和培训机构教师职称与事业单位岗位设置相衔接。二是完善评价标准。坚持师德为先，注重实践教学和技能人才培养，注重职业素养的养成、工匠精神的塑造和创新创业能力的培养。切实改变唯论文、唯学历倾向，不将论文作为技工院校和培训机构生产实习课指导教师职称评审的限制性条件。

7. 弘扬工匠精神，培育社会氛围

完善全国技能竞赛体系，围绕重大战略、重大工程、重大项目、重点产业，组织开展劳动和技能竞赛。进一步完善以企业岗位练兵和技术比武为基础、以国家和行业竞赛为主体、国内竞赛与国际竞赛相衔接的职业技能竞赛体系。扩大表彰奖励范围，对各级竞赛优秀选手给予奖励以及职位工资晋升和荣誉激励。支持群团组织、行业协会、职业院校在职业技能竞赛工作中积极发挥作用。

加强宣传教育引导。引导年轻劳动者树立正确的人生观、价值观，培养敬业精神和工作责任意识。创新教育形式和内容，在全社会劳动者特别是新生代劳动者中宣扬中华民族传统勤劳美德及工匠精神和劳模精神。充分利用报刊、广播、电视、门户网站、政务微博、政务微信、手机客户端等平台和载体，坚持新闻宣传与社会宣传、对外宣传与对内宣传、政务公开与政策解读、成果宣传与典型宣传有机结合，定期开展内容丰富、形式灵活多样的宣传活动，不断强化“个人崇尚技能、企业重用技能、社会尊重技能”的社会导向。提高技能人才评选表彰的层次，设立国家技能人才评选表彰项目，定期选拔、表彰、树立一批表现突出的技能人才典型，努力提升优秀技能人才的社会地位；定期评选表彰一批培育、聘用技能人才成效突出的基地和企业，不断强化企业弘扬工匠精神、积极培育技能人才、聘用技能人才的主体意识。举办各级各类技能大赛，积极鼓励学生和劳动者参加各级技能大赛。以赛促学、以评促建，营造“崇尚一技之长，不唯学历凭能力”的社会氛围，不断提高培养技能人才的社会影响力和吸引力。

参考文献

［1］卞晶晶，吕莉敏，马建富．市民化背景下新生代农民工职业培训现状及对策——基于常州市的调查［J］．职教通讯，2015（10）：52-55.

［2］曹晔，盛子强．我国职业资格证书制度的历史、现状与趋势［J］．职教论坛，2015（1）：70-75.

［3］《沧桑巨变》呈现技工教育发展历程［J］．职业，2019（6）：8-9.

［4］陈昌平，陈干甲．深入推进产教融合之技工院校开展职业培训改革的探讨——以衡阳技师学院为例［J］．中国商论，2018（27）：178-179.

［5］陈立刚．走校企合作之路　育新型技能人才［J］．中国多媒体与网络教学学报（上旬刊），2018（7）：92-93.

［6］陈曼．全力推进疫情防控常态化背景下的职业技能培训［J］．四川劳动保障，2020（8）：35.

［7］陈天佑，黄杰．浅议技工院校供给侧改革实施路径［J］．黄冈师范学院学报，2018，38（3）：8-11.

［8］陈微．需求的跌落——第二代农民工培训需求与培训供给分析［J］．当代青年研究，2008（12）：76-81.

［9］陈伟，辜东莲，李姿，等．技师学院发展研究：历史与现实中抉择［J］．中国培训，2018（6）：22-24.

［10］陈伟，黄大乾，李姿．技工教育发展三题：历史、逻辑及定位［J］．职教论坛，2017（22）：18-23.

［11］陈伟，黄大乾，李姿．技工教育内涵发展辨析［J］．职教论坛，2017（31）：20-23.

［12］陈小娟．产业升级视域下高技能人才培养的现状、困境与对策［J］．职业技术教育，2020，41（3）：36-40.

［13］陈玉杰．我国职业培训补贴制度研究［M］．北京：中国劳动社会保障出版社，2018：59.

［14］陈玉杰．以世界技能大赛为引领　全面推动技能人才培养［J］．中国人力资源社会保障，2019（9）：15-16.

［15］陈钊，冯净冰．应该在哪里接受职业教育：来自教育回报空间差异的证据［J］．世界经济，2015，38（8）：132-149.

［16］陈智毅．关于技工院校“三创”建设的几点思考［J］．文化创新比较研究，2018，2（11）：97，99.

［17］程名望，盖庆恩，Jin Yanhong，等．人力资本积累与农户收入增长［J］．经济研究，2016，51（1）：168-181，192.

［18］程舒通，徐从富．终身职业技能培训制度的研究［J］．成人教育，2020，40（4）：80-84.

［19］崔秋立．肩负起服务新时期产业工人队伍建设的历史使命——论技工教育的改革发展［J］．山东人力资源和社会保障，2018（Z1）：

48-50.

［20］端木祥慧，袁秋芹．浅谈技工院校如何培育工匠精神［J］．职业，2018（24）：101-102.

［21］冯萍．新时期技工院校规范化发展的规划与思考［J］．知识经济，2019（4）：121-122.

［22］傅琼．浅析政府、企业、培训机构三方在职业培训中的职责与定位［J］．新余高专学报，2011，16（1）：14-15.

［23］高书国，张智．技能强国：职业教育 4.0 时代的中国策略［J］．高校教育管理，2020，14（4）：7-14.

［24］巩显芳．开拓校企合作模式　打造共进共赢局面［J］．中国多媒体与网络教学学报（上旬刊），2018（7）：98-99.

［25］韩凤芹，王胜华，陈晟．技工院校发展状况及其政策环境的调查分析［J］．经济研究参考，2016（61）：45-53.

［26］韩杰．经济新常态下技工院校技能人才培养［J］．现代经济信息，2018（10）：435.

［27］韩泉．培训的激励与效益［J］．石油教育，2005（2）：43-44.

［28］胡永远，周洋，祁彩静．公共培训和私人培训效应的比较分析［J］．中国人口科学，2018（1）：95-106，128.

［29］黄祖辉，俞宁．失地农民培训意愿的影响因素分析及其对策研究［J］．浙江大学学报（人文社会科学版），2007（3）：135-142.

［30］贾海成．技工教育内涵发展政策文献研究［J］．职业教育（下旬刊），2015（12）：94-96.

［31］贾蕾．韩国职业技术教育的政策、成就与改革动向探究［J］．成人教育，2017，37（1）：87-91.

［32］孔春梅．基于职业发展视角的公务员培训激励机制研究［J］．中国行政管理，2007（7）：61-64.

［33］赖德胜，孟大虎，李长安，等．中国就业政策评价：1998—

2008［J］. 北京师范大学学报（社会科学版），2011（3）：110-124.

［34］赖孟芬. 浅谈“三位一体”培养技工院校学生“工匠精神”［J］. 就业与保障，2018（19）：31.

［35］劳动部副部长林用三同志在1997年度“中华技能大奖”获得者和“全国技术能手”座谈会上的讲话［J］. 现代技能开发，1998（2）：6-7.

［36］勒伟. 城镇化进程中新生代农民工就业培训问题研究［J］. 成人教育，2016，36（8）：33-37.

［37］李春根，陈文美. 政府职业技能培训制度优化的财政思考［J］. 财政监督，2018（10）：20-23.

［38］李东波，李良军，万志刚，等. 石门县新型职业农民培训需求的调查与启示［J］. 湖南农业科学，2013（24）：49-51.

［39］李东法. 人力资本投资的政府职责定位分析［J］. 人才资源开发，2014（7）：11-12.

［40］李辉. 高级技工教育发展的现状与对策［J］. 中国培训，2005（2）：7-8.

［41］李建英，包艳宇. 新媒体时代新生代农民工职业技能培训研究——以秦皇岛市为例［J］. 办公自动化，2014（18）：52-54.

［42］李杰. 企业技术工人技能培训整体激励机制探析［J］. 职业时空，2008（9）：35.

［43］李丽清，勒系琳，左和平，等. 新生代农民工职业技能培训意愿影响因素分析［J］. 职教论坛，2015（31）：69-72.

［44］梁少峰，魏智慧. “互联网+技工教育”教育理念与建设发展研究［J］. 信息与电脑（理论版），2018（12）：227-228.

［45］林用三. 紧紧围绕提高劳动者素质　整体推进国家职业资格证书制度［J］. 职业，2000（11）：9-11.

［46］刘东菊. 世界技能大赛对提升技能人才培养质量的影响力研究［J］. 职教论坛，2016（1）：72-76.

［47］刘利华．工匠精神融入技工院校思想政治教育的意义与途径［J］．产业与科技论坛，2018，17（21）：181-182．

［48］刘瑞波，李琳．返乡农民工职业技能培训论析［J］．继续教育研究，2016（3）：46-49．

［49］刘万霞．职业教育对农民工就业的影响——基于对全国农民工调查的实证分析［J］．管理世界，2013（5）：64-75．

［50］刘晓慧．技工教育当前状况分析［J］．才智，2018（16）：176-177．

［51］楼红平．高技能人才短缺现状、问题与解决对策［J］．现代商业，2008（6）：220-221．

［52］罗万纯．中国农民职业技能培训状况分析［J］．中国农村观察，2013（2）：21-28，93-94．

［53］毛其淋，许家云．政府补贴、异质性与企业风险承担［J］．经济学（季刊），2016，15（3）．

［54］孟庆国．创造有中国特色的高技能人才培养方法与模式［J］．职业技术教育，2008，29（30）：74-75．

［55］潘姿曲，祁占勇．改革开放四十年我国职业培训政策的变迁逻辑与未来走向［J］．职教论坛，2018（11）：68-74．

［56］邱士波．经济转型中技师学院发展研究［J］．黑龙江科学，2018，9（15）：162-164．

［57］石芬芳．武汉市大学生公共职业培训实证研究［J］．职业技术教育，2016，37（8）：34-37．

［58］孙兴伟．20 年风雨兼程　20 年春华秋实——我国职业技能鉴定 20 年回顾与展望［J］．中国培训，2014（1）：18-19．

［59］孙早，侯玉琳．政府培训补贴、企业培训外部性与技术创新——基于不完全劳动力市场中人力资本投资的视角［J］．经济与管理研究，2019，40（4）：47-64．

［60］谭永生．促进我国技术技能人才发展［J］．宏观经济管理，

2020（2）：35-41.

［61］王立群，陈杰．技工院校校企合作共同体建设研究［J］．职业技术，2018，17（7）：5-9.

［62］王晓君．八五期间职业技能开发的主要成就［J］．中国培训，1996（8）：31-32.

［63］王艳．工匠精神引领下的当代技工院校职业精神教育［J］．职业，2018（24）：99-100.

［64］王勇．加强职业技能培训　对接就业市场需求［J］．中国商论，2020（5）：251-252.

［65］汪嵘明．新经济转型下的新生代农民工职业培训研究［J］．改革与开放，2019（6）：92-93.

［66］魏朋．技工学校改革发展60年历程的回顾与反思［J］．河北科技师范学院学报（社会科学版），2011，10（1）：41-46.

［67］吴钧．浙江省激励企业技能人才培养政策措施研究［J］．中国培训，2019（2）：7-8.

［68］吴青松，刘群，巫霞．职业院校全面开展职业培训的困境和出路——基于英国、德国职业教育培训立法的启示［J］．成人教育，2020，40（10）：84-89.

［69］吴肖数，徐又佳，池艺，等．经济动能转换下的新生代农民工职业培训现状以及政策研究［J］．中国市场，2016（25）：295-296.

［70］肖凤翔，马钰．对退役军人职业技能培训项目选择指导的思考［J］．教育与职业，2020（5）：21-27.

［71］徐倩，肖蒙蒙．新型职业农民技能培训意愿的影响因素研究——以青岛市为例［J］．青岛科技大学学报（社会科学版），2020，36（1）：1-7.

［72］徐艳，陈玉杰．新中国职业技能培训70年：历程、经验与趋势［J］．中国劳动，2019（11）：20-31.

［73］许冰冰．职业技能提升培训：德国职业继续教育的经验与启示

[J]. 成人教育，2020，40（8）：90-93.

[74] 许东风，眭鸿明. 农民工教育培训需求影响因素实证研究——基于江苏省农民工的抽样调查 [J]. 科技进步与对策，2012，29（24）：186-190.

[75] 许静. 培训对员工的激励作用分析 [J]. 现代商贸工业，2007（10）：146-147.

[76] 薛维佳，刘英侠. 基于城市化的新生代农民工职业技能培训路径研究 [J]. 职业时空，2013，9（2）：47-49.

[77] 杨炳祥. 高级技工院校高技能人才培养探索 [J]. 山东人力资源和社会保障，2018（8）：26-28.

[78] 杨佃志，张含波，牛玉鹏. 以“工匠精神”为引领，助推技工院校创新发展 [J]. 教育现代化，2018，5（27）：356-357.

[79] 杨晶，胥德娣，邵林玉. 新生代农民工职业培训意愿及其影响因素实证分析——基于江西省的调查 [J]. 农林经济管理学报，2014，13（3）：273-280.

[80] 杨柳，崔铭香. 残疾人职业技能培训问题与策略 [J]. 中国成人教育，2016（1）：127-131.

[81] 杨运忠. 职业培训财政补贴绩效研究——就业机率检验 [J]. 财政研究，2012（8）：36-40.

[82] 姚晓云. 煤炭行业技能人才现状及其培养和发展对策 [J]. 淮北职业技术学院学报，2010，9（1）：80-81.

[83] 张斌. 用高质量的教材培养高质量的技能人才——面向新时代的技工教育和职业培训教材建设 [J]. 中国培训，2018（9）：29-32.

[84] 张伯伟，沈得芳. 政府补贴与企业员工就业——基于配对倍差法的实证分析 [J]. 经济学动态，2015（10）：31-38.

[85] 张金萍，吴坊，罗恒. 农民工职业教育和技能培训是经济社会发展的长期支撑 [J]. 宏观经济管理，2020（9）：18-20.

[86] 张倩，宁永红，刘书晓. 新中国成立以来的技工教育：历程、

回归与超越［J］. 中国职业技术教育，2017（24）：65-70，80.

［87］张双志. 中国终身职业技能培训政策文本研究——基于政策主体、工具与目标的分析框架［J］. 中国职业技术教育，2020（9）：88-96.

［88］张伟平，陈梦婷，赵晓娜，等. 专递课堂中师生互动对课堂学习效果的影响——以崇阳县小学美术专递课堂为例［J］. 电化教育研究，2020，41（8）：90-96.

［89］张晓明. 90年代我国职业技能开发战略［J］. 成人教育，1994（Z2）：4-5.

［90］张雄. 我国职业资格证书制度的变迁与路径依赖［J］. 商业时代，2010（27）：111-112.

［91］张翼，刘影翔. 人口结构变化与中国的"招工难"——基于劳动力供给、教育分流及收入变化等问题的研究报告［J］. 中国特色社会主义研究，2011（6）：51-60.

［92］张永麟. 技能人才表彰制度的建立与思考［J］. 中国培训，1999（1）：13-14.

［93］张永麟. 建立技能人才表彰制度的回顾［J］. 成才，1999（3）：25-26.

［94］赵必华. 生师互动何以影响大学生学习结果——学业挑战性与学校归属感的中介效应［J］. 中国高教研究，2018（3）：61-67.

［95］赵立. 新生代农民工职业培训研究［J］. 浙江工商职业技术学院学报，2015，14（1）：15-17.

［96］赵晓红. 对民办职业培训机构现状及发展的若干思考［J］. 职业技术，2007（12）：61-62.

［97］赵艺文，梁倩倩，李珊. 新生代农民工职业培训意愿的影响因素研究［J］. 法制与社会，2013（15）：191-194.

［98］郑功成，黄黎若莲. 中国农民工问题：理论判断与政策思路［J］. 中国人民大学学报，2006（6）：2-13.

［99］中国教育科学研究院课题组，田慧生，曾天山，等. 完善先进

制造业重点领域人才培养体系研究［J］. 教育研究，2016，37（1）：4-16.

［100］中国职业技能开发体系的历史与发展［J］. 现代技能开发，1995（7）.

［101］周文. “十四五”时期职业技能培训基础能力建设研究［J］. 绿色科技，2020（17）：243-245.

［102］朱奇彪，米松华，黄莉莉，等. 新型职业农民培训的绩效评估与分析——基于浙江省农村中高级“两创”人才培训的调查［J］. 江苏农业科学，2014，42（2）：407-411.

［103］庄建源. 技工院校要培养有使命感的高技能人才［J］. 人才资源开发，2018（13）：33-35.

［104］ABRAMOVSKY L，BATTISTIN E，FITZSIMONS E，et al. Incentivising employers to train low-skilled workers：evidence from the UK Employer Training Pilots［J］. 2009.

［105］ANONYMOUS. 2018 Training Industry Report［J］. Training，2018.

［106］BENHASSINE N，DEVOTO F，DUFLO E，et al. Turning a shove into a nudge? A “labeled cash transfer” for education［J］. American Economic Journal：Economic Policy，2015，7（3）：86-125.

［107］BIDANI B，BLUNCH N H，GOH C，et al. Evaluating job training in two Chinese cities［J］. Journal of Chinese Economic and Business Studies，2009，7（1）：77-94.

［108］BRUNELLO G，COMI S L，SONEDDA D. Training subsidies and the wage returns to continuing vocational training：Evidence from Italian regions［J］. Labour Economics，2012，19（3）：361-372.

［109］CARD D，KLUVE J，WEBER A. What works? A meta analysis of recent active labor market program evaluations［J］. Journal of the European Economic Association，2018，16（3）：894-931.

[110] CARLING K, RICHARDSON K. The relative efficiency of labor market programs: Swedish experience from the 1990s [J]. Labour economics, 2004, 11 (3): 335-354.

[111] CHISWICK B R. Jacob Mincer, experience and the distribution of earnings [J]. Review of Economics of the Household, 2003, 1: 343-361.

[112] CHYI H, ZHOU B. The effects of tuition reforms on school enrollment in rural China [J]. Economics of Education Review, 2014, 38: 104-123.

[113] CURADO C, HENRIQUES P L, RIBEIRO S. Voluntary or mandatory enrollment in training and the motivation to transfer training [J]. International Journal of Training and Development, 2015, 19 (2): 98-109.

[114] DECI E L, CONNELL J P, RYAN R M. Self-determination in a work organization [J]. Journal of applied psychology, 1989, 74 (4): 580.

[115] FITZENBERGER B, PREY H. Evaluating public sector sponsored training in East Germany [J]. Oxford Economic Papers, 2000, 52 (3): 497-520.

[116] GÖRG H, STROBL E. Do government subsidies stimulate training expenditure? Microeconometric evidence from plant-level data [J]. Southern Economic Journal, 2006, 72 (4): 860-876.

[117] GÖRLITZ K, TAMM M. The returns to voucher-financed training on wages, employment and job tasks [J]. Economics of Education Review, 2016, 52: 51-62.

[118] GÖRLITZ K. The effect of subsidizing continuous training investments—evidence from German establishment data [J]. Labour Economics, 2010, 17 (5): 789-798.

[119] HOLZER H J, BLOCK R N, CHEATHAM M, et al. Are training subsidies for firms effective? The Michigan experience [J]. ILR Review,

1993, 46 (4): 625-636.

[120] MEAGER N, EVANS C. The evaluation of active labour market measures for the long-term unemployed [R]. 1998.

[121] PEREIRA G, BELL M L, BELANGER K, et al. Fine particulate matter and risk of preterm birth and pre-labor rupture of membranes in Perth, Western Australia 1997—2007: a longitudinalstudy [J]. Environment International, 2014, 73: 143-149.

[122] ROODMAN D. Fitting fully observed recursive mixed-process models with cmp [J]. The Stata Journal, 2011, 11 (2): 159-206.

[123] RYAN R M, DECI E L. Intrinsic and extrinsic motivations: Classic definitions and new directions [J]. Contemporary Educational Psychology, 2000, 25 (1): 54-67.

[124] RYAN R M, DECI E L. Self-determination theory and the facilitation of intrinsic motivation, social development, and well-being [J]. American Psychologist, 2000, 55 (1): 68.

[125] RYAN R M, DECI E L. Self-determination theory: Basic psychological needs in motivation, development, and wellness [M]. Guilford Publications, 2017.

[126] SINKULA J M, BAKER W E, NOORDEWIER T. A framework for market-based organizational learning: Linking values, knowledge, and behavior [J]. Journal of the Academy of Marketing Science, 1997, 25 (4): 305-318.

[127] WANG Y. Educational and nutritional consequences of education subsidy in rural China [J]. China Economic Review, 2018, 51: 167-180.

[128] WOOLDRIDGE J M. Econometric analysis of cross section and panel data [M]. MIT press, 2010.